궁금해서 밤새 읽는

중국사

궁금해서 밤새 읽는 중국사

초판 1쇄 인쇄 · 2016. 8. 20.
초판 1쇄 발행 · 2016. 8. 27.

지은이 · 김희영
발행인 · 이상용 이성훈
발행처 · 청아출판사
출판등록 · 1979. 11. 13. 제9-84호
주소 · 경기도 파주시 회동길 363-15
대표전화 · 031-955-6031 팩시밀리 · 031-955-6036
E-mail · chungabook@naver.com

ISBN 978-89-368-1092-4   03900

* 잘못된 책은 구입한 서점에서 바꾸어 드립니다.
* 본 도서에 대한 문의 사항은 이메일을 통해 주십시오.
* 이 책은 2006년에 출간된 《이야기 중국사》 1, 2, 3권을 압축 정리해 만들었습니다.
* 이 책에 나오는 중국 인명과 지명은 신해혁명을 기준으로 그 이전은 한자어(북경, 상해 등)로, 이후는 원음(베이징, 상하이 등)으로 표기하였으나 청나라 말기부터는 한자어와 원음이 혼재되어 사용되었습니다.

이 도서의 국립중앙도서관 출판예정도서목록(CIP)은 서지정보유통지원시스템 홈페이지(http://seoji.nl.go.kr)와 국가자료공동목록시스템(http://www.nl.go.kr/kolisnet)에서 이용하실 수 있습니다.(CIP제어번호: CIP2016019336)

History of China

궁금해서 밤새 읽는

중국사

|김희영 지음|

청아출판사

우리는 왜 역사를 연구하고 공부하는 것일까? 왜 우리가 살고 있는 시대와 장소의 범위를 넘어 다른 시대와 다른 장소에 관심을 갖는 것일까? 그것은 바로 호기심에 있다. 인간은 자기 보존에 대한 관심에서 역사를 연구하고 공부하기도 하지만 호기심이라는 동기에서 역사를 공부한다.

오늘날 세계 인구의 1/4을 차지하는 중국이 기존의 폐쇄성에서 벗어나 개방적 자세를 취하자 세계의 관심은 중국에 쏠리고 있다. 특히 같은 유교 문화권에 사는 우리나라는 예로부터 정치·경제·사회·문화적으로 많은 영향을 받았기 때문에 중국과 중국 역사에 대해 더 깊은 관심을 가지고 있다.

중국은 흔히 한족漢族의 역사 무대라고 생각하기 쉬우나 실제로는 여러 민족이 중원 지역을 휩쓸며 여러 왕조를 세웠다. 오늘날에도 한족·몽골족·티베트족·만주족·위구르족 등 50여 민족들이 중국 대륙에 살고 있다. 때문에 이민족이 뒤섞여 이룩한 복잡한 역사와 문화가 아주 오랫동안 이어져 왔다.

황하 유역을 무대로 농경 문화를 발전시켜 온 한족은 기원전 11세기 무렵부터 문화적 우월의식에 젖어 스스로를 중화라 불렀다. 특히 한족 이외의 민족을 오랑캐라 하여 천대하는 화이사상華夷思想에 깊이 빠져 있었다. 그러나 원나라 시대에 접어들자 무력을 앞세운 몽골족에게 중국을 완전히 내주는 치욕을 맛보아야 했다.

중국 역사상 이민족이 국지 정권을 세운 적은 몇 차례 있었지만 원나라처럼 중국 전체를 완전히 지배한 적은 없었다. 한족의 부흥을 외친 명나라 태조 주원장이 원나라를 멸망시키고 한족 국가를 세웠으나 만주족의 청나라에 중국을 내줌으로써 또 한 번 치욕을 맛보았다.

청나라 말기에는 아편 전쟁을 고비로 중국의 무력함이 여지없이 드러났고, 세계 열강들에 의한 이권의 각축장이 되면서 차츰 화이사상에서 깨어나 자각의 시대로 접어들었다. 청나라 말기에서 20세기 전반까지는 외부로부터의 침략과 내부 모순에 대한 항쟁과 극복의 몸부림 속에서 격동의 역사가 펼쳐진다.

중국은 지대물박地大物博이라는 말로 표현되듯 역사 또한 방대하고 복잡해 일반인들이 이해하기에 부담스러운 것이 사실이다. 이 책은 어떻게 하면 중국의 역사를 흥미롭게 이해하는 데 도움을 줄까 하는 점에 역점을 두어 서술했다. 방대하고 복잡한 중국의 역사를 제한된 지면에 서술한다는 것이 결코 쉽지 않았지만, 애초 목표했던 '중국 역사에 대한 대체적인 내용과 흐름'을 담기 위해 최선을 다했다.

필자의 천학비재淺學非才 탓으로 그 궤軌에서 벗어나 독자들로 하여금 '소경 코끼리 다리 만지는 격'이나 되지 않았을지, 자못 살얼음을 디디는 듯한 심정이다. 오직 독자 여러분의 너그러운 지도와 아낌 없는 질정을 바랄 뿐이다.

김희영

◆ 차례

5장. 한나라 시대

6장. 위진남북조 시대

10장. 원나라 시대

11장. 명나라 시대

12장. 청나라 시대

13장. 중화민국

1장

고대 역사의 기원

고대 역사의 기원

　중국 문명의 개조開祖로 일컬어지는 황제는 황하 유역의 반대 세력들을 물리치고 여러 가지 발명품을 만들어 백성들의 생활을 편안하게 했다. 황제가 죽은 후 얼마 지나서 요堯임금이 천자가 되어 어진 정사를 폈으며 효행으로 이름 높은 순舜을 발탁하여 그에게 천자의 자리를 선양했다. 요 · 순의 치세는 지금까지도 태평성대의 대명사로 불리며 두 임금은 성군의 이상형으로 높이 추앙받고 있다.

　순임금은 우禹에게 천자의 자리를 물려주었으며 우의 아들 계啓 때에 이르러 세습 왕조 체제로 바뀌어 하왕조夏王朝가 이어진다.

　17대 걸왕桀王은 말희妹喜라는 절세 미녀에게 빠져 폭정을 폈기 때문에 은殷의 탕왕湯王에게 멸망했다.

중국 문명의 개조 - 황제

먼 옛날 중국 대지에 살았던 원시인 가운데 북경원인이 가장 오래된 인류라고 여겨져 왔다. 그러나 1963년 고고학자들이 섬서성陝西省에서 남전藍田원인을 발견함으로써 그 생각은 완전히 바뀌게 됐다.

섬서성에서 발견된 남전원인의 추측 연대는 무려 1백만 년 전의 것으로 40~50만 년 전의 북경원인보다 훨씬 옛날의 것이고, 그다음 해 운남성雲南省의 원모元謀 분지에서 발견된 치아 두 개는 감정 결과 지금으로부터 무려 170만 년 전의 선사 시대 인간의 치아임이 판명됐다. 이 원시인을 '원모원인'이라 부르는데 이를 계기로 하여 한족의 최초 역사가 이 원모원인으로부터 시작됐다고 보는 학자도 있다.

이렇게 시작된 역사는 쉬지 않고 흘러 지금으로부터 거의 5~6천 년 전의 중국 대지에는 동쪽에 이족夷族, 서쪽에 강족羌族, 남쪽에 묘족苗族, 북쪽에 적족狄族들이 각기 살고 있었다.

황색의 물결이 유유히 흐르는 황하와 그 주변을 메운 비옥한 황토의 평야, 이것은 고대 중국의 풍요로움을 상징한다. 황제가 노란빛의 나라인 중국의 첫 번째 제왕으로서 중국 민족의 숭앙의 대상이 된 것은 결코 우연한 일이 아니다.

황제는 침략을 일삼아 백성들을 괴롭히던 제후들을 정벌하여 크게 명성을 떨쳤고 천하를 잘 다스려 각 씨족 간의 융합이 이루어져 한족의 옛 전신인 화하족華夏族이 서서히 형성되기 시작했다.

요·순의 시대

황제가 죽은 다음 얼마 지나서 요堯임금이 천자가 되어 나라 이름을 당唐이라 했고, 순舜임금이 요임금의 뒤를 이어 천자가 되고 나라 이름을 우虞라 했다.

이 두 황제는 모두 검소하고 질박했다. 요임금은 초가집에서 살았고 벽에는 석회를 바르지 않았으며 현미와 야채를 주식으로 했다. 겨울철에는 겨우 한 장의 녹피鹿皮로 추위를 견뎠고 의복이 너덜너덜해지지 않으면 새 옷으로 갈아입지 않았다. 천하에 단 한 사람이라도 기아에 허덕이거나 죄를 범한 사람이 있으면 이것이 모두 자신의 잘못이라고 생각했다.

《사기史記》에는 요임금의 사람됨을, "그의 어짊은 하늘과 같았고 그

순임금의 효성에 감동한 코끼리가 대신 밭을 갈고 새가 김을 매어 주었다는 일화를 표현한 그림

의 지혜는 신과 같았다. 백성들은 그를 해처럼 따랐고 구름처럼 바라보았다. 부귀하면서도 교만하지 않고 사람을 깔보지 않았다."라고 기록되어 있다.

요임금과 순임금은 천자의 자리에 있으면서도 중대한 일이 있으면 주위의 지도자들에게 의견을 물어 민주적으로 결정하는 관용을 보였다. 당시에도 사람을 등용할 때는 지혜 있고 능력 있는 자를 추천토록 하여 선발하는 민주적 방식을 취했기 때문에 요임금과 순임금의 제위도 민주적 협의에 의해 덕 있는 사람에게 넘겨준다는 '선양禪讓'의 방식을 취했다.

순의 치세 때도 요임금 때와 못지않은 태평성대를 구가했으며 우禹, 고요皐陶, 직稷, 설契, 기夔 등의 어진 신하들이 순임금을 도와 더욱 빛나는 정치를 실현했다.

요·순의 역사는 신화적 색채가 짙어 그 사실 여부를 확인하기 어려우나 어쨌든 이들 두 성군은 후세 제왕들의 이상적 군주, 이상적 정치의 실현자로 높이 숭앙되고 있다.

하왕조의 시작

순임금의 시대가 지나고 세습 왕조인 하왕조夏王朝가 우禹에 의하여 성립되었다. 처음 우임금은 자기 신하 가운데 익益이라는 사람에게 천하를 넘겨주었으나 우임금이 죽고 3년상을 마치자 익은 우임금의 아들인 계啟에게 제위를 물려주고 기산箕山에 숨어 버렸다. 계는 어진 사람이었기 때문에 백성들의 인망을 한 몸에 얻고 있었다.

우임금의 출생 경위에 대해서는 여러 가지 설이 있다. 요임금 말년에 대홍수가 천하를 휩쓸자 우임금의 아버지 곤鯀에게 치수治水를 하도록 했다. 9년에 걸친 치수 사업에도 성과가 없자 그 책임을 물어 곤을 우산羽山에 가둔 후 마침내 죽였다. 3년이 지나도록 그 시체가 썩지 않자 상제가 이를 괴이하게 여겨 상제의 보도寶刀로 그 시체를 자르도록 했는데 그 배 속에서 우임금이 나왔다고 한다.

우는 즉위한 후에 치수 사업을 계속하고 도로 건설 및 개척 사업에도 힘을 기울였으며 방방곡곡을 순행했다. 획기적인 발명도 이뤄졌다. 수레와 우물, 술이 그 대표적인 것인데 수레는 해중奚仲, 우물은 익益, 술은 의적義狄이 발명했다.

하 우왕

우는 처음 제위에 오른 후 그 위엄을 보이기 위하여 제후들을 도산塗山에 모아 연회를 베풀었다. 일찍부터 우의 명성을 듣고 있었던 제후들이 앞다투어 공물貢物을 받쳐 들고 모여드니 그 수가 수만을 헤아렸다. 다시 수년 후 우는 동으로 순행하여 절강성 회계會稽 땅에 이르러 다시 제후를 초청했는데 이때도 수만을 넘는 제후들이 옥과 비단을 들고 모여들어 천자의 위엄에 굴복했다. 그 후 우는 치수 공사에 너무 정력을 바친 탓인지 회계에서 병들어 죽었다.

계의 세습 왕조 체제

우의 뒤를 이어 우의 아들 계가 제위에 올랐다. 지금까지는 천자가 어진 인물을 골라 제위를 물려주는 이른바 선양의 방법으로 제위가 계승되었으나 우의 아들 계에 이르러 이 선양의 체제가 무너지고 세습의 방법으로 바뀌게 됐다. 앞에서도 말했지만 우는 제위를 익에게 물려주려 했으나 제후들이 우의 공덕을 추모하여 그의 아들 계를 제위에 앉힌 것이다.

계의 출생에는 다음과 같은 전설이 있다.

우는 일찍이 제후인 도산씨塗山氏의 딸을 아내로 맞이했다. 도산은 안휘성安徽省 회원현懷遠縣 부근으로 회하淮河에 면한 지방이다. 치수 공사에 한창 바쁠 때 결혼했기 때문에 일에 쫓기는 우로서는 결혼한 지 4일 만에 다시 치수 공사에 나가지 않으면 안 됐다. 그래서 신혼 생활을 치수 공사장 부근의 대상臺桑이라는 곳에서 시작했다.

그런데 어쩌다 실수로 그의 아내에게 보여서는 안 될 흉한 모습을 드러내고 말았다. 험한 길을 빨리 가기 위하여 마구 달렸는데 그때의 모습이 흡사 곰과 같았다. 그의 아내는 이 모습을 보고 소스라치게 놀라 도망치다가 그만 돌덩이로 변해 버렸다. 이때 그녀는 임신 중이었다. 우가 그 돌덩이를 향해 "제발 내 자식이나 돌려주시오." 하고 외치자 돌덩이가 깨어지면서 아기가 나왔다. 이 아기가 바로 계라는 것이다. 계啓는 '열리다'라는 뜻으로 그가 돌을 열고 나왔다는 뜻에서 그 이름이 붙여졌다.

이곳이 숭산嵩山 기슭이었는데 이보다 훨씬 뒤인 한무제漢武帝 원봉 원년元封元年에 무제가 이곳에 와서 '하후계모석夏后啓母石'을 발견하고 그 이튿날 숭산에 올라 사당을 짓고 산 밑 3백 호를 이 사당의 봉읍奉邑으로 한다는 조서를 내렸다는 기록이 있다.

계는 제위에 오른 지 39년 만인 78세에 죽었다고 하는데 그의 후계자들이 유능하지 못하여 하왕조에 위기가 닥쳤다.

계의 아들 태강太康은 할아버지 우, 아버지 계와는 달리 몹시 우둔한 인물이었다. 하국夏國의 도성에서 가까운 곳에 유궁有窮이란 나라가 있었는데 그곳의 왕 후예后羿가 은근히 야심을 품고 태강의 행동을 살피고 있었다. 당시 하국의 수도는 지금의 허난성 공현鞏縣 부근으로 서남쪽으로 낙수洛水·이수伊水가 흐르고 북쪽에는 황하가 흐르고 있었다. 사냥을 즐겼던 태강은 소수의 병력만을 거느리고 기분 내키는 대로 사냥을 하다가 낙수를 건너 국경 밖으로 벗어나 버렸다.

기회를 노리고 있던 유궁의 후예는 대군을 이끌고 낙수 기슭에서 태강이 오기를 기다리고 있다가 태강과 결전을 벌였다. 태강은 힘을 다하여 대항하려 했으나 소수의 군세로는 어찌할 도리가 없어 말 머리를 돌려 달아났다. 그곳에서 사방의 제후들에게 원조를 요청하고 제후의 힘을 빌려 국세를 회복하려 했으나 그를 도우려는 제후는 한 사람도 없었다. 그만큼 그는 실덕失德이 컸던 것이다. 태강은 애만 태우다가 얼마 후 병사하고 말았다.

태강을 몰아내고 하나라의 정권을 대신한 후예는 요임금 때 9개의 태양을 쏘아 떨어뜨렸다는 신화 속 활의 명인 예羿와 동일 인물인지도 모른다. 그는 활 솜씨만을 믿고 정사는 멀리하고 사냥과 술, 계집질을 일삼았다. 무라武羅·백인伯因 등 어진 사람을 멀리하고 간사한 한착寒浞을 재상에 등용했다. 한착은 후예에게 아부하고 후예의 측근들에게 뇌물을 뿌리며 후예가 사냥에만 몰두하도록 했다. 그 목적은

나라를 빼앗기 위한 것이었다. 어느 날 후예는 사냥에서 돌아와 한착의 부하에게 죽임을 당했다.

한착은 후예를 죽여 불에 구워 그의 아들에게 그 고기를 먹이려 했으나 후예의 아들은 아버지의 살을 차마 먹지 못하고 그대로 굶어 죽었다. 또 한착은 후예의 처와 첩을 모두 빼앗아 차지한 후 요澆를 낳았다. 요는 한때 하나라의 중신인 침관斟灌·침심斟鄩을 멸망시켜 세력을 확장했으나 하나라의 옛 신하들이 궐기하여 한착을 토멸하고 소강少康을 황제로 옹립했다. 소강은 유궁국을 완전히 멸망시키고 하왕조를 중흥시켰다.

그 후 하왕조는 4백여 년에 걸쳐 중국에 군림했다. 17대 천자로 걸桀이라는 악명 높은 천자가 제위에 오르니 이 이가 후대의 은殷나라 주紂와 함께 악역무도한 군주의 표본으로 상징되는 인물이다.

걸왕과 주지육림

걸왕은 제왕으로서 지녀야 할 덕은 닦으려 하지 않았고 황음무도해 자신의 욕망을 채우기 위해서는 누구든지 마구 죽이고 학대하기를 주저하지 않았다. 그는 악역무도하고 탐욕스러웠으나 남다른 지략과 용기가 있었다. 그런데 이러한 지략과 용기를 송두리째 빼앗아 마침내 하나라를 망하게 한 여인이 있었으니 바로 말희妺喜이다.

걸이 한창 용력을 뽐낼 때의 일이다. 그가 막강한 병력으로 유시씨有施氏의 소국小國을 공격하자 유시씨는 도저히 대항할 힘이 없어 많은 진상품을 바치고 항복했다. 그 진상품 가운데 말희라는 여인이 끼여 있었다. 걸은 미색이 뛰어난 말희에게 첫눈에 반해 이성을 잃고 분별 없는 행동을 하기 시작했다. 말희의 말이라면 무조건 행동에 옮기는 넋 잃은 인간이 된 것이다.

복수를 계획한 말희는 우선 궁궐을 다시 짓게 하고, 그 궁궐이 완성되자 눈부실 만큼 화려한 옷을 입은 3천 궁녀들에게 춤을 추게 하며 산해진미를 차려 놓고 잔치를 계속하게 했다. 얼마 동안 계속된 잔치에 싫증이 난 말희가 말했다.

"저렇게 3천 명의 여인들에게 일일이 음식을 나누어 주거나 술을 따르다 보면 너무 지루하여 답답하오니 술로 연못을 만들고 고기로 숲을 만들어 춤추며 돌아다니다 못의 술을 마시고 고기숲에서 안주를 뜯어 먹도록 함이 좋겠습니다."

이에 주지육림酒池肉林의 공사가 진행됐다. 공사가 완료되자 걸왕과

하왕조의 악역무도한 군주 걸왕

말희는 작은 배에 올라 연못가에서 춤추는 미녀들을 구경하고 북소리를 신호로 무희들이 모여들어 술을 마시고 안주를 먹는 모습을 바라보며 매일같이 잔치를 벌였다. 그뿐이 아니었다.

말희는 한 가지 일이 끝나면 또 다른 일을 꾸며 하왕조의 국력을 좀먹어 들어갔다. 말희의 말에 놀아나는 걸왕의 행동을 도저히 보고만 있

을 수 없었던 현신 관용봉關龍逢이 눈물을 흘리며 왕에게 간했지만 오히려 참수되고 말았다.

또 선관膳官 이윤伊尹이 간했으나 "선관 주제에 무슨 참견이냐!"라며 들은 척도 안 했다. 그 후로 이윤은 하나라를 버리고 당시 은나라의 수도였던 박毫으로 도망쳐 탕왕湯王을 섬겨 은나라 창업의 일등 공신이 되었다.

이후 걸왕이 탕왕의 토벌을 받고 죽임을 당함으로써 4백여 년간 계속되었던 중국 역사상 최초의 왕조는 종말을 고하게 되었다.

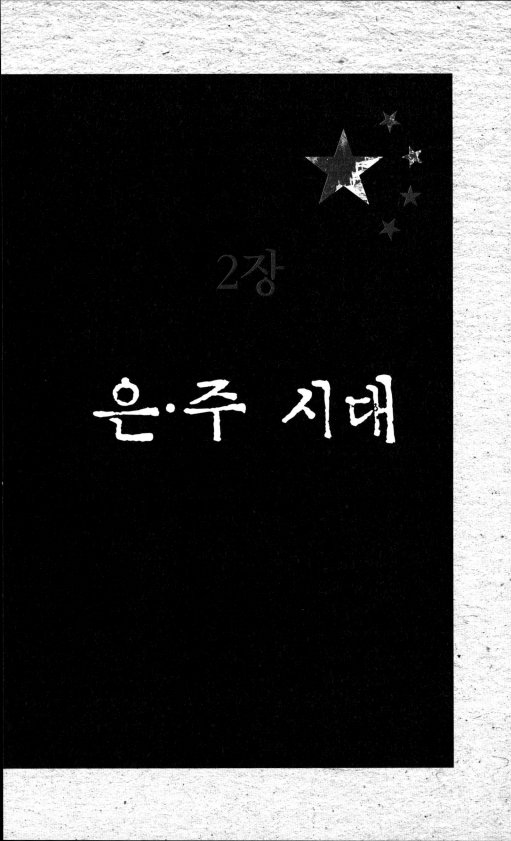

2장

은·주 시대

은·주 시대

은殷의 탕왕은 덕이 높은 인물이었다. 그는 명재상 이윤伊尹의 협력으로 은왕조를 세우고 왕도 정치를 폈다. 19대 임금 반경盤庚 때에 이르러 도읍을 은허殷墟로 옮기고 쇠퇴해가는 은왕조를 중흥시켰다. 30대 임금 주왕紂王 신辛은 절세미인 달기妲己에게 정신을 빼앗겨 주지육림 놀이와 가혹한 형벌로 포악함이 극도에 이르렀다. 이에 주周의 무왕武王이 목야牧野의 싸움에서 은을 멸망시키고 주왕조를 세워 봉건제를 실시했다.

무왕의 동생 주공周公은 새로운 법도와 예약을 제정하여 주나라의 기틀을 다졌으며 나이 어린 조카 성왕을 도와 선정을 폈다. 10대 임금 여왕厲王 때에 이르러 민중의 반란이 일어나 여왕은 도망치고 공화共和 시대가 열린다. 12대 임금 유왕幽王은 포사라는 미녀가 웃는 모습을 보기 위하여 봉화를 올리게 함으로써 견융犬戎에게 살해되고, 13대 임금 평왕平王이 견융족의 침입을 피해 수도를 낙양으로 옮김으로써 동주 시대가 열리게 된다.

은왕조 시대

은殷의 시조는 설契로서 그의 어머니는 유융씨有娀氏의 딸 간적簡狄
이다. 간적은 어느 날 친구 세 명과 강에서 목욕을 하고 있었는데 어
디선가 제비가 날아오더니 알을 떨어뜨리고 가 버렸다. 간적은 무심
코 그 알을 집어서 깨어 먹었는데 곧바로 잉태하여 설을 낳았다고 전
해진다. 설은 우禹를 도와 치수 공사에 많은 공을 세웠으며 그의 14대
손 천을天乙이 바로 덕이 높기로 이름난 은의 탕왕이다.

탕왕은 명재상 이윤의 협력으로 걸왕을 몰아내고 천하만민이 축복
하는 가운데 천자의 자리에 올라 덕치德治에 힘을 기울여 왕도 정치를
실현하는 데 성공했다. 명군과 명재상의 유대 관계는 이후 중국 역사
에 많이 등장하는데 탕왕과 이윤의 관계가 그 제1호에 해당한다고 하
겠다.

탕왕이 세운 왕조의 이름은 '상商'이었으나 반경이 은허殷墟로 도읍
을 옮긴 이후에는 '은'이라고 부른다.

22대 왕 무정武丁이 제위에 오를 무렵에는 또다시 국력이 쇠퇴해졌
다. 무정은 국력을 부흥시킬 생각을 하지 않은 날이 하루도 없었으나
국정 전반을 털어놓고 의논할 만한 인재가 없었다. 그는 널리 인재를
구하기로 결심했다. 모든 정사를 재상에게 맡기고 밤이나 낮이나 오
직 인재를 찾는 일에만 몰두했다.

그런 지 3년이 지난 어느 날 밤 꿈에 겉으로 보기에도 보통 인물과
는 다른 풍채를 지닌 사람이 나타나 "신은 열說이라는 사람이온데 제
가 필요하시다면 힘이 되어 드리겠나이다."라고 했다.

다음 날 아침 잠이 깬 후에도 꿈에서 본 그의 모습이 역력했다. 무

정은 화공을 시켜 그의 초상화를 그리게 하고 관리에게 명하여 그 초상화를 들고 전국 방방곡곡을 돌게 했다. 그러자 부험傅險이라는 곳에서 초상화와 똑같은 인물을 발견했다. 이름을 물으니 열이었다. 그는 즉시 무정을 알현했다.

"틀림없이 이 사람이로다! 바로 그 인물이다!"

무정이 그와 여러 가지 이야기를 나누어 보니 과연 현자賢者임에 틀림없었다. 무정이 부열과 만사를 의논하면서 정사에 힘을 기울이고 덕을 쌓으니 천하는 다시 태평을 되찾았다.

은왕조의 성군으로는 무정이 마지막이었다. 무정으로부터 8대째에

새에게 은혜를 베풀었다는 이야기가 전해져 민심을 얻게 된 탕왕

이르러 신辛이라는 천자가 즉위했는데 이 사람이 바로 은왕조 최후의 천자로서 하왕조의 걸과 함께 폭군의 대명사로 불리는 주紂이다.

은의 쇠퇴

은의 주왕은 하의 걸왕과 더불어 '하걸은주夏桀殷紂', 줄여서 '걸주桀紂'라 하여 전형적인 폭군의 대명사로 불리고 있다. 주왕은 자기도취와 주색에 빠져 문란했으며 특히 달기를 미친 듯이 사랑했다. 사랑한 정도가 아니라 아주 흠뻑 빠져 이로 인해 나라를 망치게 된다.

달기는 유소씨有蘇氏의 딸로서 일찍이 주왕이 유소씨를 토벌할 때 유소씨가 전리품으로 바친 여인이었다.

그녀는 절세미인이었고 또 좀처럼 보기 드문 독보적 존재였다고 한다. 달기를 얻은 그날부터 주왕은 완전히 그 요염한 자태에 빠져 그녀의 환심을 사는 일이라면 무엇이든 다했다.

주왕은 음란한 궁중 음악과 주지육림을 만들어 밤낮으로 마시고 즐겼으며, 구리 기둥에 기름을 바르고 그 아래 숯불을 피운 다음 구리 기둥 위를 걸어가게 하는 포락지형炮烙之刑을 제정해 죄인들이 타 죽는 모습을 구경하며 즐거워했다. 목숨 걸고 간언한 왕자 비간比干의 심장을 찢어버리고 임신한 여자의 자궁을 갈라 그 속에 무엇이 있나 보려고 한 일도 있었다.

천하의 모범이 되어야 할 천자가 하는 짓이 포악하고 백성의 재물을 무거운 세금으로 거두어 사치와 환락에 탕진하니 백성들의 고통은 이루 말할 수 없었다. 이러한 주왕의 포학무도한 정치로 은나라는 공포에 뒤덮여 머지않아 붕괴되는 운명을 맞았다.

은허의 발굴

근래 역사학자 가운데는 은나라와 하나라를 통틀어 가공架空의 역사로 생각하는 학자도 있었으나 은허의 발굴로 은왕조의 역사는 서서히 밝혀지기 시작했다. 은허는 안양현安陽縣 소둔촌小屯村에서 발견되었는데 은왕조를 중흥시킨 반경이 이곳으로 도읍을 옮긴 이후 은이 멸망할 때까지 2백여 년간 수도로 삼았던 곳이다.

이곳에서 구갑(龜甲, 거북의 껍질)과 수골(獸骨, 길짐승의 뼈)에 새겨진 글자를 비롯하여 당시의 문화를 나타내는 유적과 유물이 발견됐다.

은왕조는 3천 년 전에 멸망한 왕조로서 탕왕에서 시작해 주왕까지 17세 30왕이었다. 《죽서기년》에는 은이 496년 동안 천하를 다스렸다고 기록되어 있으나 《삼통력三統曆》에는 629년으로 되어 있어 많은 차이를 보인다.

은허의 발굴은 19세기 중엽의 일이고 그보다 1백여 년 뒤인 1950년대에는 정주鄭州 시내에서 상왕조 제6세의 왕인 중정仲丁이 수도로 삼았던 도시의 유적 상성商城이 발견되었다. 이어서 하북·산서·섬서·강서 등의 각 성에서도 상대의 유적이 수십 군데 발견되어 상대의 역사적 양상과 지배 영역 그리고 문화의 분포 상황 등이 안개 걷히듯 서서히 밝혀졌다. 이들 유적이나 유물 가운데 가장 대표적인 것은 앞에서 소개한 안양의 은허와 정주의 상성이라 할 수 있다.

정주의 상성은 3천5백 년 전에 축조된 상대 중기의 유적으로 수천 년에 걸쳐 자연의 작용과 인위적 역사의 영향을 받아 많은 변화를 겪어 왔으나 현재까지도 대체적인 윤곽은 그대로 보존되어 있다.

갑골문자를 통해 상왕조 시대에 이미 정전제井田制가 실시되었음을 알 수 있고 은허의 서북쪽에서 발견된 분묘에서는 예술적 가치가 높은 귀중품이 많이 출토되었다. 묘실은 눈이 부실 정도로 화려하게 장식되어 지

은나라의 갑골문

하 궁전을 방불케 할 정도로 호화의 극치를 이루었으니 그들이 생전에 얼마나 호화로운 생활을 했는지 짐작할 수 있다.

이처럼 은대 역사의 베일을 벗겨 주는 은허 유적이 발견된 것은 한방 약재인 용골龍骨 덕이었다. 약재상들은 처음에는 사업상의 비밀 때문에 용골의 산지를 쉬쉬하며 숨겼다. 이 용골이 귀중한 갑골문이라는 사실을 안 뒤부터 연구가들은 열심히 출토 장소를 조사하여 마침내 용골의 산지가 안양현 소둔촌이라는 사실을 밝혀냈다.

갑골편 채집에서 한 걸음 더 나아가 유적에 대해 관심을 기울인 연구가들에 의해 거대한 능묘·주거·궁전·종묘 터가 발견되었으며 능묘에서는 훌륭한 청동기와 옥으로 된 그릇 등 부장품이 출토되기도 했다.

주왕조의 발상지

주周의 시조는 요순 시대 농업 담당 장관이었던 후직后稷으로 성은 희姬, 이름은 기棄이다. 그의 어머니는 유태씨有邰氏의 딸로 이름은 강원姜原이고 오제五帝의 한 사람인 제곡帝嚳의 정비였다고 한다. 후직의 어머니가 어느 날 들에 나갔다가 거인의 발자국을 보고 공연히 마음이 이끌려 그 발자국을 밟자 그 이후로 태기가 있었다고 한다.

달이 차서 후직을 낳았는데 임신 때의 이러한 일 때문에 상서롭지 못하다 하여 후직을 버렸다. 그런데 기적이 일어났다. 처음에는 좁은 길목에 버렸는데 말이나 소가 그를 밟지 않고 피해 지나갔으며 다음엔 숲속에 버렸는데 인적이 드물었던 숲속에 갑자기 사람의 왕래가 빈번해졌다. 다시 얼어붙은 강물에 옮겨 놓자 갑자기 새들이 모여들더니 날개로 그 아이를 덮어 보호하는 것이었다.

후직의 어머니는 비로소 그 아이가 보통 아이가 아님을 알고 소중하게 키웠다. 그리고 버리려고 했던 아이라 하여 기(棄, 버린다는 뜻)라는 이름을 붙였다.

기는 과연 비범한 아이였다. 씨뿌리기를 좋아했고 이 아이가 뿌리고 심은 곡식이나 나무는 아주 잘 자랐다. 장성함에 따라 농사에 대한 천재적인 재능을 발휘하자 순임금은 그를 후직(지금의 농수산부장관)으로 삼아 만민에게 합리적인 농사법을 가르치게 했다. 그때부터 후직이라 불리게 되었다.

후직의 아들은 부줄不窋이고, 부줄의 아들은 공유公劉이다. 공유의 9대째인 고공단보古公亶父 때에 이르러 수도를 기산岐山으로 옮기고 국명을 주周라 정하면서 비로소 제후국으로서의 기틀을 갖추게 되었다.

은왕조의 주왕이 제위에 오른 것은 서방의 주나라가 제후국으로서 명성을 높이고 명군名君으로서 인망을 모으고 있던 창(昌, 나중의 文王)의 시대였다. 창은 그의 할아버지 태왕의 기대에 어긋나지 않게 어진 정사를 펴 나날이 국력이 신장되어 갔고 은왕조로서는 이 강력한 제후국의 영주인 창에게 서백(西伯, 서쪽 제후들의 우두머리)이라는 작위爵位를 수여하지 않을 수 없었다.

서백은 주나라의 판도를 넓히기 위해 견융犬戎을 토벌하고, 밀수국密須國과 기국耆國, 숭후호崇侯虎 등을 정벌했다.

풍읍豐邑으로 도읍을 옮긴 서백은 더욱 인덕仁德을 쌓는 한편 인재를 구하는 데 힘을 기울였다. 유리에 갇혔을 때 자신을 구해준 굉요閎夭, 산의생散宜生 등이 그의 곁으로 돌아왔고 주나라의 발전에 결정적인 역할을 한 태공망太公望 여상呂尙도 이 무렵에 위수渭水가에서 맞아들인 인물이다.

그 후 서백은 한층 선정을 베풀어 백성들을 편안케 하니 이러한 소문은 차차 먼 나라까지 퍼져 제후의 마음은 모두 서백에게 기울어졌고 장차 천명을 받아 천자가 될 여건이 무르익어가고 있었다.

무왕 주를 치다

문왕(서백)은 주나라가 대업을 달성하기 전에 죽었다. 그의 나이는 확실히 알 수 없으나 치세 50년이라는 기록으로 미루어 보아 꽤 고령이었음을 짐작할 수 있다. 문왕이 죽고 그의 아들 발發이 뒤를 이으니 그가 무왕이다. 무왕은 죽은 아버지를 문왕이라 추존하고 태공망 여상을 사부師父로 삼아 상보尙父라 불렀으며 모든 일에 자문을 받는 한편 동생 주공周公 단旦이 빈틈없이 그를 보좌하여 아버지의 유업을 닦아 나갔다. 선정을 베풀어 민심을 모으고 군대를 정비하여 포학이 더해가는 주왕을 응징할 준비를 하고 있었다.

무왕이 즉위한 지 9년 후 아버지의 능묘가 있는 필畢 땅에 나아가 제사를 올리고 군대를 정비하여 맹진(孟津, 盟津)까지 진격했다. 이때 그는 문왕의 위패를 수레에 싣고 무왕 자신은 태자 발이라 칭하여 이번 원정이 문왕의 의사임을 표시했다. 수레에 위패를 모신 것은 문왕이 살아 있음을 뜻하는 것으로 무왕은 태자로서 아버지 문왕의 친정親征에 종군한다는 형식을 취했던 것이다.

비록 문왕은 죽었지만 문왕의 명성은 제후를 비롯하여 천하의 백성들 마음속에 깊이 자리 잡고 있었기 때문에 그의 이름은 무왕이 의도한 대로 효력을 발휘했다.

무왕이 상을 정벌했다는 명문이 새겨진 이동궤(利銅簋)

이번 군사 행동에는 두 가지 뜻이 있었다. 하나는 주왕을 위협해 그의 포학함을 반성시키자는 시위의 뜻이고, 또 하나는 부조 이래의 명망이 과연 어느 정도이며 이번 거병擧兵에 얼마만큼의 제후가 동조하여 모이는가를 시험하기 위한 것이었다. 주나라 군대가 맹진에 이르니 8백 제후가 모여 있었다.

무왕의 출정에는 여러 가지 길조가 나타났고 8백 제후가 모여드니 주나라 군대의 사기는 하늘을 찌를 듯했다. 그러나 무왕은 아직은 주왕을 정벌할 시기가 아니라는 결론을 내리고 군사를 돌려 서쪽으로 돌아왔다. 그로부터 2년 후 주왕의 포학상이 점점 더해가자 무왕은 더는 참을 수 없어 제후들에게 출병 명령을 내렸다. 무왕의 군대는 동쪽을 향해 진군을 계속하여 은의 교외인 목야牧野에 이르러 진을 치고 최후의 결전에 대비했다.

음락에만 빠져 있던 주왕도 주나라 군대의 진군 소식을 듣자 사태의 중대함을 느끼고 70만의 병력을 동원해서 목야로 맞서 나갔다. 은군은 수적으로는 우세한 병력이었지만 그들의 대부분은 전쟁 포로였으며 주지육림 속에서 뼈가 녹은 쓸모없는 군대였다. 모두가 오합지졸에 불과했다.

마침내 건곤일척乾坤一擲의 결전이 벌어졌다. 주군은 물밀듯이 주왕의 본진으로 돌진해 들어갔다. 주왕의 포악에 시달리던 은군은 하루빨리 무왕이 주왕을 토멸해 주기를 고대하고 있었다. 전투가 시작되자 대부분의 부대는 무기를 거꾸로 들어 항복했고 어떤 부대는 등을 돌려 주군과 함께 공격에 가담하기도 했다.

은군은 여지없이 무너지고 말았다. 주왕은 목야에서 도망쳐 수도 조가朝歌에 있는 녹대鹿臺로 올라갔다. 주왕을 추격하던 주군이 여러 겹으로 에워싸자 녹대에서 불꽃이 타올랐다. 주왕 스스로 백성들의 고혈膏血을 짜서 만든 보석으로 장식한 옷을 입고 불을 질러 그 속으로 몸을 던졌던 것이다. 비곗덩어리가 부지직거리는 소리와 함께 은 왕조는 종말을 고했다.

주왕조의 창업

주왕조의 건국을 축하하는 식전이 끝난 후 무왕은 망국의 백성이 된 은나라 사람들의 인심을 어떻게 수습할 것이며 이제 겨우 얻은 넓은 영토를 어떻게 통치해야 할 것인지, 새로운 주왕조를 어떻게 강화해야 할 것인지를 중신들과 의논했다.

군사이며 일등 공신인 강태공은 "적을 모두 죽여 후환의 씨를 남기지 말아야 합니다."라고 주장했고, 소공召公은 "죄 있는 자는 죽이고 죄 없는 자는 용서하여 각각 응분의 처분을 내려야 합니다."라고 주장했다. 이에 반해 주공은 "주왕의 아들 녹보祿父를 제후로 삼아 은으로써 은을 다스리는 방법을 쓰는 것이 좋겠습니다."라고 제언했다.

무왕은 주공의 의견을 받아들여 주왕의 아들 녹보를 은의 수도였던 조가에 봉하여 그 일족을 위안하고, 기자를 석방하고 비간의 묘를 마련했다.

무왕은 풍읍으로 돌아와 도읍을 호鎬로 옮기니 이곳이 호경鎬京으로, 13대 평왕이 낙양으로 도읍을 옮기기 이전인 서주西周의 수도가 되었다. 이어서 공신과 일족一族에 대한 논공행상이 행해졌다. 태공망 여상은 제齊나라에, 주공 단은 노魯에, 소공은 연燕에, 그 밖의 공신들에게도 서열에 따라 봉토를 나누어 주는 봉건제를 실시했다. 동생인 숙선叔鮮은 관管에, 숙도叔度는 채蔡에 봉하여 이들에게 은의 녹보를 감시하도록 했다.

이렇게 하여 희망에 찬 주왕조의 봉건 국가는 힘찬 걸음을 내디뎠고 주공은 예악과 법도를 제정하여 봉건 국가의 기틀을 다져갔다.

논공행상의 훈공 제1등은 말할 것도 없이 태공망 여상이었다. 그는 제齊에 봉함을 받아 제후가 되어 임지로 떠나게 되었다. 고향으로 금의환향하는 그의 마음은 기쁨과 착잡함으로 엇갈리고 있었다. 지난 날 가난한 집안 살림을 도맡아 자기를 극진히 돌보다가 결국 견디지 못하고 달아난 부인의 일 등은 잊혀지지 않는 서글픈 일이었다.

구종배들이 시위 소리를 지르며 지나가는데 길 닦는 일에 부역나온 사람들이 길을 비켜서고 있었다. 그때 초라한 늙은 여인의 모습이 힐끗 눈에 띄었다. 낯이 익은 여인이었다. 바로 자기를 버리고 달아난 부인이었던 것이다. 태공망 여상은 시종을 시켜 그 여인을 수레 앞에 대령시켰다. 영문을 몰라 하는 그 여인에게 "고개를 들고 나를 쳐다 보시오." 했다.

고개를 들고 그를 쳐다본 여인은 옛정을 생각해서 다시 아내로 맞아달라고 애원했다. 여상은 물을 한 그릇 가져오도록 하여 그릇의 물을 땅바닥에 쏟게 한 다음 그 물을 다시 그릇에 주워 담아보라고 했다. 한번 땅에 쏟은 물은 다시 담을 도리가 없었다.

"엎지른 물이 다시 그릇으로 돌아올 수 없듯이 한번 끊어진 인연은 다시 맺을 수가 없는 법이오."

백이와 숙제

백이伯夷와 숙제叔齊는 고죽군孤竹君의 두 아들이었다. 아버지는 막내인 숙제를 매우 사랑하여 그에게 자기 뒤를 잇게 하려고 마음먹고 있었다. 그러나 아버지 고죽군이 죽자 숙제는 형인 백이에게 왕위를 양보했다.

"아버지께서는 비록 저를 후사로 정하셨지만 형님이 계신데 제가 어찌 그 자리를 잇겠습니까. 형님이 뒤를 이으셔야 합니다."

백이는 백이대로 완강히 거부했다.

"아버지의 마음이니 어길 수 없다."

두 사람은 서로 양보하다가 백이가 영토 밖으로 도망치자 숙제도 그 뒤를 따랐다. 고죽국에서는 할 수 없이 가운데 아들로 뒤를 잇게 했다.

백이와 숙제는 고국을 떠나 여기저기 방황하다가 당시 어질기로 이름난 서백에게 의탁해 볼까 하는 희망을 안고 주나라를 향해 발길을 옮겼다. 주나라 서울 풍읍에 당도해보니 서백은 이미 죽었고 때마침 무왕이 아버지 문왕의 위패를 안고 주왕을 토벌하기 위해 출진하는 길이었다. 두 사람은 무왕의 말고삐를 잡고 간했다.

"아버지가 죽었는데 장사도 지내지 않고 싸움을 일으키려 하니 효도라고 할 수 있는가. 신하인 제후로서 천자를 시해하려 하니 옳은 일이라고 하겠는가?"

백이와 숙제

이에 무왕의 좌우에 있던 군사들이 그들을 죽이려고 하자 태공망 여상이 "이들은 의로운 사람이다." 하고 붙들어 보내게 했다.

이윽고 무왕이 은나라를 평정해 온 천하가 주나라를 종주국으로 받들었으나 백이와 숙제는 그렇지 않았다. 주나라는 천도와 인도를 배반하여 세운 나라이니 자신들이 살 세상이 못 된다고 생각했다.

그들은 "의를 지키어 주나라의 곡식을 먹지 않겠다."라고 말하고 수양산에 들어가 고사리를 꺾어 먹고 살다가 마침내 굶어 죽었다.

성강지치

천자가 된 무왕은 밤잠도 잊고 정사에 열중했다. 그러다 보니 지나친 노고로 건강을 해쳐 병상에 눕게 되었다. 주왕조가 선 지 얼마 안 되었기 때문에 나라 안팎으로 여러 가지 면에서 미비점이 많았다. 군신들은 불안을 느꼈고 주공 단은 자신이 무왕을 대신하여 죽기를 빌었다. 그런 정성 때문인지 무왕의 병세가 호전되었으나 완쾌치 못하고 끝내 죽고 말았다. 태자 송誦이 뒤를 이으니 이가 곧 성왕成王이다.

성왕은 나이가 너무 어렸다. 주공 단이 섭정으로서 국사를 맡아보았지만 원래 국사란 평온무사하게만 진행되는 것이 아니었다. 섭정이 된 주공은 겨우 이룩한 왕업을 굳건히 하고 보다 발전시키기 위하여 섭정의 권한을 넘어 보다 강력한 자세로 정치에 임했다. 동생들 중에 혹시 주공 단이 나라를 빼앗으려는 것이 아닌가 하고 의심하는 자가 있었다.

일찍이 주왕의 아들 녹보를 은나라에 봉하면서 그를 보좌하고 감시토록 명령받았던 관숙선과 채숙도는 녹보와 제휴하여 주공에게 반기를 들었다. 그들은 형제에게 상의도 없이 독단 전행하는 주공이 불만스러웠고 주나라 조정으로부터 소외당하고 있다는 불만을 품고 있었는데 이를 눈치챈 녹보가 그들을 충동질하여 앞서의 패배를 설욕하고 은의 세력을 만회하려고 반란을 일으킨 것이다.

주공이 단호히 그들을 토벌하려고 하자 왕실 내부에서는 반대 의견이 많았다. 그러나 주공은 "만약 이런 사태를 방치한다면 애써 이룩한 선왕의 위업은 무너지고 말 것이다." 하고 토벌에 나서 3년 만에 진압했다. 《사기》에는 이 반란에 관여한 자를 관숙선과 채숙도 두 사람으로 기록하고 있으나 이 두 사람 외에 곽숙霍叔이라는 동생도 관여했기 때문에 이 반란을 '삼감三監의 난'이라 칭하기도 한다.

난을 진압한 주공 단은 녹보와 관숙선을 사형에 처하고 채숙도를 추방하는 한편 은의 유민들의 세력을 분산시키기 위하여 주왕의 또 다른 아들 미자개微子開를 송宋에 봉하여 그곳으로 은의 유민을 분산, 이동시켰다. 은의 옛 땅을 위衛로 개칭하여 막냇동생인 강숙봉康叔封에게 주어 은의 유민을 다스리게 했다.

앞서 삼감의 난이 일어났을 때 종실 일부에서는 그들의 토벌을 반대하는 자가 많았는데 그 반대 이유가 논공행상에 불만이 있었기 때문이었는지도 모른다. 15명이나 되는 동생 가운데 삼감의 난 진압에 선뜻 협력하고 나선 것은 소공뿐이었으며, 《사기》의 〈제세가齊世家〉에 이 토벌에 참가하라는 명령을 태공망에게 전한 것도 소공이었다고 기록된 것으로 보아 당시 주공과 소공은 매우 밀접한 협력 관계를 가지고 있었음을 알 수 있다.

주공 단의 섭정은 7년 동안 계속되었다. 성왕이 성장하여 친정親政

을 할 수 있게 되자 정권을 돌려주고 신하의 자리로 돌아왔다. 성왕의 스승으로서 정사를 보필하여 관제를 새로 정하고 새로운 주나라의 예악을 제정하는 등 그의 충성과 빛나는 업적은 후세의 귀감이 되고 있다.

서주의 쇠퇴

주공 단이 죽은 후 성왕은 선왕들의 유업을 계승하여 오로지 정사에만 정진했고 그 뒤를 이은 강왕康王 역시 어진 정사를 펴 40여 년 동안 형벌이 없었다고 한다. 주공의 7년 동안의 섭정부터 강왕의 시대까지가 주나라의 황금기로 꼽힌다.

강왕 뒤에 소왕昭王이 뒤를 이었다. 소왕은 남쪽으로 사냥을 나간 후 돌아오지 않았다. 《사기》에는 이 소왕의 죽음에 대해 '소왕 남쪽으로 순수巡狩 나갔다가 끝내 돌아오지 않았다. 강 위에서 죽었는데 이 사실을 천하에 공포하지 않고 숨기다.'라고만 기록하고 있다.

소왕이 강 위에서 죽었는데 이 사실을 천하 제후에게 알리지 않았다는 것은 아무래도 그의 죽음에 의문을 갖게 한다.

소왕이 죽자 태자 목왕穆王이 즉위했다. 목왕은 주나라의 전통적인 팽창 정책에 따라 자주 친정親征에 나섰는데 아버지 소왕이 남방 정벌에서 실패하고 목숨까지 빼앗긴 것을 거울삼아 주로 서북쪽을 정벌의 대상으로 삼아 번번이 승리함으로써 눈부신 발전을 보였다.

목왕 다음에 그의 아들 공왕共王이 즉위했는데 이때부터 점차 왕도가 무너지기 시작했다. 공왕으로부터 3대째에 여왕厲王이 즉위했는데 그는 약해져 가는 주왕실의 세력을 만회하기에 힘썼다.

우선 수입을 증대시켜야 한다고 생각하고 이재理財에 밝은 이공夷公을 등용했다. 이공은 원래 영국榮國의 공작公爵이었는데 그의 수입 증대 방안은 노골적인 착취 수단이었기 때문에 영국의 영민領民들로부터 불만을 많이 사고 있는 인물이었다. 이공의 착취는 극에 달했고 착취 대상은 귀족, 제후, 서민을 가리지 않았다. 일반 서민의 불만은 말할 것도 없고 왕실과 제후의 관계도 점점 험악한 상태에 이르고 있었다. 여왕은 자기를 비방하는 자가 많음을 알고 이를 막기 위해 공포 정치를 행했다.

이런 상태가 3년간 계속되자 마침내 백성들의 불만이 폭발하고 말았다. 그들은 일제히 일어나 여왕을 습격했다. 여왕은 체彘로 도망가고 '공화共和' 시대가 시작되었다.

여왕은 공화 14년, 망명지에서 죽고 태자 선왕宣王이 즉위했다.

선왕은 천성이 영매했다. 어진 신하를 등용하여 주나라의 부흥에 힘쓴 결과 그의 초기에는 많은 발전상을 보였으나 후기에는 다시 약화되기 시작했다.

주나라 귀족들이 제사나 향연 때 사용한 악기인 편종

유왕과 포사

선왕에 이어 새로 왕위에 오른 유왕幽王은 위인이 난폭하고 주색을 좋아하여 정사를 돌보지 않았다. 유왕은 절세미인 포사褒似를 총애했는데 그녀가 아들을 낳자 그를 태자로 삼았다.

일찍이 유왕은 신후申侯의 딸을 정비로 맞아 그녀에게서 태어난 아들 의구宜白를 이미 태자로 책봉했었다. 하지만 포사의 환심을 사기 위해 의구를 폐하고 그녀의 아들 백복伯服을 태자로 세운 것이다.

포사에게는 웃음이 없었다. 그녀의 미소를 보기 위해 유왕은 비단 찢는 소리를 들으면 기분이 좋다는 그녀의 말에 궁녀를 시켜 매일 비단 백 필을 가져다 찢게 했다.

매일 산더미 같은 비단이 찢겨 없어지니 창고는 금세 바닥나고 제후들이나 일반 백성들로부터 징발해 이를 충당하니 원성은 나날이 높아갔다. 그러는 사이에 비단 찢는 소리도 싫증이 나버렸는지 그녀는 이제 뺨도 움직이지 않았다.

어느 때 실수로 봉화대에 봉화가 올랐다. 긴급 사태가 일어난 줄 알고 제후들은 군사를 이끌고 서둘러 왕궁으로 집결했다. 실수로 일어난 봉화였다는 사실에 제후들은 맥이 빠졌고 무장한 군사들은 투구 따위를 땅바닥에 집어던지며 분개했다. 이런 모습을 보고 포사는 이를 드러내며 웃었다. 꿈에 그리던 포사의 웃는 얼굴이었다.

그다음부터 유왕은 끊임없이 봉화를 올리게 했다. 거듭 되풀이되는 동안, 이번에야 설마 거짓이 아니겠지 하고 숨을 몰아쉬며 달려오면 높은 다락 위에서 유왕과 포사가 굽어보며 웃고 있는 것이었다. 제후들은 이제 봉화가 올라도 가만히 있기로 했다. 쓸데없는 고생으로 한 여자의 웃음거리가 되고 싶지 않았던 것이다.

　이런 사태를 전후하여 신후의 딸이 쫓겨나고 포사가 정비의 자리에 앉았다. 신후의 일족은 은밀히 군사를 모았고 증繒, 서이西夷, 견융犬戎 등 변방의 유목 민족들을 꾀어 유왕 11년 반란을 일으켰다.

　반란군이 수도 호경을 세 겹으로 둘러싸니 호경은 고립무원의 상태가 되었다. 유왕은 크게 놀라 봉화를 올려 제후들에게 구원을 청했

장난 삼아 봉화를 올리고는 다급히 달려온 병사들을 보며 웃고 있는 유왕과 포사

으나 이틀이 지나도록 제후들의 구원병은커녕 개미 한 마리도 오지 않았다. 다급해진 유왕은 몇몇 신하의 도움을 받아 수레에 포사와 백복을 싣고 후문으로 빠져나가려 했으나 곧 붙들려 견융족의 추장에게 넘겨졌다. 그는 유왕과 백복을 단칼에 두 동강 내고 포사는 자기 여자로 삼았다.

이후 견융이 유왕을 죽인 것을 세상에 없는 무슨 큰 공이나 세운 양 그대로 머물러 술을 마시고 놀며 자기 나라로 돌아가려 하지 않자 신후는 제후들과 합세하여 견융을 몰아내는 데 성공했다.

견융을 물리친 신후는 곧 잔치를 벌여 여러 제후들을 환대하고 신국에 있는 태자 의구를 받들어 왕위에 나가게 했다. 택일을 해서 종묘에 고하고 왕위에 오르니 이가 곧 평왕平王이다.

3장

춘추·전국 시대

춘추 · 전국 시대

주나라 제13대 평왕이 낙양으로 도읍을 옮긴 이후부터를 동주 시대라 하고 동주 시대를 다시 춘추 시대와 전국 시대로 나눈다. 춘추 시대에 들어서면서 주나라 왕실의 세력이 점점 약해져 천자로서의 위력이 없어지고 대신 강력한 제후들이 서로 패권을 다투게 되었다. 주나라 초기에 1천여 국이나 되던 제후의 수가 마침내는 10여 개 국으로 압축됐다. 이 가운데 패권을 잡은 제후를 춘추오패春秋五霸라 하는데 이 오패는 제의 환공, 진晉의 문공, 초의 장왕, 오왕 합려, 월왕 구천이라는 설과 오왕 합려, 월왕 구천 대신 송의 양공과 진秦의 목공이라는 설이 있다.

기원전 453년 강력했던 진晉나라가 한韓 · 위魏 · 조趙 세 나라로 분리되면서 전국 시대가 펼쳐졌다. 전국 7웅은 위의 세 나라 외에 진秦 · 초楚 · 연燕 · 제齊의 7국이다. 이 가운데 초기에 패자의 자리를 다툰 것은 위 · 제 · 진秦 세 나라였다. 제나라는 유명한 병법가 손빈孫臏의 계책을 써 위나라 장수 방연을 마릉馬陵의 싸움에서 패사시키고, 진의 효공은 법가인 공손앙公孫鞅을 등용하여 부국강병을 위한 일대 정치개혁을 실시하여 천하통일을 위한 기반을 다져 갔다. 진나라를 제외한 나머지 여섯 나라의 힘은 점점 쇠약해져 차례차례 진나라에 멸망해 버리고 기원전 221년 제나라가 마지막으로 진나라에 항복함으로써 진의 시황제가 중국 최초의 통일국가를 세우게 되었다.

패자의 시대

제13대 평왕이 낙양으로 도읍을 옮기기 이전의 시대를 서주 시대라 하고, 도읍을 옮긴 때부터 37대 난왕赧王이 진秦나라에 나라를 빼앗길 때까지의 514년간을 동주東周 시대라 하며, 이 동주 시대를 다시 춘추春秋 시대와 전국戰國 시대로 나눈다. 춘추 시대는 평왕이 도읍을 옮기던 기원전 770년부터 진晉나라 대부 위사·조적·한건이 그들의 라이벌인 지백智伯을 없애고 그 땅을 3등분한 후 제후로 봉함을 받은 기원전 403년까지의 368년간을 말하고, 전국 시대란 춘추 시대 이후 진나라가 천하를 통일한 기원전 221년까지를 말한다.

춘추 시대라는 명칭은 공자孔子가 노나라의 역사 기록을 기본으로 해서 편찬했다는 연대기인 《춘추》에서 유래한 것이고, 전국 시대라는 명칭은 전한 말기 유향劉向이 편찬한 《전국책戰國策》에서 유래한다.

이 춘추 시대는 주나라 왕실의 세력이 점점 약해져 천자의 위력을 잃고 서주 시대의 문물 제도가 차차 무너져 제후들이 서로 싸움을 일삼고 강한 자가 약한 자를 집어삼키는 약육강식의 시대이다. 또한 고대부터 황하의 유역만을 근거지로 삼고 있던 중국 민족이 사방으로 뻗어나가려던 시대라고도 할 수 있다. 이러한 상태는 정신 세계에도 반영되어 고대의 전통적 노예 제도가 무너지고 봉건 사회가 확립되는 이른바 신구 사회 제도가 교체되는 시기이기도 했다.

이 시대에는 주나라 초기에 1천여 국이나 되던 제후의 나라가 120여 국으로 줄어들었다가 마침내 큰 나라로 병탄되어 나중에는 제齊, 노魯, 정鄭, 송宋, 조曹, 진晉, 초楚, 진陳, 채蔡, 연燕, 위衛, 진秦 등 10여 개국으로 줄어드는 현상을 보였다.

이들 가운데 유력한 강대국을 춘추오패라 칭했는데 제나라 환공桓
公, 진晉나라 문공文公, 초나라 장왕莊王, 오吳나라 부차夫差, 월越나라 구
천句踐 등이다.

이들은 작은 제후국들을 단결시켜 주나라 왕실을 존중하고 밖으로
는 오랑캐들을 물리쳤다.

춘추 시대의 첫 번째 패자覇者는 제나라 환공이었다.

진 · 초의 패권 다툼

제 환공 다음에 패자가 된 것은 진晉의 문공이다. 진은 제나라처럼
천연자원이 풍부한 나라도 아니었는데 어떻게 천하의 패자가 되었을
까? 그것은 한마디로 말해 전쟁에 의해서라고 할 수 있다.

진의 패업은 문공의 아버지 헌공獻公 때부터 시작되었다. 헌공은 즉

진 문공

위 5년에 여융驪戎을 멸망시키고 이어 군비를 증강하여 곽霍 · 경耿 · 위衛 · 우虞 · 곽虢 등 여러 나라를 병탄했다.

문공 4년 초나라가 송나라를 공격하자 송에서 구원을 요청해 왔다.

문공은 조나라와 위나라를 공격하면 초나라가 이 두 나라를 구원하기 위해 송나라를 포위한 군대를 풀게 될 것이라는 고범의 진언대로 조와 위를 공격했다.

초의 성왕은 군대를 철수시키려 했으나 장군 자옥의 반대로 그에게 지휘권을 위임하고 대전토록 했다.

진은 송 · 제 · 진秦 등 중원의 유력한 제후들과 연합 세력을 형성하고 있었다. 북쪽으로 자꾸 뻗어오는 초나라의 강력한 세력을 중원 제후들이 연합하여 저지한다는 춘추의 싸움에서 가장 전형적인 싸움이 이때의 성복城濮의 대전이다. 대전의 결과는 초군의 패배로 끝났다.

천토의 회맹

진 문공을 맹주로 하는 연합군이 성복의 대전에서 승리하고 개선한다는 소식을 들은 주의 양왕은 개선군을 위로하기 위해 천토踐土까지 마중했다. 진 문공은 그곳에 왕궁을 짓고 맹주가 되어 제, 노, 송, 채, 정, 위, 거莒의 제후와 회맹會盟했다. 이때의 맹약을 《춘추좌전》에는, '제후들은 모두 주나라 왕실을 도와 제후들이 서로 침해하는 일이 없어야 한다. 만일 이 동맹을 위반하면 밝은 신은 이들을 죽이고 그 군대를 약하게 하며, 그 나라에는 행복이 없고 그들의 자자손손에 이르기까지 노소를 가릴 것 없이 모두 벌을 받을 것이다.'라고 기록하고 있다.

이 맹약은 이전에 제 환공이 주도한 규구葵丘의 맹약에 비하면 구체성이 매우 결여되어 있다. 태자를 바꾸지 말 것, 흉년이 들었을 때 식량을 융통해 줄 것 등은 이미 규구의 맹약에서 약속한 바 있었기 때문에 중복을 피하기 위해 생략한 것인지도 모른다.

그해 겨울 진 문공은 다시 온(溫, 하남성)에서 제후를 소집했다. 이 회맹에 참가한 제후들을 《춘추》에서는 '노희공魯僖公, 진후晉侯, 제후齊侯, 송공宋公, 채후蔡侯, 정백鄭伯, 진자陳子, 거자莒子, 주자邾子, 진인秦人' 등으로 열거하고 있다. 다른 모든 나라의 제후들은 작위를 넣었으면서도 대국이었던 진秦을 맨 끝에 열거했고 그것도 진백秦伯이라 하지 않고 진인이라고 한 것은 진나라는 목공 자신이 참가하지 않고 대신을 파견했기 때문인 듯하다. 《사기》에는 진의 문공이 맹주로서 이들 제후들을 거느리고 주왕실에 조회하려고 했으나 아직도 힘이 부족하여 혹시 배반자가 있을지 몰라 주의 양왕을 천토에 있는 궁전에서 하양河陽까지 불러냈다고 기록하고 있다. 확실히 말해서 이들 제후 가운데에는 정·채·진 등 일찍이 초나라에 속해 있던 제후도 포함되어 있었기 때문에 이들이 배반할 우려도 없지 않았으나 모두 소국에 불과했다. 이런 점으로 볼

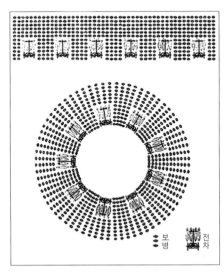

춘추시대의 방형 진과 원형 진

때 문공의 본의는 패자로서 자신의 위엄을 보이기 위해서였다고 볼 수 있다.

제나라는 환공이 죽자 바로 패자의 나라로서의 역량을 상실했으나 진나라는 문공이 죽은 후에도 여전히 강국의 지위를 유지했다.

초나라의 융성

초나라 목왕은 약소국을 차례로 멸망시키며 다시 북으로의 진출을 시도했다.

목왕이 재위 14년에 죽고 그의 아들 여侶가 즉위했다. 이 사람이 춘추 오패의 한 사람이라 불리는 초의 장왕莊王이다. 장왕 즉위 8년에는 낙수 동쪽에서 육혼陸渾의 융戎을 공격하여 크게 명성을 떨쳤다.

장왕 17년(기원전 597) 초나라가 북진을 개시하자 가엾게 된 건 정나라였다. 3개월간의 포위 끝에 마침내 정의 양공은 윗옷을 벗어 상체를 드러내고 양을 끌고 항복했다. 윗옷을 벗는 것은 항복한다는 뜻이고 양을 끄는 것은 요리인이 되어 상전을 섬기겠다는 뜻이라 한다. 이 소식을 들은 진晉에서는 정나라를 구하기 위해 군대를 동원하여 남하하고 있었다.

남하하는 도중 정나라가 마침내 초나라에 항복했다는 정보가 들어왔다. 진나라 진영에서는 구원하려는 상대가 이미 항복했으니 그대로 회군하자는 주장과 패자의 나라로서 끝까지 초나라와 싸워야 한다는 주장이 엇갈리는 가운데 주전론자들이 일방적으로 진군하는 바람에 전군이 그쪽으로 휩쓸리게 됐다. 진나라 군영은 삽시간에 대오를 잃고 우왕좌왕 전투태세가 흐트러지고 있었다.

한번 전쟁이 시작되자 그칠 줄을 몰라 1년에 7회를 거듭 싸울 정도로 치열해지니 초나라의 군대는 피로가 겹쳐 다시 북진할 힘이 없었고 진나라 또한 국내 문제로 남하할 여력이 없어 긴장 완화를 바라는 움직임이 서서히 싹트기 시작했다. 이에 송나라 대부 향술向戌이 평화 조약을 맺을 것을 제창하여 우선 초나라와 진나라의 양해를 얻는 데 성공했다. 기원전 546년 송나라 수도에서 14국의 대부가 참석한 가운데 마침내 초나라와 진나라 사이에 정전협정이 성립했다. 이 평화회담을 '미병弭兵회담'이라고 부르는데, 미弭는 '그친다'는 뜻이니 정전회담이란 뜻이 분명하다.

이 회담을 전환점으로 춘추 시대의 전쟁 양상이 달라지기 시작했다. 이제까지 제후들이 내세웠던 왕실을 존중한다는 존왕尊王 사상은 사라지고 전국 시대의 특색인 실력주의 경향이 나타나기 시작했다.

오 · 월의 패권 다툼

미병회담이 열린 후 소강상태가 계속되는 가운데 중원 남쪽에 오나라와 월나라가 등장했다.

오나라에 왕위 다툼이 한창일 때 초나라에서 오자서伍子胥가 망명해 와 광光의 빈객으로서 그를 돕게 되었다. 훌륭한 참모를 얻은 광이 결국 왕위에 오르니 이가 오왕 합려이다.

한편 월나라는 윤상允常의 대에 이르러 눈부신 성장을 이룬 끝에 나라로서의 체제를 갖출 만큼의 세력을 형성했다. 윤상이 죽고 구천이 그 뒤를 이었다.

오나라는 윤상이 죽자 그 기회를 틈타 월나라를 공격했다. 구천은 그의 아버지 윤상 못지않은 현명한 인물이었다. 그는 수수께끼 같은 작전을 펴 오나라 군사를 대파하고 합려에게 부상을 입혔다. 합려는 병이 악화되어 결국 회생하지 못했고 태자 부차가 그 뒤를 이었다.

오왕 부차는 아버지의 복수를 다짐했다. 밤마다 섶 위에서 자면서 아버지의 한을 상기시키고 한편으로는 사람에게 명하여 매일같이 "부차여, 너는 아버지의 원수를 잊었느냐."라고 외치게 하여 복수심을 되새겼다.

오나라가 복수를 계획하고 있다는 소식을 들은 월왕 구천은 기선 제압을 위해 오나라에 선제공격을 하다가 대패했다. 오나라는 승세를 몰아 월나라 수도 회계를 포위하니, 구천의 목숨은 경각에 달려 있었다. 구천은 많은 뇌물을 오나라의 태재 백비에게 보내고 강화를 제의하여 굴욕적인 항복을 요청했다. 오왕은 이 기회에 월을 없애야 한다는 오자서의 반대에도 결국 월과 강화를 맺었다.

구천은 회계에서 있었던 굴욕을 씻기 위해 맛이 쓴 쓸개를 그의 곁에 놓아두고 음식을 먹을 때마다

오자서

쓸개를 맛보면서 "너는 회계의 치욕을 잊었느냐." 하며 자신을 다잡았다.

오왕 부차는 월나라와 화평을 맺은 지 5년에 군대를 동원하여 북으로 제나라를 공격하려 했다. 오자서는 제나라가 아닌 보복할 기회만 노리고 있는 월나라를 공격해야 한다고 주청했으나 오왕은 듣지 않고 제나라를 쳐서 크게 이기고 추鄒·노魯의 임금을 멸망시키고 돌아왔다. 그러고는 더욱 오자서의 계책을 믿지 않게 되었다.

그 뒤 오왕이 다시 제나라를 치려고 하자 월왕은 자공子貢의 진언을 들어 오나라를 돕는 한편 귀중한 보물을 백비에게 뇌물로 바쳤다. 또한 월나라의 미녀 서시西施를 오왕에게 바쳐 그의 환심을 사고 구천이 친히 오왕을 알현하여 몸을 굽히는 등 적극적인 선심 공작을 펴 오왕의 경계심을 늦추도록 했다.

백비는 오래전부터 오자서와 사이가 나빴다. 이 기회를 이용하여 오왕에게 오자서를 참소하니 오왕은 사자를 시켜 오자서에게 촉루지검(屬鏤之劍, 유명한 칼의 이름)을 주며 자결을 명했다.

오자서가 죽은 것은 부차가 즉위한 지 11년(기원전 485)의 일이었다. 오왕은 그다음 해 제나라를 공격했으나 승리하지 못했다.

오왕 부차는 제후들을 황지黃池에 모아 회맹했다. 한창 그의 위엄을 떨치고 있을 때 월나라 군사가 침입했다는 급보가 날아들었다.

오왕 부차는 믿었던 도끼에 발등을 찍히고 만 것이다. 월나라에서는 몇 해를 두고 벼르고 벼르던 설욕전이었다. 월왕은 이 설욕전에 전력을 투입해 5만의 군사를 동원했다. 이에 반해 오나라의 정예부대는 모두 북벌에 참가하여 장정은 거의 없고 노약자뿐이었다. 월나라 군대는 쉽게 유수留守부대를 격파하고 태자를 잡아 죽였다.

오왕은 즉시 월나라에 사자를 보내 강화를 요청했다. 월왕은 범려와 의논 끝에 강화를 수락하기로 했다. 오나라 북벌군의 정예부대가 돌아와 일전을 벌일 경우 승패를 예측할 수 없었기 때문이었다.

그로부터 4년 후 월나라는 다시 군대를 일으켜 오나라를 공격했다. 월군은 도처에서 오군을 격파하고 3년에 걸쳐 오나라의 수도를 포위했다. 마침내 한때 제후의 맹주로서 천하에 위엄을 떨쳤던 오왕 부차가 월나라에 항복했다. 부차는 스스로 목숨을 끊어 풍운의 일생을 마쳤다. 죽을 때 얼굴을 가리면서 "내 오자서를 볼 면목이 없구나!"라는 한마디를 남겼다.

월나라는 오나라를 평정하자 그 여세를 몰아 북진하여 회하淮河를 건너 서주徐州에서 제후들과 회맹했다. 오나라를 대신하여 월나라가 춘추 시대 최후의 패자가 된 것이다.

패권 다툼과 병합의 근원

춘추 300년의 역사는 국가의 흥망과 정권 교체, 흡사 릴레이 경주처럼 이어지는 패자의 등장과 퇴장으로 어지럽고 혼란한 역사였다.

노나라의 역사책 《춘추》에 의하면 242년간 일어난 전쟁의 횟수는 무려 483회로, 이러한 사태가 전개된 근원을 따져 보면 그것은 바로 '철鐵'이었다.

춘추 시대 선진 문화를 자랑하던 대부분의 지역에서 철기의 보급이 이루어지고 있었고 당시의 제철 기술은 이미 상당한 수준에 이르고 있었다. 새로운 생산 도구의 사용은 생산력의 증대를 가져왔고 여기에 알맞은 생산 체제를 형성하게 되었다. 따라서 새로운 생산 체제와 구체제 간의 투쟁이 일어나고 이러한 현상은 다시 빈번한 병탄과 합병·전쟁을 가져오게 되었다.

중국이 여러 나라가 난립하는 상태에서 통일의 시대로 향하는 역사적 대전환의 길은 이 같은 전쟁과 병탄·합병에 의하여 그 실마리가 열리게 되었던 것이다.

사상과 인문 과학

공자와 유교 사상

유교의 개조이자 동양 최고의 성인으로 꼽히는 공자는 성이 공孔이고 이름은 구丘, 자는 중니仲尼이다.

공자는 기원전 552년 노魯나라, 즉 현재의 산둥성 곡부曲阜에서 태어났다. 그의 아버지는 노나라의 대부大夫 숙량흘叔良紇이며 어머니는 안징재顏徵在이다.

공자는 세 살 때 아버지를 여의었는데 대부로서 무용을 떨친 바 있는 그의 아버지를 닮아 체구가 당당했고 보통 사람보다 훨씬 컸다고 한다. 그러나 어려서부터 아버지와는 달리 무武를 멀리하고 문文에 힘을 기울였다.

52세 때 중도中都의 재宰라는 벼슬에 올랐다. 결코 높은 벼슬은 아니었으나 이듬해 협곡夾谷에서 열린 제나라와 노나라의 회담에서 제나라의 책략을 분쇄하고 노나라의 국위를 선양하는 데 크게 이바지한 공로로 대사구大司寇라는 최고 재판관의 자리에 올랐다. 공자는 무력

적이고 비윤리적인 신흥 세도가들을 견제하고 노나라의 임금을 제자리에 올려놓으려고 노력했다. 한때는 이 같은 노력이 성공하는 듯했으나 결국 실패로 돌아가고 공자는 관직에서 물러나고 말았다.

56세(기원전 497)에 모국인 노나라를 떠나 약 14년간 다른 나라를 방랑했다. 그간에 세 차례 노나라에 돌아온 일이 있었으나 그의 방랑여정은 불행하고 초라한 것이었다. 송나라에서는 환퇴桓魋로부터 생명의 위협까지 느낄 정도의 박해를 받았고 광匡이란 지방에서는 양호陽虎로 오인되어 욕을 당한 일도 있었다. 또 진陳과 채蔡에서는 양식이 떨어져 고생한 일도 있었다.

공자는 그의 이상인 인仁을 현실적으로 구현하기 위하여 덕 있는 임금을 만나 그를 도와 인정仁政을 베풀어 천하를 바로잡아 보려 했다. 그러나 그의 포부는 끝내 달성되지 못했다.

이에 공자는 미래를 짊어질 젊은이들의 교육, 즉 지식인의 양성과 저술에 뜻을 굳히고 69세(기원전 484)에 다시 노나라로 돌아왔다.

제자들에게 둘러싸여 있는 공자

공자가 저술한 《역경易經》, 《시경詩經》, 《주례周禮》, 《서경書經》, 《춘추春秋》, 《악기樂記》 등 이른바 '육경六經'은 공자가 제자들을 가르치는 교과서로 사용되었다.

유교는 패도정치를 배척하고 왕도덕치王道德治를 강조한다. 위정자나 정치를 담당하는 사람들이 자기를 수양하고 학식을 쌓고 덕행을 닦는 수신修身에서 출발하여 제가齊家·치국治國·평천하平天下를 구현하자는 가르침이다. 이는 옛날만이 아니고 바로 오늘의 인류에게도 가장 절실한 가르침이라고 할 수 있다.

노자와 그의 사상

도가道家의 창시자는 노자이다. 노자의 성은 이李 또는 노老라고 하고 이름은 이耳 또는 담聃, 자는 백양伯陽으로 노양자老陽子라고도 불린다. 초나라 고현(苦縣, 지금의 하남성 녹읍현) 태생으로 그의 집안은 신분이 높은 귀족이었다.

노자는 한때 주나라 왕실의 도서 관리자로 일하다가 정치적인 이유로 노나라로 망명했다. 당시 17세였던 공자가 주례周禮에 대해 노자에게 가르침을 청한 일이 있었다는 사실로 미루어 노자의 나이는 공자보다 20세 정도 위였을 것으로 보이나 그의 출생 연대는 확실하지 않다. 노자가 지었다는 《도덕경》이 전국 시대의 냄새를 짙게 풍긴다는 사실로 미루어 공자와 동시대의 인물로 보기는 어렵고 공자보다 훨씬 뒤의 인물일 것이라 주장하는 학자도 있다.

《도덕경》은 일명 《노자》라고도 불리며 이 책에는 노자의 철학 사상과 정치 사상이 기술되어 있다. 여기서 '도道'의 철학 개념은 노자의 설에 의하면 자연 자체, 즉 만물의 기원을 의미하는 것이라고 했다.

공자나 묵자처럼 인류를 위하여 동분서주하는 사람에 대하여 그것은 쓸데없는 짓으로 '무위자연無爲自然'만이 인간의 본성에 합치하는 도라고 했다. 그의 사상 가운데는 소박하면서도 풍부한 변증법과 원시적인 유물론唯物論의 요소가 다분히 포함되어 있다. 그러나 그의 철학은 철저한 것은 아니고 최종적으로는 관념적인 방향으로 흐르고 있다. 그의 정치적 이상은 '소국과민(小國寡民. 작은 나라에 적은 국민)'이었다.

노자가 이 같은 정치적 이상을 갖게 된 배경은 그가 노예제도의 부패상을 보아 왔고 신흥 세력을 대표하는 사람들 가운데서조차도 사회 발전의 요소를 발견할 수가 없었기 때문에 결국은 원시적인 경제 상태로 복귀하는 것이 이상적이라 생각했기 때문이었다. 이 사상은 노예제를 부정하기는 했으나 역사에 역행하는 것으로서 결코 전진적인 것은 아니었다.

함곡관 관문지기 윤희가 노자에게 책을 써달라 부탁하자
5천 자로 이루어진 《도덕경》 상, 하권을 지어 준 노자

묵자와 그의 제자

묵가墨家의 창시자는 묵자이다. 묵자의 이름은 적翟으로 공자보다 조금 늦게 태어났을 것으로 추정된다. 유가와 묵가는 당시 여러 학파 가운데 가장 대립적인 관계에 있었다.

묵자는 비공(非攻. 다른 나라를 공격하지 말자는 주장)을 주장하여 적극적으로 전쟁을 반대했다. 또한 겸애(兼愛. 모든 사람을 차별 없이 사랑하는 일)를 강조했다. 그의 정치적 사상은 현명한 군주가 나타나 사회를 다스리는 것이었다. 현명한 군주란 옛날의 우禹임금처럼 백성들과 함께 부지런히 일하고 검소한 생활을 해야 한다고 했다. 또 사회 전체의 인류들

겸애를 강조했던 묵자

은 서로 협조하고 사랑하여 힘이 있는 자들은 앞다투어 힘이 없는 사람을 돕고 재력이 있는 사람은 될 수 있는 대로 재산을 사람들에게 나누어 주고, 학덕이 있는 사람은 다른 사람들을 교화시켜야 한다고 주장했다.

묵자는 모든 사람이 격의 없이 사랑을 나누고 서로 이익을 균등하게 나누면 사회의 재난과 혼란을 없앨 수 있고 천하는 태평해질 것이라고 생각했다. 이 같은 주장은 근로 대중들의 입장을 반영한 것이기는 하나 이것은 소생산자들의 소박한 꿈에 지나지 않고 역사의 발전 법칙에 어긋나는 것이었다.

묵자는 당시의 저명한 사상가였을 뿐만 아니라 박식한 학자였으며 뛰어난 기술자이기도 했다. 전설에 의하면 묵자가 만든 목제木製 새는 날 수 있었다고도 한다. 그가 저술한《묵자》를 보아도 그가 물리학과 기하학 등의 분야에 탁월한 지식을 가지고 있었음을 알 수 있다. 그의 저술에서는 심지어 지구는 둥글고 움직이고 있다는 가설까지 내세우고 있어 그의 과학에 대한 탁월한 식견을 엿볼 수 있다.

묵가들은 그들의 신도들을 조직화하여 묵가의 이상을 실현시키려고 노력했으나 그것은 현실과 부합되지 않는 일종의 공상에 불과했고 마침내 진한秦漢 이후 묵가의 조직은 자취를 감추고 말았다.

전국 시대의 서막

춘추 시대에서 전국 시대로 들어서면 중국의 역사는 제齊·초楚·연燕·조趙·한韓·위魏·진秦의 무대로서 이른바 전국 칠웅戰國七雄의 시대가 된다. 이 칠웅 사이에 끼인 약소국으로 주나라를 위시하여 노魯·송宋·중산中山 등 10여 국이 존재했다.

주나라는 주왕이 다스리는 나라로 춘추 시대부터 이미 허수아비 정권에 지나지 않았으나 종주국의 상징적 존재로서의 권위를 완전히 상실한 것은 아니었다. 때문에 천하의 패자로서 그 위엄을 떨치던 제후들도 존왕尊王의 기치를 높이 들었던 것이다.

그러나 전국 시대에 접어들면서부터는 그 양상이 아주 달라져 갔다. 주왕의 상징적 존재로서의 의의는 점점 사라져 작은 제후국과 다름없는 존재로 전락하고 말았다. 따라서 패자를 꿈꾸는 제후들 가운데 누구 하나 주왕의 존재를 마음속에 생각하는 사람이 없었던 것도 당연한 일로 생각되었다.

춘추 시대에는 주왕에게 복종하지 않았던 초나라만이 자칭 왕이라 칭하고, 그 밖의 나라들은 공公이나 후侯로 칭하고 있었다.

기원전 334년 위魏의 영주가 왕이라고 칭한 데 이어 한·조·연·중산 등이 연합하여 왕을 칭하고 나섰다. 이를 계기로 불과 20~30년 동안의 짧은 기간에 모든 나라가 왕이라 칭하기에 이르렀다.

그리하여 군웅들의 투쟁 목표는 한결같이 천하를 통일하고 자기의 권력을 소신대로 휘둘러 보겠다는 방향으로 귀결됨으로써 250년에 걸치는 전국 시대가 펼쳐지게 되었다.

백가쟁명

제나라 수도인 임치는 태산 동쪽 약 150킬로미터 지점에 있는 전국 시대 굴지의 대도시였다. 이 임치성에는 성문이 13개 있었다고 하는데 그중에서도 서문의 하나인 직문稷門은 천하의 학자들이 모여 학문이나 사상에 대하여 연구하고 그 결과를 기탄 없이 토론하는 이른바 백가쟁명百家爭鳴의 요람지라고 할 수 있었다.

일찍이 위왕威王이 즉위하던 해(기원전 357)는 위나라 문후가 죽은 지 30년이 되는 해였다. 당시 위나라는 진晉으로부터 삼가 분할에 의해 성립된 신흥 국가이면서도 전국 칠웅 가운데 가장 먼저 강국의 위치를 차지하고 있었다. 위나라가 강하게 된 원인이 훌륭한 인재를 등용한 데 있었음을 안 위왕은 직문 부근에 호화저택을 짓고 인재를 모아들여 학문 토론의 광장으로 삼았다. 그들에 대한 대우도 차관급 급료를 주어 자유로운 토론과 연구를 하게 했다.

직문에는 여러 가지 사상과 학술을 연구한 학자들이 여러 나라로부터 모여들었다. 성선설性善說을 주장한 맹자孟子와 성악설性惡說을 주장한 순자荀子는 시대가 다르기 때문에 서로 얼굴을 맞댄 일은 없지만 같은 시대 여러 학파의 학자들은 이 직문에 모여 매일 자유로운 토론을 했다.

사람들은 이것을 가리켜, '백가쟁명'이라 불렀다. 제자백가諸子百家로 불리는 각양각색의 사상을 가진 학자들이 다투어 자신의 학문 사상을 주장하고 상대방의 학문 사상을 논평하는 것이다. 백가쟁명은 자유 분위기가 보장되지 않으면 실현될 수 없다. 제의 위왕이나 선왕宣王은 직문에 관한 한 이러한 자유 분위기를 절대 보장하고 적극적으로 백가쟁명을 장려했다.

직문의 백가쟁명기는 중국의 학문·사상의 황금시대였다고 할 수 있다. 토론과 논쟁으로 인하여 학문과 사상은 더욱 성숙·발전되고 새로운 것을 창조해 냈다. 이런 면에서 볼 때 제의 위왕이나 선왕의 공적은 침략당한 토지를 돌려받거나 제나라의 위엄을 널리 천하에 떨친 것보다 더 높이 평가되어야 할 것으로 생각된다.

상앙의 변법

진秦나라에서는 공손앙公孫鞅을 등용하여 부국강병을 위한 일대 정치 개혁을 추진하고 있었다. 공손앙은 원래 위왕衛王의 첩의 소생이었다. 나중에 진나라에 등용되어 상商이라는 곳에 봉해졌기 때문에 상앙商 또는 상군商君이라고도 불린다. 그는 일찍부터 형명학刑名學을 연구했으며 철저한 법치주의자였기 때문에 법가法家라고도 불린다.

공손앙은 진나라에 가서 먼저 효공孝公의 총신寵臣 경감景監을 통하여 효공에게 접근했다. 그는 진나라의 부국강병을 위해서는 먼저 낡은 법률과 제도를 개혁해야 한다고 효공을 설득하여 새로운 법을 제정했다.

공손앙이 제정한 법의 내용은 엄벌주의, 연좌제連坐制, 밀고의 장려, 신상필벌信賞必罰 등 법률 지상주의였다. 모든 사항이나 사물에 대해서도 세목별로 세밀하게 규정되어 있어 일거수일투족에 이르기까지 법률의 구속을 받을 정도였다.

새로운 법이 시행된 지 1년이 지나자 수천 명에 이르는 사람들이 법률의 불편을 호소해 왔다. 그런 가운데 태자가 법률을 위반했다.

공손앙은 "법률이 제대로 시행되지 않는 것은 위에서부터 법을 어기기 때문이다."라고 하고 태자를 법대로 처벌하려 했다. 그러나 태자는 임금의 뒤를 이을 사람이어서 형벌을 가할 수 없으므로 태자 대신 그의 부(傅, 후견인) 공자 건公子虔을 처벌하고 그의 사(師, 교육 담당) 공손가公孫賈 또한 자자형에 처하니 이로부터 진나라 사람들이 모두 법령에 따랐다.

새로운 법령이 시행된 지 10년이 되자 진나라는 크게 실효를 거두어 길에서는 남의 물건을 줍지 않고 산에는 도둑이 없어졌으며 국가를 위한 전쟁에서는 용감하고 개인 사이의 싸움은 겁내어 전국 방방곡곡이 잘 다스려져 나갔다.

그러나 종실과 귀척 가운데 그를 원망하는 사람이 많았다. 엄벌주

법 개정을 실시하고 백성들을 시험하고 있는 상앙

의의 통제 국가였기 때문에 그 원망하는 소리는 겉으로는 나타나지 않았으나 지하수처럼 사람들의 마음속으로 퍼져가고 있었다.

효공이 죽고 난 후 혜왕은 상앙과 그의 일가를 몰살시켰다. 진나라는 상앙이 죽은 후에도 그가 쌓아 올린 부국강병의 기반 위에 더욱 강성해졌다.

상앙은 진나라의 국정 개혁의 희생자가 되어 무참히 살해되었지만 그는 진나라가 장차 천하를 통일할 수 있는 힘의 원천이 되었다. 그가 죽은 지 117년 후에 진의 시황제始皇帝가 중국 역사상 최초의 통일 국가를 이룩하게 되었다.

한·조·연·초의 형세

진나라와 함께 왕을 칭한 한나라는 칠웅 가운데 가장 약소국이었다. 인구도 적고 산업도 부진했다. 산이 많고 평야가 적었으며 위·진·초 등 강대국과 국경을 접하고 있어 전쟁이 그칠 날이 없었다. 때문에 수도를 평양平陽, 신정新鄭, 양책陽翟 등으로 자주 옮겨야 했다.

이러한 한나라가 신불해申不害라는 천민 출신의 명재상을 등용함으로써 15년 동안 그 융성을 자랑했다.

신불해는 신상申商이라고 불릴 정도로 그의 학문은 상앙과 비슷했으나 상앙은 법치주의자로 특히 법률을 중요시한 데 반하여 신불해의 학문은 제왕학帝王學에 가까웠던 것으로 짐작된다. 제왕학이란 군주가 될 사람이 배워야 하는 것인데 이것을 신하가 배웠다는 데 문제가 있었다. 상앙은 법률을 내세워 엄연한 자세를 취한 데 비하여 신불해는 지나치게 군주를 의식한 나머지 항시 군주의 눈치를 살피는 태도를 취했다. 신불해가 임기응변에 능했던 것은 아마도 군주의 의향에 따라 자기의 태도를 바꿔야 했기 때문으로 생각된다.

자신의 원칙을 내세우지 않고 군주의 의향에 따랐음에도 그는 한소후韓昭侯의 재상으로서 재임하는 동안 내정·외교에 실책이 없이 한나라를 강국으로 만들어 재상으로서의 소임을 다했다. 한나라에서 신불해를 빼놓으면 아무것도 없다라는 말이 나올 정도였으니 보통 인물이 아니었음은 분명하다. 신불해는 상앙보다 1년 늦게 세상을 떠났다.

이 같은 한나라에 비하여 조나라는 매우 개성적인 나라였다. 조나라는 가장 북쪽에 위치하고 있었기 때문에 북쪽의 여러 민족과 교섭이 잦았고 이로 인하여 중원에서는 특이한 풍속의 나라로 여겨졌다. 수도는 진양으로부터 한단邯鄲으로 옮겨야 했다. 조나라는 남쪽으로 위나라와 제나라 등 강대국과 접하고 있었기 때문에 부득이 북방으로 진출하는 정책을 취했다. 적狄이 세운 중산국中山國이 조나라의 수도에서 그리 멀지 않은 곳에 있었으며 흉노匈奴·누번樓煩·임호林胡 등의 부족이 북쪽에 있었기 때문에 조나라는 개척과 이민에 의한 북진 정책을 취할 수밖에 없었다.

소공召公 석奭을 먼 조상으로 하는 연나라는 계(薊, 지금의 베이징)를 수도로 정했다. 중원에서 멀리 떨어져 있었기 때문에 중원 여러 나라와의 전란에 휘말리지는 않았으나 산융山戎 등 변방 부족의 침공에 시달려야 했다.

춘추·전국 시대를 통하여 연나라는 역사 무대에 기록할 만한 사건·사변이 없이 근 1세기 반 동안을 지내왔다. 혹시 기록할 만한 사건이 있었다 해도 산융 등 변방 부족들이 중원과의 교통을 차단하고 있었기 때문에 전혀 전해지지 않았는지도 모른다는 일부 역사가의 견해도 있다.

춘추 시대 한때 패자로서 이름을 떨친 바 있는 남쪽의 초나라는 전국 시대에 이르러 월나라를 멸망시켜 합병하고 다시 운남雲南을 정벌하여 세력을 확장했다. 이로써 초나라의 판도는 나머지 6국을 합한 넓이와 맞먹을 정도에 이르렀으나 그 영토에 비하여 세력은 그다지 강성하지 못했다.

합종과 연횡

진나라가 상앙의 정치 개혁 이후 점차 세력을 확장하여 천하통일의 꿈을 착착 진행시키고 있을 무렵 제나라에서는 명재상 추기鄒忌를 등용하여 내정을 개혁함으로써 한때 주춤했던 세력을 만회하면서 점차 동쪽에서 번영하기 시작했다.

전국 시대 초기 위나라가 패권을 잡은 데 이어 이번에는 진나라와 제나라가 패권을 다투는 양상이 벌어지게 되었다.

진나라와 제나라의 투쟁의 초점은 누가 먼저 초나라를 빼앗느냐 하는 데 있었다. 당시 초나라는 영토가 넓고 인구가 많아 천하의 대세를 좌우할 수 있는 막강한 세력으로 등장하고 있었다.

이러한 정세 밑에서 진나라를 제외한 연·제·초·한·위·조 여섯 나라가 연합하여 강대국인 진나라에 대항해야 한다는 이른바 합종설合從說과 이에 대항해서 진나라가 이들 여섯 나라의 동맹을 분쇄하고 그들 나라와 각각 화친해야 한다는 이른바 연횡설連衡說이 중원의 정치 무대에 등장했다.

합종설의 추진자는 소진蘇秦이고, 연횡설의 추진자는 장의張儀였다. 소진은 낙양 출신이고 장의는 위나라 사람인데 둘 다 귀곡鬼谷 선생에게 사사했다.

귀곡 선생은 그 출신이 밝혀지지 않은 인물이다. 그가 전공한 것은 좋게 말하면 국제 외교라 할 수 있고 나쁘게 말하면 권모술수라고 하는 편이 타당하겠다.

소진과 장의가 그들의 뛰어난 권모술수를 바탕으로 합종과 연횡의 이론을 내세워 여러 제후들을 설득하고 천하의 부귀를 누리게 되자 이를 부러워하여 앞다투어 소진과 장의를 본받는 자가 많았다. 위나라 사람 공손연公孫衍은 그의 호를 서수犀首라 하여 변설로 이름을 날렸고, 소진의 아우 소대蘇代, 소여蘇厲와 주최周最, 누완樓緩 등 천하를

연횡설連衡說		합종설合從說
진秦 - 연燕		연燕
X		‖
진秦 - 제齊		제齊
X		‖
진秦 - 초楚		초楚
X	진秦 ⋯	‖
진秦 - 위魏		한韓
X		‖
진秦 - 조趙		위魏
X		‖
		조趙

누비고 다니며 변설과 사술詐術로써 경쟁을 일삼는 자가 수없이 많았으나 그 가운데 가장 뛰어난 사람은 소진·장의·공손연 등이었다.

진의 천하통일

전국 시대로 들어서면서 군웅이 할거하여 밀고 밀리는 전쟁이 200여 년 동안 계속되자 진나라를 제외한 나머지 여섯 나라는 이미 국력이 약화되어 강대한 세력을 가진 진나라에 의해 차례차례 멸망하는 비운을 맞게 됐다.

이 여섯 나라 가운데 가장 먼저 멸망한 것은 한나라였다. 지리적으로 보아도 진나라와 국경을 접하고 있을 뿐 아니라 가장 약한 나라였기 때문에 어쩔 수 없는 운명이었다.

한나라가 멸망한 것은 시황제 17년(기원전 230)의 일로 이 해는 바로 화양부인이 죽은 해이기도 하다. 시황제의 아버지 자초를 후계자로 지명한 화양부인은 시황제의 최대 은인이었으며, 추문으로 아들 시황제를 괴롭혔던 생모인 제태후가 죽은 것은 그로부터 2년 후의 일이었다.

한나라가 멸망하기 3년 전 진나라가 군사를 일으켜 한나라를 치자 한왕은 공자 한비韓非를 사자로 보내어 한나라의 위기를 모면하려 했다. 이 사람이 유명한《한비자韓非子》의 저자 한비이다.

당시 진나라의 재상은 이사李斯였는데 한비와 이사는 모두 성악설性惡設의 개조開祖인 순자에게 수학한 동문이었다. 한비가 재능이 훨씬 뛰어났으나 안타깝게도 그는 말더듬이였기 때문에 저작 활동에 전념

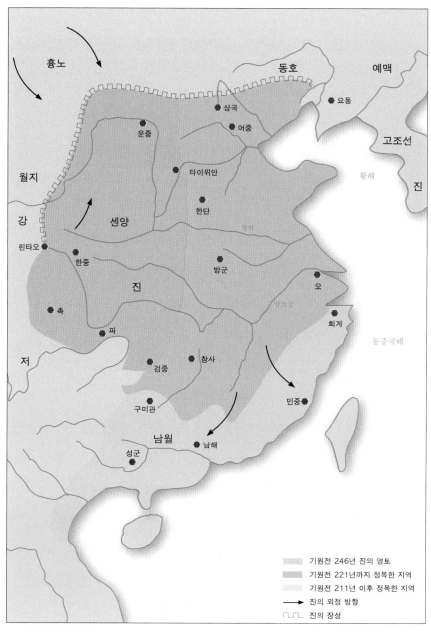

흉노

월지

강

린타오

저

동호

예맥

고조선

진

황해

상곡

어중

운중

타이위안

한단

센양

한중

방군

오

촉

파

회계

검중

창사

구미관

민중

동중국해

남월

남해

성군

진

기원전 246년 진의 영토
기원전 221년까지 정복한 지역
기원전 211년 이후 정복한 지역
진의 외정 방향
진의 장성

진나라의 천하통일

할 수밖에 없었다.

그의 저서는 진나라에까지 보급되어 시황제가 그의 저서를 보고 크게 감동하여 말하기를 "아, 과인이 이 사람을 만나 보고 그와 사귈 수 있다면 죽어도 한이 없겠다."라고 했다.

한왕은 처음에는 한비를 등용하지 않았으나 진나라에서 한나라를 공격하여 급하게 되자 한비를 사자로 삼아 진나라에 보냈다. 시황제가 한비의 저서를 읽고 감동했다는 소문이 한나라에까지 퍼져 진나라의 공격을 막기 위해서는 한비를 보낼 수밖에 없다고 생각했던 것이다. 한비가 한나라의 사자로 진나라에 오자 시황제는 크게 기뻐했다. 일찍부터 사모하고 있던 사람을 만났으니 매우 기뻐하는 것은 당연했으며 장차 그를 측근에 두어 정치 고문으로 등용할 작정이었다.

이사는 한비가 등용되면 자신의 지위가 위태로워질까 두려워 중신인 요가姚賈와 함께 한비를 모함해 독살했다. 한비는 진나라 옥중에서 죽었으나 시황제의 정책은 한비의 학설에서 많은 영향을 받았다.

시황제 19년(기원전 228) 조나라 수도 한단이 함락되고 조나라가 멸망했다. 한단을 함락한 것은 진나라 장수 왕전王翦이었다.

그로부터 3년 후인 시황제 22년(기원전 225)에 위나라 수도 대량이 진군의 수공水攻으로 함락되고 위왕은 포로가 됨으로써 위나라가 멸망했다. 이때의 진나라 장수는 왕전의 아들 왕분王賁이었다.

삼진을 멸망시키고 연나라를 공격하여 연나라 태자 단丹을 연수衍水까지 추격하여 격파한 시황제는 그 여세를 몰아 초나라를 겨냥했다.

시황제 24년(기원전 223) 초왕 부추負芻는 포로가 되고 마침내 초나라가 멸망했다. 전사한 초나라 장군 항연은 나중에 진나라를 멸망시킨 '역발산 기개세力拔山氣蓋世'의 주인공 항우項羽의 일족으로 항우의 할

아버지뻘이 되는 사람이다. 뒤에서 언급하겠지만 진나라를 멸망시킨 것은 초나라에서 대대로 장군으로 있던 항씨 일족이었다.

초나라가 멸망한 다음 해인 시황제 25년(기원전 222)에 진나라 장수 왕분은 요동遼東으로 도망한 연왕을 포로로 하고 마침내 연나라를 멸망시켰다.

시황제 26년(기원전 221) 제나라를 마지막으로 평정함으로써 마침내 진은 천하통일의 대업을 이룩하게 되었다.

산업과 인문 과학

전국 시대의 농업

농업은 지금으로부터 약 1만 년 전인 신석기 시대부터 시작된 것으로 보인다. 그러나 농업이 크게 발달한 것은 철기가 농업에 널리 이용되면서부터이다. 춘추 시대에는 나무로 만들어졌던 호미가 철제로 바뀌고 인력에 의한 밭갈이가 소를 이용한 밭갈이 방법으로 바뀌었으며 전국 시대에 이르러서는 낫이나 도끼 따위도 철제로 바뀌었다. 그와 함께 비료를 쓰는 방법과 종자에 비료와 흙을 섞는 방법, 땅을 가는 방법, 전답에 물을 대는 새로운 농업 기술이 잇달아 개발됨으로써 중국의 농업은 새로운 발전 단계에 들어서게 됐다.

이 새로운 발전 가운데 가장 주목되는 것은 관개灌漑 기술의 발달이다. 강이나 하천의 연안 지대에서는 강이나 하천의 물을 끌어들이는 관개법이 성행하고 있었다.

위나라의 업鄴 지방에서는 장하漳河의 물을 관개하기 위하여 12개의 용수로를 만들었으며 진나라의 관중關中 지역에는 길이 150킬로미터에 이르는 용수로를 건설했다. 또한 진나라의 촉군 태수는 사천의 성도 평야에 도강都江의 제방을 쌓는 대규모 수리공사를 벌여 6만 헥타르의 전답에 물을 대어 성도 평야를 비옥한 땅으로 바꾸고 사천을 천혜의 도시로 만드는 데 성공했다. 도강의 제방은 역대로 내려오면서 보수와 확장 공사를 행하여 지금은 엄청난 넓이의 관개 면적을 자랑하고 있다. 그러나 그 주요한 공사와 기본적인 규모는 이미 창건 당시에 그 기초공사를 튼튼히 했기 때문에 현재에 이르러서도 그 기능을 발휘하고 있는 것으로 생각된다.

한편 그 당시의 황하는 자주 범람하여 황하 연안의 여러 나라들은 각자 자기 나라 위주의 공사를 하여 물을 다른 나라로 흘려 보냈기 때문에 수해를 많이 입을 수밖에 없었다. 당시의 수리 건설 사업은 봉건제의 시작과 함께 시작되었으나 동시에 봉건제의 할거라는 조건 때문에 지역적인 제약을 받은 것이 사실이었다. 이러한 제약은 비단 수리 시설뿐 아니라 사회 경제 전체에 미치고 있었다.

무기에 적합하지 않은 주철로 제작된 농기구

전국 시대의 수공업

목공木工 · 칠공漆工 · 도공陶工 · 피혁가공皮革加工 · 방직紡織 · 제염製鹽 · 제동製銅 · 제철製鐵 등의 수공업은 도구의 개량과 생산 관계의 변화에 따라 각각 발명과 진보 현상을 보였다. 그중에서도 가장 진보한 것은 제철업의 발달이었다.

제철은 이미 춘추 시대부터 시작되었으나 비교적 대규모의 제철과 농업과 수공업에 철기가 널리 이용된 것은 역시 전국 시대 중기와 후기에 들어서면서였다.

제철은 원래 제동 기술을 기초로 하여 발전한 것이지만 강철제의 공구가 만들어짐으로써 청동기 제작 기술도 비약적으로 발전하여 뛰어난 일품逸品을 만들어 내기에 이르렀다.

근년 호북성에서 발견된 전국 시대 증국曾國의 문화재인 동준동반銅樽銅盤은 그 정교함이 마치 상아세공象牙細工의 기법을 연상케 하는 일품으로 그 복잡한 제작 공정에 대하여는 지금까지도 고고학자들 사이에 해명되지 않은 수수께끼로 남아 있다.

또한 하북성에서 출토된 중산국의 문화재는 금은상감의 세공 기법을 발휘한 보기 드문 일품으로 평가되는데 이 같은 금은상감의 공예 기술이야말로 강철로 만든 조각 도구의 발명에 의해 만들어지는 것이다.

중산국과 증국은 그 유래조차 뚜렷하지 않을 뿐 아니라 이제까지의 역사책에서도 그다지 다루어지지 않은 조그마한 제후국에 지나지 않았다. 이와 같은 작은 나라의 공예 기술이 그렇게 정교한 것을 보면 부국강병을 자랑하던 강대국의 수공업이 얼마나 발달했는가를 미루어 짐작할 수 있다.

호북성에서 발견된 전국 시대 문화재 동준동반

농업과 공업이 발달함에 따라 상업도 급격히 발달하여 도시가 형성되기 시작했다.

당시 제나라의 수도 임치는 중국 굴지의 대도시로 면적이 60제곱킬로미터, 가구 수 7만에 이르렀다. 도시로 불릴 대규모의 취락이 전국에 30개 가까이 있었으며 1만 호를 넘는 현縣이나 1천 호가 넘는 촌락이 즐비했다. 상인들은 이들 도시와 촌락을 왕래하며 상업 활동을 했다. 네 바퀴가 달린 큰 수레를 수십 대, 선박을 백여 척씩 동원하여 대상隊商을 편성하는 상업 활동도 성행했다.

상업이란 원래 사람들로부터 천시당하는 직업이었으나 이때에 이르러서는 그런 관념은 이미 사라지고 있었다. 호상豪商이나 대상인들이 국왕이나 영주와 대등한 입장에서 행세했으며 제철소·광산·목장의 소유주나 보석상 및 식량과 피륙의 도매상 가운데는 공작公爵이나 후작侯爵에 상당하는 사회적 지위를 가졌거나 대신이나 재상의 관직에 오른 자가 있을 정도로 지위가 향상됐다.

천문학의 발달

고대 중국의 천문학은 오랫동안 발전 단계를 거쳐 전국 시대에 이르러서는 이미 하나의 체계를 형성했다. 방위 천문학의 28수二十八宿

의 한 가지 예로 그 발전상의 윤곽을 짐작할 수 있다.

고대 중국에서는 성좌에 나타나는 여러 가지 현상의 변화를 관측하기 위하여 천체를 지상과 마찬가지로 구역을 나누어 식별했다. 지표에서 동서남북으로 구분하는 예에 따라 천체 또한 동서남북의 네 구역으로 나누어 '사방의 사상四象·성상星象'으로 구분하여 관측했다. 이와 같은 방위 천문학은 무려 3천여 년 전의 은나라 때부터 시작되어 차츰 발전되어 왔다.

은허의 갑골문 가운데 이미 '사상'에 관한 기록이 있으며 서주 시대에는 28수의 구분법이 이미 확정되었을 가능성이 짙다. 이 같은 사실은 《시경》 가운데서 8개의 성좌에 대한 명칭이 소개되고 있는 것으로 짐작할 수 있다.

석신石申과 감덕甘德에 의해 이루어진 《성경》은 전국 시대 별의 움직임의 관측에 관한 완벽한 기록이다. 당시 《무함巫咸》이라는 이름의 또 다른 천문 관련 책이 있었다. 이것은 은나라 때 성좌를 관측하던 관리의 이름을 붙인 항성도의 기록이다.

당시 이 3권의 천문에 관한 저서를 정리한 결과 모두 284성좌, 464개의 항성이 확인되었음이 판명됐다. 이것은 세계 최고最古의 항성도라고 말할 수 있다. 이보다 약 70~80년 후에야 서방 사람으로는 최초로 그리스 사람이 항성도를 만들어 냈다.

별의 관측 방법이 발전함에 따라 중국의 역법曆法도 크게 발전했다. 당시에 이미 태양, 달, 별의 운행에 대한 법칙성을 근거로 하여 달력이 만들어졌다.

4장

진의 흥망

진의 흥망

　중국 역사상 최초로 통일국가를 이룩한 진 시황제는 봉건제를 폐지하고 군현제를 실시하여 강력한 중앙 집권 체제를 확립했다. 그는 승상 이사에게 명하여 문자와 도량형을 통일하고 모든 제도의 개혁을 단행했다. 장군 몽염에게 명하여 흉노를 토벌하고 만리장성의 대공사를 감독하도록 했다. 시황제는 자기의 정책을 반대하거나 비판하는 세력을 철저히 단속하기 위해 역사상 유례없는 분서갱유焚書坑儒를 단행했다. 또 아방궁의 건설과 여산릉驪山陵의 공사 등으로 3백만 명의 무상 노역을 동원했으며 이를 뒷받침하기 위한 재정을 조달하기 위해 무거운 세금을 부과했다. 온 천하는 마치 감옥과 같았다.

　진왕조의 지주 정권과 농민 간의 모순은 시황제가 죽은 다음 해에 마침내 진승陳勝·오광吳廣이 반란을 일으키는 결과를 가져왔다. 이 반란을 신호로 각지에서는 진나라 타도를 외치는 반란이 요원의 불길처럼 타올랐고 유방과 항우도 이때 봉기하여 여러 제후들과 힘을 합쳐 진나라 타도에 선도적 역할을 했다.

　진나라를 멸망시킨 후 유방과 항우가 천하를 다투게 되었다. 유방의 진영에는 소하, 장량, 한신 등의 명참모와 명장이 있어 유방을 잘 보좌했고, 항우의 진영에는 범증이 자주 계책을 진언했으나 항우는 이를 제대로 받아들이지 않았다. 처음 유방에게 불리했던 전세는 날이 갈수록 유리해져 유방은 마침내 궁지에 몰린 항우를 해하垓下의 싸움에서 완전 고립시켜 승리를 거머쥐었다.

중앙 집권과 군현제

진나라가 천하를 통일한 기원전 221년은 중국 역사상 매우 중요한 해이다. 주나라 평왕이 섬서성의 호경에서 하남성의 낙양으로 수도를 옮긴 것이 기원전 770년의 일이고, 이 해로부터 기원전 221년까지 550년간 주왕조는 시종 쇠퇴의 길을 걸었고 각지에는 제후들이 할거하여 각 나라 사이의 패권 다툼은 그칠 날이 없었다. 이러한 격동의 역사에 종지부를 찍고 천하통일의 대업을 이룩한 것은 나이 39세의 진秦의 시황제였다.

천하통일의 대업을 이룩한 진왕은 스스로 그 권위와 지배적 지위를 확립하기 위하여 어느 날 군신들을 모아 놓고 말했다.

"천하는 이미 통일되었소. 이 대업의 성취를 후세에 전하기 위해서는 이에 걸맞은 군주의 칭호가 없어서는 안 되겠소."

대신들은 입을 모아 "우리 임금의 덕은 삼황三皇보다 낫고 그 공적은 오제五帝보다 높다."라고 칭송했다.

열띤 의논 끝에 진왕의 칭호는 '황제皇帝'로 결정됐다. 중국 고대의 여러 성왕인 삼황 오제의 공덕을 한 몸에 겸했다는 뜻이다.

시황제는 전국을 36군(나중에 4군을 추가하여 40군)으로 나누고 군 밑에는 현을 두어 통치하는 군현 제도를 시행했다. 그리고 각 군현의 장관은 모두 중앙 정부에서 임명, 파견했다. 이들은 모두 엄연한 관리의 신분으로서, 제후와 달리 세습이 허용되지 않았으며 그 인사권을 중앙 정부가 장악하고 있어 그들의 할거 상태를 미연에 방지하도록 했다.

중앙에는 전국 각지를 통치하는 국가 기구로서 각 방면의 정무를 관장하는 구경九卿을 두고 그 위에 승상정치 담당, 태위太尉, 군사 담당, 어사대부御史大夫, 감찰 담당의 삼공三公을 두었다.

그리하여 최종적으로 모든 군사·정치 권력을 황제 한 사람이 장악하는 중앙 집권 체제를 확립했다. 이때부터 청나라에 이르는 2천여 년간 중국의 왕조는 끊임없이 교체되었으나 시황제가 시작한 중앙 집권 체제는 면면히 이어져 갔다.

분서갱유

시황제 34년(기원전 213) 때마침 함양궁에서는 천하통일을 경축하는 잔치가 성대하게 열리고 있었다. 그러나 이 잔치에서 오랫동안 곪아 온 정치 투쟁이 폭발하고 말았다.

시황제의 측근인 박사와 복야僕射의 주청신周青臣을 비롯한 여러 신하들이 시황의 공덕을 칭송하며 축배를 올렸다. 이때 순우월淳于越이 앞에 나아가 경전을 인용하여 옛것을 찬미하고 현재를 풍자하는 발언을 했다.

승상 이사는 순우월의 발언에 반론을 제기하여 옛것을 빙자하여 현세를 비판하고 인심을 교란시키는 행위는 용서할 수 없다고 비난했다. 사실 순우월의 발언은 국가의 통일과 진왕조의 통치를 강화하기 위한 주장이었으나 이사는 이에 반대하여 더욱 극단적인 탄압책을 써야 한다고 주장했다. 그 주장의 내용은, 진나라 역사 이외의 다른 서적은 모두 불살라 없앨 것, 다시 옛 시서詩書에 대하여 의논하는 자는 사형에 처하고, 옛것을 옳게 여기고 현재를 비판하는 자는 그 일족을 멸할 것 등이었다.

시황제는 이사의 의견을 채용하여 많은 서적을 불살라 버리고 다만 의약, 복서卜筮와 농사에 관한 서적만 남기도록 했다.

이 분서 정책에 대하여 유생들은 크게 불만을 품었고 시황제를 비판하는 자가 속출했다. 시황제는 비판 세력을 누르기 위하여 보다 강경한 탄압 정책을 취했고, 마침내 유생들을 생매장하는 사건이 발생했다.

이 갱유坑儒 사건을 간추려 보면 만년의 시황제는 미신을 좋아하여 오직 자신의 불로장생不老長生만을 생각하게 됐다. 천하를 통일한 시황제로서도 자신의 죽음에 대해서는 마음대로 할 수 없었다. 그는 자신이 오래 살기 위하여 여러 차례 해외에 사람을 보내어 불사不死의 영약靈藥을 구해 오도록 했으나 그런 약이 있을 리가 없었다.

일찍이 시황제는 방술을 좋아하는 서복徐福에게 동남동녀童男童女 3천 명과 많은 보물을 실은 선단船團을 거느리게 하여 동해에 있다는

책을 불사르고 선비들을 생매장시킨 분서갱유

신선이 사는 섬에 가서 불사약을 구해 오도록 했으나 그는 영영 돌아오지 않았다.

일설에 의하면 서복은 불사약은 구할 수가 없고 그대로 돌아가면 죽임을 당할 것이 확실했기 때문에 그 길로 동남동녀와 함께 일본으로 도망가서 살았다는 이야기도 있다. 또 일설에는 서복이 시황제의 곁에서 떠나기 위하여 동해에 가서 불사약을 구해 오겠다고 속여 많은 젊은 남녀와 재물을 싣고 일본으로 갔다는 설도 있다. 지금 일본 각지에는 서복의 묘가 있다고 한다.

불사의 영약을 구하는 일에 골몰했던 시황제는 이번에는 후생候生·노생盧生이라는 방사에게 영약을 구해 오도록 했으나 결국은 그들로부터 우롱만 당하고 말았다. 아무리 방사라도 효험이 없으면 가차 없이 사형에 처하는 것이 시황의 성품이었다. 후환을 두려워한 후생·노생도 결국은 도망치고 말았다. 이들의 행방을 찾고 있던 중에 후생·노생이 도망하면서 황제인 자신을 비방했다는 사실을 알았다.

시황제는 크게 노하여 자신을 비방했을 것으로 생각되는 함양의 학자들을 철저히 조사토록 했다. 조사 결과 비방한 자는 주로 유생들이고 그들이 비방한 내용은, 시황제는 유생을 우습게 알고 법에만 의존하고 있으며 권세욕의 권화權化이고 잔학한 폭군이라는 것이었다. 이에 비방에 관련된 유생 460명을 체포하여 구덩이를 파고 생매장했다. 이것이 시황제 35년(기원전 212)의 일로 역사상 유명한 분서갱유 사건이다.

진나라가 천하를 통일한 후 이 같은 정치적 투쟁이 일어난 것은 필연적인 결과였다. 그러나 시황제가 이 정치 사상의 투쟁에 대하여 잔학한 조치를 취한 것은 역사적 교훈으로서 명기銘記할 만한 일이다.

사상적인 의견의 대립을 폭력으로 누르려 하는 것은 현자의 정치가 아니다. 분서의 결과는 사상적인 통일에 실패했을 뿐만 아니라 고대 문화의 전적을 파괴, 소멸하는 문화 말살 정책에 불과했으며, 갱유 사건 또한 정견이 다른 유생들을 육체적으로는 말살했으나 정신적으로는 도리어 많은 반발을 불러일으켜 진왕조의 강화는커녕 통치의 기반을 약화시키는 결과를 가져왔다.

그 후 시황제는 유아독존적인 자기도취에 빠져 결국 진왕조를 멸망하게 만들었다.

여산릉과 아방궁

시황제는 13세에 즉위하면서부터 여산驪山 기슭에 자신의 능묘를 만들기 시작하여 50세에 이르러서야 겨우 완성했다. 36년의 오랜 세월에 걸친 이 대공사는 서안시西安市 동쪽섬 서성의 임동臨潼으로부터 동쪽으로 5~6킬로미터 되는 지점에 실시되었는데 여산릉이라고도 하고 시황릉이라고도 부른다.

1974년 봄 여산릉 동북쪽 약 1킬로미터 되는 지점에서 우물 파는 공사를 하던 중 고대의 도용(陶俑. 순사자 대신 묻은 흙인형) 파편이 다량으로 출토됐다. 그 후 조사 발굴 결과 2천여 년간 땅속에 묻혀 있던 시황제의 근위병 도용에서 완전 무장한 병사·군부軍夫 및 병사를 태운 전차를 끄는 군마 등 약 6천여 점에 달하는 도용이 발견됐다.

이들 도용은 모두 시황제의 능묘 곁에 있는 배총陪塚에서 발견된 것으로 본체인 능묘의 규모는 상상할 수 없을 정도로 큰 규모를 자랑하고 있다.

　여산릉은 높이 116미터, 주위의 길이 2.5킬로미터, 사방이 각각 약 600미터에 달하는 대규모 능묘이다. 역사적 기록에 의하면 묘실墓室은 지하 깊숙한 곳에 있어 3차례에 걸쳐 수층水層을 제거했다고 하며 관은 동으로 주조했다고 한다. 능묘 안에는 궁전 · 누각 · 회랑廻廊 등이 있어 많은 진기한 보물이 들어차 있었다. 또 시황제의 절대적 권위를 상징하기 위하여 능묘 안의 돔식 천장에는 진주로 아로새긴 일월성신日月星辰이 반짝이고 지면에는 수은을 이용한 하천과 호수가 만들어져 천문 · 지리 · 현세의 천하가 펼쳐져 있었다. 또 실내에는 문무백관의 자리가 차례대로 벌여져 있고 경유(鯨油, 고래 기름)에 의한 조

왕권의 위세를 과시하기 위해 실제 크기의 토용과 마차 등으로 만든 거대한 규모의 병마용갱

명이 점등되어 있다. 묘실에는 활을 장치해 도굴자가 침입하면 즉시 화살이 쏟아지는 구조로 되어 있었다. 지상의 건물도 장관을 이루었을 것으로 짐작되지만 모두 타버려 형적조차 찾아볼 수 없다.

이 가운데 2천여 년의 신비를 간직하고 있는 묘실이 열리는 날도 멀지 않을 것으로 보인다. 그때는 진왕조 전성기의 경제·문화 수준이 밝혀질 것이고 진나라가 불과 15년의 단명 왕조로 막을 내리게 된 원인도 보다 소상히 밝혀질 것으로 생각된다. 기록에 의하면 여산릉의 조영 공사에만도 무려 75만 명의 죄수가 동원됐다고 한다.

여산릉의 조영 공사와 거의 동시에 시작된 또 하나의 대토목 공사는 아방궁阿房宮의 건축 공사였다. 역대 이래로 써 오던 함양궁은 협

소하여 천하를 통일한 시황제의 궁전으로는 위엄이 서지 않았다. 이에 아방궁을 짓기로 했는데 이 아방은 원래 지명으로 임시로 붙인 이름이었다. 궁전이 완성된 후에 적당한 이름을 붙이기로 했는데 아방궁이 미처 완성되기도 전에 진나라는 멸망의 비운을 맞게 된 것이다.

아방궁을 지을 때 맨 먼저 전전前殿을 짓기로 했는데 동서의 길이가 5백 보步, 남북이 50장丈, 위층에는 1만 명이 앉을 수 있고 아래층에는 다섯 길이나 되는 기를 세울 수 있을 정도의 규모였다. 아방궁 건축 공사에도 무려 70만 명의 강제 노역이 동원됐다고 한다.

이 밖에 만리장성의 공사에 30만 명, 영남 개발에 50만 명, 전국의 도로 공사, 또는 비대해진 공공 건물에 따른 잡역雜役 등을 합친다면 무려 3백만 명에 달하는 인원이 무상 노역에 동원된 셈이니 백성들의 과중한 부담은 상상하고도 남음이 있다.

전국 시대 이래 오랫동안 전란에 시달려 온 백성들은 평화를 갈망하고 통일을 염원하고 있었으나 통일 후의 진왕조가 백성들에게 베푼 것은 과중한 조세와 부역, 가혹한 법과 형벌, 굶주림과 죽음뿐이었다. 백성들에게는 온 나라 안이 큰 감옥과 같이 느껴졌다.

진왕조의 지주 정권과 농민 계급의 이 같은 모순은 점차 격화하여 시황제가 죽은 다음 해(기원전 209) 가을에 농민 반란이 일어나 진왕조는 삽시간에 붕괴 전야의 큰 혼란 속으로 빠져들게 됐다.

박랑사의 철퇴

시황제에게 멸망당한 6국의 관계자들은 진나라에 대한 원한에 사무쳐 가혹한 법률의 압박에도 불구하고 시황제에 대한 보복을 노리는 자들이 많았다.

시황제 29년(기원전 218) 동쪽 순행길에 나선 시황제가 박랑사를 통과할 때 갑자기 큰 철퇴가 날아와 시황제의 경호 마차에 명중했다. 시황제가 탄 수레를 겨냥하여 던진 것이 빗나가 경호 마차를 맞힌 것이다. 시황제는 크게 놀라 급히 범인을 수색토록 했으나 찾지 못했다. 크게 노한 시황제는 온 천하에 영을 내려 10일 동안의 대수색 작전을 폈으나 끝내 범인을 체포하지 못했다.

이 사건의 주범은 후에 유방劉邦을 도와 유방으로 하여금 한나라를 창건하게 한 명참모 장량張良이었다. 장량은 원래 6국 가운데서도 가장 먼저 멸망당한 한나라 사람이었다. 그의 조상은 한나라의 명문 거족으로 5대에 걸쳐 재상의 자리를 이어 왔다. 진나라가 한나라를 멸망시켰을 당시 장량은 아직 어려 관직에 등용되지는 않았으나 조국을 멸망시킨 진나라에 대한 적개심은 늘 그의 가슴속에서 불타고 있었다. 그는 전 재산을 털어 시황제를 암살할 용사를 널리 찾고 있었는데 놀랄 만한 힘을 가진 역사를 발견했다. 그 역사는 120근이나 되는 철퇴를 아주 멀리까지 던질 수 있는 장사였다. 당시의 1근은 256그램이었다고 하니 약 30킬로그램의 철퇴였다. 그러나 이 철퇴는 아깝게도 빗나가 시황제 암살은 실패에 그치고 말았다.

형가의 친구였던 축筑의 명인 고점리도 형가의 암살 실패 사건 이후 이름을 바꾸고 숨어 지내고 있었다. 신기에 가까운 축의 솜씨만은 숨길 수가 없어 그 소문이 시황제의 귀에까지 들어갔다. 시황제는 고점리가 형가의 친구였다는 사실을 잘 알고 있었으나 축의 솜씨가 너무나 뛰어났기 때문에 한번 궁중에 불러 축을 연주시키기로 했다. 시황제는 설마 고점리가 딴 마음을 먹으리라고는 생각하지 않았으나 고점리는 의기남아였다. 그는 생각 끝에 축 안에 납을 집어넣어 이를 시황제에게 던져 죽이려 했다. 연주가 한창 무르익어 가자 시황제는 오직 연주 소리에 도취되어 있는 듯했다. 기회를 노리고 있던 고점리가 시황제를 겨누어 축을 냅다 던졌다. 그러나 그 축은 안타깝게도 빗나가 저격 사건은 또 실패로 끝나고 고점리는 죽임을 당했다.

이 사건 이후 시황제는 종신토록 진나라에 멸망당한 나라의 사람들을 절대로 신변 가까이 접근시키지 말라는 엄명을 내렸다.

만리장성

진의 시황제라고 하면 먼저 만리장성을 연상할 정도로 만리장성은 시황제의 상징처럼 되어 있다. 그러나 이 만리장성은 처음부터 시황제가 모두 쌓은 것이 아니다. 전국 시대에 이미 여러 제후의 나라에서 자국의 국방을 튼튼히 하기 위해 그 국경선에 장성을 쌓은 일이 있었다.

제나라의 장성은 산둥반도를 둘러싸도록 낭야산에서 태산 방향으로 쌓았으며 초나라의 장성은 여수汝水와 한수에 걸쳐 쌓았다. 특히 진나라 · 조나라 · 연나라 등 세 나라는 북쪽 흉노의 침입을 막기 위해 각각 장성을 쌓았다. 황하 중류의 이른바 중원에 가까운 위나라도 장성을 쌓았다.

천하가 통일되자 이 같은 장성은 오히려 교통을 방해할 뿐으로 불필요한 곳에 있는 장성은 철거하지 않으면 안 될 운명에 놓여 있었다. 그러나 당시 북쪽에서 흉노匈奴 세력이 강성하여 장차 국경을 위협할 염려도 있었기 때문에 천하를 통일한 시황제로선 흉노를 저지하기 위해서도 북쪽에 있는 장성은 철거할 수가 없었다. 오히려 더 보강하지 않으면 안 될 형편이었다.

시황제 32년 시황제가 북쪽 변방 지대를 시찰하고 있을 때 일찍이 장생불사의 영약을 구하기 위하여 동해로 떠났던 노생이 돌아와 아뢰기를 "도참설圖讖說에 이르기를 '진나라를 망치는 자는 호胡'라 했습니다."라고 하자 시황제는 이 호야말로 북쪽에 있는 오랑캐 흉노를

북방의 침입을 막기 위해 쌓은 만리장성

가리킴에 틀림없다고 생각했다.

이에 장수 몽염蒙恬으로 하여금 30만의 군사를 거느리고 북쪽 오랑캐를 쫓아 버리고 장성을 쌓도록 했다. 몽염은 이 장성을 쌓는 데 있어 지형에 따라 험고한 곳을 이용하여 관새關塞를 만드니 임조臨洮에서 시작하여 요동에 이르는 연장 1만여 리에 달하는 대공사였다. 또 황하를 건너 양산陽山에 의거하여 구불구불 굽이를 이루면서 북쪽으로 올라갔다. 이 공사를 위해 군사는 노숙을 해야 했고 몽염은 10여 년 동안 상군上郡에서 나오지 못했다.

시황제는 널리 천하를 순행하고자 하여 그때까지 아직 길이 뚫리지 않았던 구원九原에 길을 내고 바로 감천甘泉에 도달하기를 원했다. 몽염은 이 길을 뚫기 위하여 산을 파고 골짜기를 메꾸어 1천 8백 리에 달하는 길을 닦았다. 시황제 37년(기원전 210) 10월에 시황제가 거동 길에 올라 회계에서 노닐고 해안을 따라 북으로 낭야를 향해 떠났다. 이 거동에는 승상 이사와 왕명을 출납하는 임무를 맡은 조고가 수행했다. 시황제의 작은 아들 호해는 귀염을 받고 있었는데 수행하기를 청하니 시황이 허락했다. 시황이 낭야로 가던 도중 병이 들어 몽염의 아우 몽의를 시켜 재를 올려 병의 쾌유를 빌게 했으나 몽의가 채 돌아오기도 전에 시황은 사구沙丘에 이르러 병이 더욱 위독해졌다. 시황은 조고를 시켜 부소에게 줄 유서를 만들었다. 그 유서의 내용은 "군사를 몽염에게 맡기고 함양에 와서 나의 영구靈柩를 맞아 장례를 거행하라."였다.

유서를 봉함했으나 미처 사자에게 주기 전에 시황이 죽었다. 유서와 옥새가 다 조고에게 있었고, 다만 아들 호해와 승상 이사 및 조고와 환관 5~6명만이 시황의 죽음을 알 뿐 그 밖의 여러 신하들은 알지 못했다. 이사는 시황이 밖에서 죽고 진정한 태자가 없으므로 시황의 죽음을 발표할 경우 예기치 않았던 사태가 발생할 것을 우려하여 국상을 비밀에 붙였다.

그 사이 이들 세 사람은 공모해 유서를 위조하여 호해를 태자로 삼고 부소와 몽염에게는 죄를 씌워 죽음을 명하는 내용으로 바꿔 놓았다. 시황의 유해가 함양에 이르자 비로소 시황의 죽음이 발표되고 태자가 즉위하여 2세 황제가 됐다. 시황의 유해가 함양까지 운구되는 동안 악취를 막기 위해 소금에 절인 생선을 실은 수레까지 동원됐다.

위조된 유서를 받은 부소는 곧바로 죽었으나 몽염은 이를 의심하여 재차 명령을 청문했으나 몽염의 출세를 두려워한 조고의 음모에 의하여 결국 사약을 받았다.

몽염은 죽음에 임하여 탄식하며 말했다.

"내 하늘에 무슨 죄가 있기에 허물 없이 죽는단 말인가?"

또 한참 있다가 천천히 말했다.

"나의 죄 참으로 죽어 마땅하다. 임조에서 공사를 시작하여 요동까지 1만여 리가 되는 장성을 쌓았으니 그 가운데는 어찌 지맥地脈을 끊은 곳이 없을 수 있겠는가. 이게 바로 나의 죄다."

그러고는 약을 마시고 죽었다.

불타오르기 시작한 반란의 불꽃

시황의 뒤를 이어 제위에 오른 2세 황제 호해는 시황제처럼 재능과 포부도 없이 오로지 잔인포악한 정치만을 일삼았다. 자신에게 반대하는 자는 베어 죽이고 22명이나 되는 형제 자매, 그 일족까지 암살, 혹은 차열형車裂刑으로 죽였다. 나중에는 승상 이사까지도 요참형腰斬刑으로 죽였다.

요컨대 진왕조의 내부 모순은 갈수록 점점 더해져 반란의 불씨만 보이면 순식간에 요원의 불길처럼 타오를 기세에 이르고 있었다.

시황제가 죽은 다음 해(기원전 209) 하남성 양성 사람 진승陳勝과 양하 사람 오광吳廣 등 9백 명이 징용되어 고향을 떠나 북쪽 변방인 어양漁陽을 향해 가고 있었다. 어양은 현재의 베이징 부근이다. 어양의 성 쌓는 일과 수비의 임무를 담당하기 위해 떠난 것이다. 목적지인 어양까지 가는데 인솔 대장 밑에 이들 일행을 보살피는 둔장屯長이 있었는데 공교롭게도 진승과 오광이 둔장을 맡게 됐다. 이들 일행이 대택향(大澤鄉, 지금의 안후이성 동남)에 이르렀을 때 큰 장마가 계속되어 길이 막혀 더 나아갈 수가 없었다. 그들은 떠날 때 모월 모일까지 목적지에

진승·오광의 난

도착하라는 명령을 받았다. 아무리 계산을 해 보아도 지정된 날짜까지 목적지에 도착하기란 도저히 불가능했다. 진나라 법에는 기일 내에 도착하지 않으면 이유 여하를 막론하고 모두 참형에 처하도록 되어 있었다. 이들 일행은 모두 참형을 당해야 할 공동 운명에 놓여 있었다.

진승과 오광은 대책을 의논했다. 이대로 어양에 간다 해도 기일이 늦어 죽음을 면할 수 없고 도망친다 해도 역시 죽음을 면할 수 없을 것이었다. 어차피 죽을 바에야 한번 큰 이름이나 내고 죽는 것이 사나이가 취할 바가 아니겠는가? 진승은 이렇게 말했다.

"온 천하 백성들은 포악한 진나라의 학정에 말할 수 없는 고통을 겪고 있다. 만약 우리들이 진나라 타도의 깃발을 높이 쳐들면 각지의 백성들이 호응해 올 것이 확실하다."

오광은 진승의 의견에 전적으로 찬동했다. 이로써 두 사람의 반란 계획은 확정됐다.

진승은 여러 사람에게 부르짖었다.

"우리들은 모두 기한을 어겼소. 어양에 가도 참수될 것이고 요행히 참수를 면한다 해도 변방의 부역에 종사하게 될 것이오. 부역에 종사했다가 사고 없이 고향에 돌아온 사람은 지금까지 한 사람도 없었소. 어차피 죽을 바에야 한번 보람 있는 일을 해야 하지 않겠소? 왕후와 장상將相이 어찌 씨가 따로 있겠소. 우리도 하면 되는 것 아니겠소!"

일동은 모두 만세를 부르며 호응했다. 나무를 꺾어 무기를 만들고 장대를 세워 깃대를 삼았다. 이것은 중국 역사상 최초의 농민 봉기라 할 수 있다. 이 봉기는 삽시간에 전국적인 규모로 확산되어 요원의 불길처럼 타올랐다.

유방과 항우의 등장

　진승의 봉기는 실패로 끝났으나 그가 일으킨 진조 타도의 투쟁은 그치지 않았다. 요원의 불길처럼 타올랐던 봉기는 일시적으로 좌절되었지만 그로부터 반년 후에는 다시 열화처럼 타올랐다. 그러나 이 투쟁의 지도권은 이미 농민의 지도자로부터 지주 계급과 6국의 옛 귀족세력의 손으로 넘어가고 있었다.

　그 대표적 인물은 유방劉邦과 항우項羽다. 유방과 항우는 연령적으로 많은 차가 있었다. 시황제가 죽던 해 항우의 나이는 22세이고 유방은 37세였다. 일설에는 46세라는 설도 있다.

　그 출신에 있어서도 항우는 대대로 초나라에서 장군을 지낸 명문 출신이었고, 유방은 그의 양친의 이름을 한왕조 시대의 기록에서조차 찾아볼 수 없을 정도로 이름 없는 서민 출신이었다.

　두 사람이 군사를 일으킬 때도 유방은 행정 구역상으로도 가장 하급 단위인 패현에서 일어나 패현의 자제 3천 명을 거느렸고, 항량 ·

한나라 유방과 초나라 항우

항우는 여러 현을 지배하는 군에서 일어나 정병 8천 명을 거느렸다. 자제와 정병은 그 질에 있어 상당한 차이가 있다. 자제란 그저 나이가 젊을 뿐 군사 훈련을 제대로 받지 않은 자를 가리키는 말이고, 정병이란 여러 사람 가운데서 선발하여 철저한 훈련을 받은 군사를 말하는 것이다.

진왕조의 최후

유방과 항우는 각기 세력을 규합해 진왕의 군대에 맞섰다. 처음에는 진나라 군대가 반란군을 진압하는 듯 보였지만, 기하급수적으로 늘어나는 반란군의 위세를 막을 수는 없었다. 게다가 진나라의 군신 백관들마저 모두 진나라를 배반하여 막아 싸우는 자가 없었다.

항우는 변방의 땅 파巴와 촉蜀에 한중漢中을 덧붙여 패공(유방)에게 주어 한왕漢王으로 칭하고 자신은 스스로 서초패왕西楚霸王이라 칭하여 양 · 초의 땅 구군九郡을 통치하고 팽성彭城을 수도로 정했다.

변방의 땅에 봉함을 받은 한왕 패공은 항우의 이 같은 인사에 불만을 품고 힘을 기른 후에 관중을 평정하리라 다짐했다.

항우는 진나라를 평정하자 진나라 토벌에 공이 있는 자에게 영지를 주어 제후로 삼는 분봉제分封制를 실시했다. 그러나 이 같은 분봉제는 전국 시대의 혼란과 진나라의 악정에 시달려 온 백성들이 바라던 평화와 통일의 실현과는 거리가 먼 것이었다. 천하를 통일하기 전의 군웅할거의 상태로 되돌아가는 것에 지나지 않았으며, 항왕은 논공행상에 있어서도 그 공평성을 잃어 자기의 기분에 맞는 사람에게

는 좋은 땅을 주어 왕으로 삼고 그렇지 않은 자에게는 봉작을 하지
않았다. 이런 일로 여러 장수 가운데는 노골적으로 불만을 표시하는
자가 많았다. 이런 결과는 마침내 제후들이 각기 영지로 돌아간 후
한 달 남짓해서 산둥 지방에서 전쟁이 일어나 모처럼 평화를 갈망하
던 중원 천지가 다시 전란의 와중에 휩쓸리는 결과를 가져왔다.

한·초의 쟁패

한왕 유방은 한신韓信의 계책대로 옛길을 따라 동쪽으로 진출하여
관중의 옹雍을 공격했다. 이 옛길은 누구에게도 알려지지 않은 길이
어서 기습 작전에는 매우 효과적이었다.

유방의 군사는 순식간에 옹왕 장한을 무찌르고 장한이 도망하자
다시 그를 추격하여 포위했다. 또 여러 장수를 파견해서 각지를 공격
하니 새왕 장사흔과 책왕 동예 등은 모두 싸우지도 못하고 항복했다.
유방은 눈 깜짝할 사이에 넓은 관중의 땅을 차지한 것이다.

이 소식을 들은 항우는 몹시 격분했다. 한군과 맞선 항우군은 군사
적으로 우세했지만 그동안 동정서벌하느라 완전히 지쳐 버렸다. 더
구나 안정된 후방 기지가 없어 보급에 어려움을 겪고 있었다. 이에
반하여 유방군은 군사적으로는 뒤졌지만 군사들은 휴식을 취했고 군
량도 풍족했다. 장기적인 소모전 끝에 항우군은 점점 피폐해지고 전
쟁의 주도권은 점차 한군의 수중으로 넘어왔다. 마침내 최후의 결전
인 해하전투에서 궁지에 몰린 항우는 자살로 생을 마감한다.

항우가 죽음으로써 4년여에 걸친 한·초전은 그 막을 내렸다. 진

승·오광이 봉기한 이래 진나라 타도의 수훈갑은 항우였으나 마지막 승리의 열매를 거둔 것은 한왕 유방이었다.

기원전 202년 1월에 제후와 군신들은 모두 한왕 유방에게 황제의 자리에 오를 것을 간청했다. 유방은 형식상 세 번 사양한 후 황제 자리에 오르기로 했다.

2월 갑오甲午에 범수(氾水, 정도 서북쪽) 남쪽에서 황제 즉위식이 거행되니 이로써 한왕조가 정식으로 출범하게 되었다.

5장

한나라 시대

한나라 시대

항우를 물리치고 전한을 세운 한고조 유방은 봉건제와 군현제의 장점을 살린 이른바 군국제를 실시했다. 왕조 초기에는 전한 창업의 일등 공신들을 차례로 숙청했고, 흉노와는 화친책을 썼다. 한고조가 죽고 그의 정처 여후呂后의 집권 시대가 당분간 이어졌다가 여후가 죽자 다시 유씨의 천하가 되었다.

문제文帝·경제景帝의 선정이 이어져 천하는 바야흐로 태평성대를 구가했다. 경제 때 제후의 세력을 약화시키기 위한 정책에 오초칠국이 반발하여 반란을 일으켰으나 주아부周亞夫에 의해 쉽게 평정되었다. 경제의 뒤를 이은 무제武帝는 창업 이래 쌓아 올린 문화적·경제적 여력을 바탕으로 과감한 정책을 펴 전한의 황금시대를 이룩했다.

후한의 창시자 광무제 유수는 왕망 정권의 제도 개혁 실패와 잇따른 실정으로 도처에서 반란이 일어나자 한왕조 부흥이라는 깃발을 높이 들고 봉기했다. 곤양의 싸움, 왕랑과의 싸움, 적미군과의 싸움 등에서 승리한 후 후한 왕조를 창시한 그는 내치에 힘을 기울여 백성들에게 휴식을 제공하고 세금을 감면함으로써 경제와 사회는 안정되어 갔다.

그러나 후기에 들어서자 외척 양기에 이은 2차에 걸친 당고黨錮의 화禍로 정치는 더욱 어지러워졌고 각지에서 반란이 일어났다. 장각이 태평도라는 종교 단체를 조직하여 세력을 확장하더니 184년 후한 왕조 타도를 외치고 반란을 일으켰다. 그들은 머리에 누런 수건을 둘렀기 때문에 황건적이라 불렸다. 황건적은 정부군과 정부를 지지하는 군벌들에 의해 진압되었으나, 후한 왕조 붕괴의 결정적 요인이 되었다.

한무제의 치적

한왕조의 역사를 연 한고조가 죽자 태자 영이 황제의 위에 올랐으나 나이가 어리고 유약하여 실권은 그의 모후 여후가 장악했다. 여후의 죽음으로 여씨 정권이 멸망하고 다시 유씨 천하가 되자 대왕 유항이 황제로 즉위했다. 이가 바로 명군으로서 칭송이 자자했던 한의 문제文帝이다. 그는 농민에 대한 조세와 부역을 경감시키고 자신은 검소와 절약을 기본으로 삼았다. 문제가 죽고 경제景帝가 즉위했다. 문제와 경제는 모두 '백성에게 휴식을 제공한다'는 정책을 40년 가까이 실시했기 때문에 사회 경제는 공전의 번영을 이룩했고 태평성대를 구가했다. 이 때문에 역사에서는 이 시대를 '문경文景의 치治'(기원전 179~141)라고 부르고 있다.

기원전 141년 경제가 죽고 황태자 철徹이 제위에 올랐다. 그때 그의 나이 겨우 16세였으며 이 임금이 바로 전한 왕조의 황금시대를 이룩한 무제武帝이다. 무제는 중국 역사상 진의 시황제와 더불어 '진황한

장건을 서역으로 파견하는 한무제

무秦皇漢武'로 일컬어질 정도로 과감했고 많은 업적을 남겼다.

그는 한왕조 창업 이래 쌓아 올린 문화적·경제적 여력을 바탕으로 역대 이래 취해 오던 무위無爲의 노장 사상에서 유위有爲의 정치 체제로 전환했다. 또 수십 년 동안 북쪽의 흉노와 취해 오던 화친정책을 굴욕적인 것이라 판단하여 공격 위주의 강경책으로 전환했다.

무제는 제후들의 권력을 약화시키고 조정의 대권을 강화했으며 경제면에서는 화폐 제도를 통일하여 정부가 화폐를 주조하고 소금·철·술 등의 전매 제도를 채택했다. 사상면에서는 제자백가의 학설을 인정하지 않고 유가인 동중서董仲舒의 사상을 받아들여 중앙 집권제의 강화와 국가 통일을 굳건히 다지는 여론을 환기시켰다. 내정을 굳건히 다지는 한편 대흉노 정책을 강화하여 무력에 의하여 침략과 소란을 저지시킨다는 강경책을 썼다.

봉선과 사마천의 《사기》

무제는 문제·경제에 비하여 신선에 대한 관심이 많았고 제사에 대해서도 매우 적극적이었다. 즉위 초년에는 두태후가 눈을 번득이고 있었기 때문에 황노 사상과 거리가 먼 제사나 의식은 거행할 수가 없었다. 무제가 처음으로 옹雍 땅에서 오제五帝에게 제사 지낸 것은 두태후가 죽은 다음인 원광 2년의 일이었다. 무제는 그 후 3년마다 친히 교외에 나가 제사를 지내기로 했으며 후토后土에도 제사 지냈다.

원봉 원년(기원전 110) 흉노는 이미 변방을 넘보는 일이 없어졌고 남월마저 평정됐다. 또 보정寶鼎이 출토되는 등 성군 시대에 나타나는 상서로운 징조가 나타나 봉선 封禪의 시기는 점점 무르익어 가고 있었다. 봉선이란 태평성대를 이룩한 성천자가 천지신명에게 제사를 올리는 의식이다. 그러니까 천자라 해도 아무나 봉선할 수는 없었다.

봉선은 비밀리에 행해지는 의식이었다. 무제는 이 해 4월 마침내 태산泰山에 올라 봉선 하기로 했다. 봉선에 수행한

사마천

사람은 곽거병의 아들 곽자후霍子侯 한 사람뿐이었다. 그때 곽자후는 소년이었다. 유일한 수행자인 곽자후가 그 직후에 죽은 것은 극비에 붙여졌다.

봉선이라는 미증유의 행사에 수행하는 것은 더 없는 영광이었다. 이때 태사령太史令이었던 사마담司馬談은 자신의 직책상 반드시 수행인에 끼일 줄 알고 있었다. 태사령이란 천자를 따라 천자의 행동을 기록하는 직책이니 사마담으로서는 당연한 생각이었다. 그러나 유감스럽게도 그는 수행원에서 제외되었다. 이를 분하게 여긴 사마담은 마침내 분사하고 말았다. 이 사마담은 바로《사기》의 저자 사마천의 아버지이다.

사마담이 죽고 3년 후에 사마천은 태사령이 되었다. 사마천은 "내가 저술하려 했던 것을 네가 저술하라."라는 아버지의 유언에 따라《사기》를 저술하기 시작했다. 그 뒤 사마천은 기원전 99년 흉노와 싸

우다가 역부족으로 흉노에게 투항한 이릉李陵을 변호하다 무제의 노여움을 사 궁형宮刑에 처해지는 화를 입었다. 궁형이란 거세去勢하는 형벌로 사대부로서는 최상의 굴욕이었다. 그는 자결하고 싶은 마음이 간절했지만 아버지의 유언이 떠올라 차마 죽지 못했다.

사마천이 받은 치욕의 상처는 견디기 어려운 것이었다. 봉선의 의식에 참여하지 못했던 아버지의 굴욕과 자신이 받은 정신적 치욕과 육체적 상처를 씹으면서 사마천은 붓을 움직였다. 그가 저술한 《사기》는 본기本紀 12권, 표表 10권, 서書 8권, 세가世家 30권, 열전列傳 70권으로 도합 130권에 이른다.

여운의 시대

무제가 죽은 후 전한이 멸망하기까지의 약 90년간은 무제의 여운餘韻 시대라 할 수 있다. 무제가 죽고 나자 궁정 내의 권력 투쟁은 여러 갈래로 갈라져 매우 복잡한 양상을 보였다. 우선 주요 갈래를 간추리면 다음과 같다.

1. 제위 계승에 대한 투쟁
2. 내조內朝 내부의 주도권 쟁탈전
3. 내조와 외조外朝의 완전 장악

무제에게는 위황후 소생 유거劉據 외에도 왕부인 소생인 제왕 유굉劉宏, 이희李姬의 소생 단旦과 서胥 그리고 무제가 몹시 총애했던 이부인李夫人의 아들 창읍왕昌邑王, 조첩여趙婕妤 사이에 낳은 황자 불릉弗陵 등이 있었다.

제위 계승 문제는 일단 불릉(소제)이 즉위함으로써 해결되었으나 그의 경쟁자 중 한 사람이었던 연왕 유단이 불만을 품고 있었다. 유단은 무제가 죽은 상황, 유촉을 받은 경위 등이 밀실 안에서 극비리에 행해졌기 때문에 이를 믿을 수 없다고 생각했다.

소제 불릉이 14개월 만에 태어났다는 사실에 대해서도 그는 깊은 의혹을 가지고 있었다. 14개월로 계산하지 않으면 무제의 자식으로 인정할 수가 없기 때문에 그런 엉터리 계산이 나온 것이지 사실은 무제의 아들이 아니고 무제의 유촉을 받은 곽광霍光의 아들일 가능성이 짙다는 이유를 내세워 군대를 일으키려 했다.

중산왕인 유승의 증손과 제왕의 손자 유택劉澤 등이 이 거사에 가담하기로 되어 있었다.

청주 자사靑州刺史로 있던 준불의雋不疑가 이 음모 사실을 알고 유택을 체포했다. 자사의 직책은 군수 등 지방관의 치적을 시찰·조사하여 황제에게 보고하는 관직이었다.

준불의는 유택이 황족임에 구애받지 않고 준엄하게 심문한 결과 연왕 유단이 이번 거사의 주모자라는 사실을 밝혀냈다. 연왕은 황제의 지친(형)이라는 이유로 죽음을 면하고 유택 등은 주살됨으로써 연왕의 탈권 투쟁은 실패로 끝나고 말았다. 이는 시원 원년(기원전 86)의 일이었다.

다음은 내조의 주도권 싸움에 눈을 돌려 보자.

내조의 중심인물은 무제로부터 어린 소제를 잘 보필하라는 유촉을 받은 곽광·김일제·상관걸 세 사람이었다. 그러나 소제 즉위 후 1년

반 남짓해서 김일제가 죽음으로써 두 사람의 싸움으로 압축됐다. 김일제가 살아 있을 때는 이들 두 사람 사이를 원만히 조정하여 별 탈이 없었으나 김일제가 죽은 후부터 두 사람 사이에는 갈등이 일기 시작했다. 처음에는 그다지 표면화되지 않았으나 시일이 지남에 따라 점점 눈에 띄게 나타났다.

곽광과 상관걸은 사돈지간이었다. 곽광의 딸이 상관걸의 아들 상관안과 결혼하여 딸을 낳았다. 상관걸에게는 친손녀, 곽광에게는 외손녀였다.

상관안은 자신의 딸을 황후로 책립하고자 하여 장인인 곽광과 의논했다. 곽광은 조정 내에서 가장 발언권이 강했기 때문에 곽광과 상관걸이 마음만 합치면 딸의 황후 책립은 실현 가능했다. 그러나 곽광은 "아직 그럴 나이가 아니다."라고 말하며 고개를 가로저었다. 그때 상관안의 딸은 겨우 7세의 어린 나이였다.

그런데 상관안은 곽광 이상으로 궁중에서 강한 실력을 행사하는 사람이 있음을 알았다. 소제가 즉위하면서 그를 보육하고 있는 개장 공주蓋長公主였다. 개장 공주는 소제의 누님으로 갑후蓋侯 왕충王充의 아내였으며 왕충은 무제의 어머니 왕태후의 오빠 왕신王信의 아들이었다.

개장 공주에게는 정외인丁外人이라는 하간 출신 남자 애인이 있었는데 그는 상관안과 친한 사이였다. 상관안은 이 정외인을 통하여 개장 공주의 힘을 빌려 시원 4년(기원전 83)에 마침내 겨우 8세의 딸을 소제의 황후로 책립시키는 데 성공했다. 그때 소제의 나이는 12세였다.

상관 일가는 이제 자기네 세상이 됐다고 좋아했으나 이것이 상관 일가를 파멸시키는 결과를 가져오리라는 것을 안 사람은 아무도 없었다.

상관안의 딸을 황후로 책립해 주었다는 인연으로 개장 공주와 상관의 집안은 아주 가까워졌다. 개장 공주는 연왕 단의 친누이였다. 연왕 단이 반란을 주도했다가 실패한 이야기는 앞서 언급한 바 있거니와 그 후에도 연왕 단은 제위에 대한 미련을 버리지 못했고 개장 공주 또한 그 일에 적극 협력하는 태도를 취했다.

얼마 후 상관걸 부자가 정외인을 열후에 봉하고자 하여 곽광에게 의논했다. 그러자 곽광은 "공이 없는 자를 후侯에 봉하지 말라는 고조의 유훈遺訓이 있는데 어찌 정외인을 열후에 봉한단 말씀이오?" 하고 그들의 제의를 일축해 버렸다. 이 일로 인하여 곽광과 상관걸 부자의 대립은 더욱 격렬해지기 시작했다.

상관걸 부자는 마침내 개장 공주와 음모를 꾸몄다. 그들의 음모 내용은 우선 연회장에 복병을 매복시키고 주연을 베풀어 곽광을 쳐 죽인 다음 소제를 폐하고 연왕을 맞아 황제로 세우고, 그다음에는 상관안이 또 잔치를 베풀고 연왕을 청하여 역시 복병을 시켜 연왕을 죽인 다음 상관걸을 황제로 세운다는 것이었다. 그러나 이 음모는 사전에 누설되어 그들 일당은 일망타진됐다.

어쨌든 이 사건으로 상관 일가는 곽광의 외손녀이자 황후인 어린 여자 한 사람만 목숨을 부지하고 나머지는 모두 주살됐다. 연왕 단도 천자의 조서를 받아 비참한 자결을 했고 그의 부인 등 연왕의 뒤를 이어 죽은 자가 20여 명에 달했다.

이 사건과 관련해 어사대부인 상홍양桑弘羊도 주살됐다. 상홍양은 외조外朝의 대표자로서 내조內朝 대표인 곽광과 대립하고 있었다. 개인적으로는 말할 것도 없고 정책상으로도 대립하는 일이 많았다. 이런 사정으로 상홍양은 곽광의 반대파인 상관걸 부자에게 접근했던 것이다.

상관걸 일가를 숙청하고 외조의 중심인물인 상홍양을 제거한 곽광은 마침내 그가 바라던 한나라 국정의 정권을 손에 쥐게 됐다. 이것이 원봉元鳳 원년(기원전 80)의 일이고 그가 죽은 지절地節 2년(기원전 68)까지 곽광은 명실공히 독재자로서 그 권력을 휘둘렀다.

곽광이 정권을 장악하고 있는 동안 소제가 21세의 젊은 나이로 죽었다. 소제에게는 아들이 없었기 때문에 후계자를 누구로 세우느냐가 당시 조정의 중대 문제였다. 가장 가까운 형제로는 오직 무제의 아들 광릉왕 유서劉胥 한 사람이 있을 뿐이었다. 그런데 이 유서는 무제 생존시에 가장 미움을 받았던 황자였다. 맨손으로 맹수를 때려잡을 수 있는 힘을 가진 장사였으나 성질이 거칠어 폭군이 될 가능성이 많은 인물이었다. 그 위에 연왕 단과 개장 공주와는 동복의 형제였으므로 곽광은 이런 인물을 황제로 세울 수 없었다.

결국 이부인이 낳은 유박劉髆의 아들 유하劉賀가 창읍왕昌邑王으로 있었는데 그가 황제로 옹립되어 제위에 오르게 되었다. 그런데 창읍왕은 곧바로 제위를 박탈당하고 말았다.

황제 위에 오른 창읍왕은 마치 폭군을 연상시킬 만큼 거친 행동을 일삼았다. 길을 가다가도 부녀자를 희롱하고 소제의 영구靈柩가 전전前殿에 모셔 있는데도 북을 치며 노래를 부르고 신하들과 술을 마셨다. 그리고 호랑이 싸움을 시킨다든지 소제의 궁인들과 음란한 행동을 하는 등 차마 볼 수 없는 행동을 일삼았다.

곽광은 승상 양창, 거기 장군 장안세張安世 등과 의논 끝에 대사농 전연년田延年의 계책에 따라 창읍왕을 폐하기로 했다. 당시의 황제 즉위식 절차상 고조묘高祖廟에 배알하기 전까지는 즉위식의 절차가 완전히 끝나지 않은 것으로 되었는데 이때 창읍왕은 그 절차를 아직 마치지 않은 상태에 있었다. 따라서 소제의 미망인인 상관씨(곽광의 외손녀)는 황태후로서 창읍왕을 폐위할 수 있다는 것이 그들이 내세운 명분이었다.

17세의 황태후가 창읍왕을 불러 "창읍왕은 너무 무도하여 황제의 위를 폐하노라."라고 선언함으로써 창읍왕은 폐위되고 말았다.

외척의 시대

창읍왕의 뒤를 이어 황제 후보 물망에 오른 사람은 비운의 황태자 유거의 손자 병이病已이다. 황태자가 '무고巫蠱의 난'으로 호현에서 억울한 최후를 마치자 옥중에서 여죄수의 젖을 먹고 자란 아이였다.

이렇듯 민가에서 자란 무관無官의 인물을 그대로 황제로 옹립하는 데는 문제점이 있어 일단 양무후陽武侯로 봉하는 절차를 거쳐 황제 위에 오르게 되었다. 이 이가 바로 현명한 황제로 칭송되는 선제宣帝이다. 18세에 즉위하여 43세에 죽기까지 25년간 재위했는데, 이 25년은 한나라에 있어 태평을 구가하는 시대였다.

문제 · 경제의 시대가 무제의 비약을 위한 휴식과 축적의 시대였다면, 소제 · 선제 시대는 무제 55년의 '대약진' 후의 휴식과 정리의 시대였다고 할 수 있다. 대장군 곽광은 새로 즉위한 선제에게 머리를 조아려 모든 정사를 봉환奉還할 것을 청원했다. 이렇게 한 것은 자신이 아무런 야심도 엉뚱한 생각도 없다는 것을 보이기 위해서였다.

선제는 겸양하여 이를 받지 않고 "모든 일은 먼저 곽광에게 말한 다음에 과인에게 아뢰라."라고 명했다. 무슨 일이든 먼저 곽광에게 전한 다음에 황제에게 아뢰라는 것은 얼핏 생각하기에 황제가 정사를 포기하는 것처럼 느껴지지만 모든 책임을 곽광에게 떠맡기는 것으로도 생각할 수 있다. 아무리 선제가 친정을 하려 해도 민간에서 자란 그에게는 정치를 담당할 만한 능력 있는 심복이 없었으니 어차피 곽광의 손에 넘길 수밖에 없는 것이 현실이었다. 이런 면에서 선제의 탁월한 판단력을 엿볼 수 있으며 또 한 가지 이를 뒷받침할 수 있는 일은 민간으로 있을 때 아내로 삼았던 허씨許氏 부인을 황후로 세웠다는 점이다. 곽광에게 딸이 있어 그녀를 황후로 세우려는 기미를 미리 알아차리고 선수를 쳤던 것이다.

그러나 불행하게도 이 허황후는 본시 2년(기원전 71) 임신한 몸으로 여의사 순우연淳于衍이 바친 환약을 먹고 독살되었다. 곽광의 아내가 여의사를 시켜 황후를 독살했던 것이다.

얼마 후 곽광의 막내딸 성군成君이 황후로 세워졌다. 곽광의 외손녀는 황태후이고 딸은 황후이니 정략적 결혼의 복잡성을 여기서 실감할 수 있다.

지절 2년(기원전 68) 곽광은 병사했다. 그가 병석에 있을 때 선제는 친히 병상에 나아가 문병했다. 곽광은 글을 올려 자신이 가지고 있는 고을 가운데서 3천 석지기의 땅을 그의 형 곽거병의 손자 곽산霍山에게 나누어 주어 열후에 봉하고 곽거병을 제사지내게 해 줄 것을 청원했다. 얼마 후 곽산은 낙평후樂平侯에 봉해졌다.

곽광의 아들 곽우霍禹는 우장군이 되어 아버지의 봉읍을 계승하고 곽산은 열후가 되어 상서의 직에 임명됐다. 이것은 자못 공평한 조치인 듯싶었으나 사실은 곽광 한 사람에게 집중되었던 실권을 분산시키기 위한 선제의 배려였다.

즉위한 지 6년이 지난 선제는 이미 친정의 준비를 완전히 갖추고 있었다. 곽씨 일족의 보좌 없이도 한제국을 충분히 경영할 수 있는 확신을 가지게 되었다.

곽광이 죽은 다음 해인 지절 3년에 마침내 선제는 그 실력을 발휘하기 시작했다. 독살당한 허황후 소생의 석奭을 황태자로 세운 것이다. 곽광의 미망인은 분통이 터진 나머지 피를 토하고 그의 딸인 황후에게 황태자 석을 독살하도록 권했다. 그러나 황태자가 음식을 먹을 때는 반드시 독의 유무를 확인하기 위하여 시식하는 관원이 그림자처럼 황태자 곁에 붙어 있어 이를 실행하지 못했다.

선제는 허황후의 죽음이 독살이었다는 사실을 알고 있었기 때문에 곽씨 일족에 대한 경계심을 게을리하지 않았고 특히 석을 황태자로 세운 것은 곽씨 일족에 대한 도전이기도 했다.

이어서 제2차 도전이 실행됐다. 군신 가운데 황제에게 상주할 일이 있는 자는 상서를 거치지 않고 직접 상주할 수 있다는 조치를 내렸다. 이로 인하여 절대적인 권한을 갖고 있던 상서직은 사실상 무력화되고 말았다. 이것은 곽씨에게 불리한 상주문을 묵살할 수 없게 됐다는 것을 의미한다.

제3의 도전은 거기 장군과 우장군의 둔병을 해산시킨 일이었다.

"오랫동안 백성을 수고롭게 하는 것은 천하를 편안히 하는 도리가 아니다."라고 하여 백성을 휴식시켜야 한다는 것이 해산의 이유였다. 당시 우장군은 곽우이고, 거기 장군은 장안세張安世였다. 장안세는 곧바로 위장군衛將軍에 임명되었으나 곽우는 대사마大司馬의 관직만 주어

졌을 뿐 인수도 없고 지휘할 군대도 없었으니 곽우의 실권을 빼앗기 위한 조치에 지나지 않았다.

다음에는 군대의 지휘권을 가진 곽씨 친척들을 모두 전근시켜 촉군이나 무리군 등 변경 지방의 문관직에 임명하고 그들이 지휘하던 군대를 허황후의 일족과 사가(史家, 선제의 조모 친정)의 젊은 자를 골라 그들로 하여금 통솔토록 했다. 막다른 궁지에 몰린 곽씨 일족은 쿠데타를 일으켜 정세를 만회하려 했다. 그들은 먼저 황태후의 이름으로 승상과 허황후의 아버지를 연회장에 초대하여 그 자리에서 죽인 다음 선제를 폐하고 곽광의 아들 곽우를 황제로 세울 음모를 꾸몄다. 그러나 이 음모는 사전에 발각되어 곽씨 일족은 주살되고 곽광의 미망인까지 죽임을 당했다. 이는 허황후를 독살한 데 대한 보복이었다.

외척에 강력한 인물이 나타나면 그 인물의 권력이 황제를 능가하는 것이 일반적인 경향이었다. 오래 전 일로는 여씨 일족이 그러했고 최근의 일로는 곽씨 일족이 그러했다. 그들은 모두 권력을 상실했을 때 비참한 최후를 마쳐야 했다. 전한은 마침내 외척의 세력에 의해 멸망하게 되었는데 한나라를 찬탈한 자는 외척 왕망王莽이었다.

번영하는 장안

한무제의 뒤를 이어 소제·선제가 36년간 한나라를 다스리는 동안 이 두 황제는 모두 백성들의 재산을 소중히 여기고 생산을 장려했기 때문에 사회는 생기가 약동하여 차차 번영의 양상이 나타나기 시작했다. 전한·후한 4백 년을 통하여 최고의 전성기를 이루었다고 해도 과언이 아니다.

당시의 장안은 전국의 정치적 · 경제적 중심지였을 뿐만 아니라 동시에 문화 도시이기도 했다. 청사에 길이 이름을 남긴 유학자 동중서董仲舒, 역사학자 사마천, 문학자 사마상여司馬相如, 천문학자 당도唐都와 낙하굉落下閎, 농학자 조과趙過, 외교가이며 실크로드를 개척한 장건 등 유명한 인물이 이 시대를 전후하여 활약했다.

조정에서 시험을 쳐 인재를 발탁하여 태학(太學, 국립대학)을 개설하고 박사와 그 제자를 초빙하기 시작하면서부터 전국 각지의 학자들이 끊이지 않고 장안에 떼 지어 몰려들어 장안은 고대 중국 문화의 중심지가 되었다.

장안의 도시 규모는 둘레가 25킬로미터, 가구수 8만 호, 인구 40~50만으로 당시 로마 시의 4배 규모에 달했다. 장안과 로마는 각각 실크로드의 양 끝에 위치하고 있어 똑같이 2천 년 옛 역사의 유럽과 아시아의 국제도시로서의 면모를 과시했다. 장안 시가는 종단로가 여덟 가닥, 횡단로가 아홉 가닥, 사원이 3개소, 궁전이 3개소, 성문이 12개소였는데 이 가운데 가장 장관을 이룬 곳은 장락궁과 미앙궁을 중심으로 한 거대한 궁전의 건축물들이었다.

궁중에는 누각과 누대가 임립林立하여 장관을 이루었다. 신명대神明臺는 높이가 40미터, 봉궐鳳闕의 높이는 58미터, 정간루井幹樓는 구름 사이에 높이 솟은 듯이 보였다. 좀 더 자세히 말한다면 150미터가 좀 넘었다. 12개 성문에는 각각 3개씩의 통용문이 있어 한꺼번에 12량의 수레가 통과할 수 있었으며 성문 위에 세운 누각은 폭이 52미터나 되어 수십 리 떨어진 먼 곳에서도 능히 바라보일 정도였다.

장안의 도시 거리에서 가장 눈길을 끄는 것은 국외로부터 파견되어 온 사신과 상인들의 모습이었다.

조정에서는 이들을 위하여 특별히 영빈관迎賓館을 지었는데 이 영빈관을 중심으로 각국의 독특한 도시가 형성되어 그들 특유의 민족의상과 분위기는 사람들의 호기심을 끌기에 충분했다. 그들은 또한 지금까지 중국에서 보지 못했던 아라비아 말, 타조의 알, 유리, 융단 등 진기한 동물과 상품을 가지고 와 그들의 문물을 소개했으며 그들이 연주하는 독특한 음색의 민속 악기와 멜로디는 장안 각계각층의 흥미를 끌었다.

서역으로부터는 오이, 포도, 당근 등의 작물이 일찍부터 전해져 재배되었다는 사실도 빼놓을 수 없다.

국내외의 상인들은 중국의 비단·철기·칠기漆器 및 기타 갖가지 특산품을 낙타에 가득 싣고 장안을 기점으로 하여 끊이지 않고 서쪽으로 향했다.

당시 장안 남쪽 네거리에는 높이 9척의 청동제 낙타 한 쌍이 머리를 쳐들고 서 있었다. 이것은 장안에서 볼 수 있는 수많은 청동기 조형 미술의 하나로서 한대의 장안이 국제 무역 도시였다는 사실을 상징하고 있는 것이다.

왕망의 찬탈

황룡黃龍 원년(기원전 49) 선제가 미앙궁에서 죽자 27세의 태자 석이 즉위하니 이 이가 원제元帝이다. 그는 선제의 황후 왕씨를 황태후로 높여 받들었다. 원제의 어머니 허황후는 앞에서 말했듯이 곽씨에게 독살됐다. 선제는 그 후 곽광의 딸을 황후로 맞이했으나 곽씨 일족이 주살될 때 곽황후도 폐출됐다. 선제는 후계자 문제를 에워싼 악순환을 방지하기 위하여 후궁들에게서 자식을 낳지 않고 후덕한 여자를 하나 골라 황후로 삼았는데 이 여자가 바로 왕씨이다.

원제는 유교를 좋아하고 병약했다. 유교는 무제 때부터 국교로 지정되었으나 실제로 그 뿌리가 내리기 시작한 것은 원제 재위 26년 동안이라고 해도 과언이 아니다. 원제는 이상주의자였다. 그래서 유가 출신의 인물을 많이 등용하여 유교의 이념에 따라 정치를 행했다.

그러나 원제의 이상주의는 아랑곳없이 현실 세계는 매년 흉년이 들어 기근에 허덕이는 백성들이 많았다.

원제는 경녕竟寧 원년(기원전 33) 5월에 죽었다. 이 해 정월에는 흉노의 호한야呼韓邪 선우가 두 번째 내조來朝했다. 이 해에 연호를 경녕으로 고치고 호한야 선우에게 한나라 액정(掖庭. 후궁) 왕장王嬙을 시집보내어 그의 아내로 삼게 했다. 이 왕장의 별호가 소군昭君인데 본명보다는 별호인 왕소군으로 더 알려져 있다.

선우의 아내가 되어 정든 고국을 떠나 흉노 땅으로 가야 했던 왕소군의 슬픈 사연은 후세 작가들에 의해 윤색되어 동정의 눈물을 자아내게 했다. 그 많은 후궁 가운데 한 여인을 골라 선우에게 시집보내기로 결정한 조정에서는 누구를 골라야 할지 몰랐다. 오랑캐에게 미인을 보내고 싶지 않아서였다. 의논 끝에 화공에게 명하여 모든 후궁들의 화상을 그려 올리도록 하여 그 화상을 보고 결정하기로 했다. 실물이야 어쨌든 화상만 예쁘게 그려 바치면 후보에서 제외되는 것이었다.

용모에 자신이 없는 후궁들은 화공에게 뇌물을 주고 그의 용모를 아름답게 그려달라고 부탁했다. 그러나 용모에서나 두뇌에서나 자신에 차 있던 왕소군은 한 푼의 뇌물도 주지 않았다. 심사 결과 선우의 아내로 발탁된 것은 왕소군이었다. 화공에게 뇌물을 바치지 않았기 때문에 화공이 대충 그렸다는 사실이 나중에 밝혀졌다.

원제도 왕소군의 뛰어난 자태에 놀랐으나, 일단 결정된 일을 돌이킬 수가 없었다. 왕소군은 눈물을 흘리며 정든 고국을 떠나야 했고 뜻밖에 절세의 미녀를 맞게 된 선우는 기뻐 어찌할 줄을 몰랐다.

흉노로 떠나는 왕소군

오랑캐 땅에는 화초가 없으니
봄이 와도 봄 같지 않더라
胡地無花草
春來不似春

이 시는 왕소군이 오랑캐 땅에 가서 장안의 봄을 그리워하는 애틋한 심정을 읊은 노래로 가장 잘 알려진 시의 한 구절이다.

원제의 황후 원후元后는 왕씨였다. 그의 친정인 왕씨가 외척으로 막강한 권력을 장악하게 된 것은 원후의 힘이었다.

원후의 이름은 정군政君으로 원제가 죽고 원후가 낳은 아들 유오劉驁가 성제成帝로서 26년간 재위했다. 성제는 처음에는 명군으로서의 소질이 있었으나 중간에 여자에 빠져 평판이 좋지 않았다.

원후의 조카인 왕망은 성제 말년에 대사마가 됐다. 왕망의 숙부 왕근王根이 사직한 뒤를 이어 그 요직에 오르게 됐다. 왕망은 아버지를 일찍 여의었기 때문에 열후의 자리에도 오르지 못하는 등 젊은 시절은 매우 불우했다. 그의 고모인 원후는 이런 왕망을 가엾게 여겨 특별한 관심을 쏟았던 것이다.

성제 다음으로 애제哀帝·평제平帝가 있었는데 모두 약질이고 단명했다. 애제는 20세에 즉위하여 26세에 죽고, 평제는 9세에 즉위하여 14세에 죽었다. 이 같은 황제의 유약과 단명은 외척 세력의 강화를 부채질했다. 외척 왕가의 권세를 한 손에 쥔 사람은 젊은 시절 불우했던 왕망이었다.

일찍이 애제 시대에는 애제의 생모인 정씨丁氏와 조모인 부태후傅太后가 건재하여 외척인 왕씨의 권세는 한때 약화됐다. 주색에 빠졌던 성제에게는 아들이 없어 원제의 측실側室인 부씨 소생의 정도왕定陶王 유강劉康의 아들 유흔劉欣이 즉위하여 애제가 되었다. 그러나 애제가 일찍 죽었기 때문에 왕씨의 불우했던 시대는 겨우 6년에 불과했다.

애제가 죽자 원후는 왕망을 불러 대책을 의논한 끝에 9세인 중산왕中山王을 맞아 황제로 세우니 이 이가 평제이다. 원후는 이 어린 황제를 대신하여 조정에 나오고 왕망이 대사마로서 사실상 정사를 전담했다.

평제에게는 그의 생모 위씨衛氏가 있었는데도 왕망은 그녀를 중산국에 억류시켜 장안에 오지 못하도록 했다. 왕망의 장남 왕우王宇가 이 일을 간하다가 도리어 왕망의 노여움을 사 자살을 명령받았고, 평제의 생모 위씨도 음모를 꾸몄다는 이유로 주살했다.

이 다음 해 왕망의 딸이 황후가 되자 그의 권력은 점점 비대해졌다. 그러나 생각이 깊은 왕망은 신임 관료들이 흔히 저지르는 불손하고 거만한 행동을 보이지 않고 도리어 부하에 대해서도 겸손한 태도를 보이는 정치적 행동을 취했다. 또 당시 가장 문젯거리로 대두된 토지의 겸병兼併과 노예의 축적 문제에 대해서도 깊이 민심을 수렴하는 조치를 자주 취했다.

어느 때 태황 태후가 왕망의 공적을 높이 평가하여 그에게 2만 8천 호와 256만 헥타르의 토지를 상으로 내리려 하자 왕망은 이를 굳이 사양하고 받지 않았다. 이 같은 왕망의 행동은 토지의 겸병에 혈안이 되어 있던 당시의 고관들에게 크나큰 영향을 주었다. 또 천재지변이 극심했던 어느 해에는 왕망이 자진하여 1백만 전錢의 돈과 토지 3천 헥타르를 희사하여 재해민을 구제하겠다고 자원했다. 이에 호응하여 조정과 민간의 230가구로부터 전답과 주택이 헌상되어 많은 재해민들을 구제할 수 있게 됐다. 이에 따라 왕망의 소문이 점점 퍼져 그의 미덕을 칭송하는 자들이 많아졌다.

평제 원시 2년에는 황지국黃支國에서 물소를 바쳐 왔다. 중국에서는 예로부터 성천자가 출현하는 징조로서 진기한 짐승이 나타났다는 전설이 전해 오고 있었다. 장안으로부터 3만여 리나 되는 먼 나라에서 이 같은 진기한 짐승이 헌상된 것은 상서로운 일임에 틀림없었다. 같은 해에 황룡이 강에 나타나 노닐었다는 소문도 있었다.

이는 모두 왕망이 조작한 것이었다. 왕망은 황지국의 왕에게 값비싼 선물을 보내고 그로 하여금 물소를 바치도록 한 것이며 황룡이 나타났다는 소문도 왕망이 퍼뜨리게 한 것이었다. 그렇게 하여 이런 상서로운 조짐들이 모두 자신의 출현을 예고하는 것처럼 꾸며 한나라를 찬탈할 작정이었다.

원시 5년 평제가 14세의 나이로 급서했는데 사실은 왕망이 독살한 것이었다. 평제가 자신의 생모가 왕망에게 죽은 것을 원망하고 있다는 사실을 알았기 때문이었다.

왕망에게는 안한공安漢公의 칭호가 내려졌다. 한왕조를 편안하게 한 왕망의 공을 표창한다는 뜻이었다. 한나라 창업 이래 생전에 공의 칭호를 내린 것은 이번이 처음이었다. 그리고 마침내는 '재형宰衡'의 칭호까지 더해졌다. 주나라 성왕을 보좌한 주공을 태재太宰, 은나라 탕왕을 보좌한 이윤을 아형阿衡이라 불렀다. 재형은 이들 두 칭호를 합친 것이니 두 사람의 공적을 겸했다는 뜻이다.

얼마 후 안한공은 가황제假皇帝라 칭했고 사람들에게는 섭황제攝皇帝라 부르도록 했다.

평제의 후계자로는 황족 가운데 가장 나이가 어린 두 살의 자영子嬰이 옹립되고 연호를 거섭이라 했다. 이렇게 되면 왕망이 황제가 되는 것은 시간 문제였다.

거섭居攝 3년(기원전 8) 왕망은 마침내 안한공의 얼굴을 집어던지고 망한공(亡漢公, 한나라를 멸망시킨 사람)의 본성을 드러내어 황제의 위에 올랐다. 이 해의 12월 1일을 시건국始建國 원년 1월 1일로 하고 국호를 '신新'이라 칭했다.

황제가 된 왕망은 사람을 시켜 태황 태후로부터 황제의 옥새를 받아오도록 했다. 이때 태황 태후는 80세의 고령이었다. 그는 자기 일족인 왕씨가 유씨의 천하를 찬탈하는 것을 끝까지 반대했으나 사태가 여기에 이르자 분을 이기지 못해 옥새를 땅바닥에 내동댕이치는 바람에 옥새에 새겨진 용의 머리 부분이 망가져 버렸다. 옥새를 내던지던 이 할머니의 심정은 어떠했을까? 그녀는 한나라의 여성으로서 일생을 바쳤으며 204년간 이어오던 전한은 종지부를 찍고 말았다.

왕망의 제도 개혁 실패와 패망

시건국 원년으로부터 시작된 왕망의 새로운 나라 '신'은 왕망이 죽음으로써 멸망하기까지 겨우 15년간 계속되었다. 이 15년간은 끊임없는 혼란과 동란의 연속이었다.

왕망은 우선 전한 후기의 부패한 정국을 타개하기 위해서는 고식적인 수습 방법으로는 불가능하다고 판단하고 제도 자체의 개혁을 제창했다. 그러나 이 제도의 개혁은 현실 생활을 바탕으로 한 개혁이 아니라 태고의 주나라 시대로 복귀하는 제도였다.

관직의 명칭만 보더라도 3공三公 · 9경九卿 · 27대부大夫 · 81원사元士의 주나라 제도를 그대로 따랐고, 지명까지도 바꾸는 일이 있어 혼란을 가져오는 실례가 많았다. 왕망은 개명광改名狂이라 불릴 정도로 형식을 좋아했다.

당시 가장 문젯거리로 대두된 토지의 겸병 문제를 해결하기 위하여 왕망은 토지를 모두 왕조의 소유로 하고 개인간의 토지 매매를 일체 허용하지 않는 이른바 왕전제王田制를 실시했다.

왕전제란 한 가구의 남성이 8인 이내일 때는 9백 헥타르 이상의 전답을 소유해서는 안 되며 이 상한선 이외의 전답은 토지가 없는 자에게 나누어 준다는 내용이었다.

이 같은 왕전제는 정전제井田制를 흉내 낸 것으로 역사에 역행하는 제도였을 뿐만 아니라 현실적으로 실현 불가능한 것이어서 3년 후에는 폐지를 선언하지 않을 수 없었다.

노예 문제도 토지 문제 못지않게 심각했다. 왕망은 노예의 매매를 금지할 것을 정식으로 공포했으나 원래 노예 문제는 주로 지주가 무제한으로 토지를 소유함으로써 야기된 문제였기 때문에 토지 문제가 해결되지 않는 한 노예 매매를 완전 금지할 수는 없는 일이었다.

그 밖에 왕망은 제도를 개혁하는 가운데 가혹한 형법을 만들었기 때문에 범법자가 날로 늘어나 관노官奴와 관비官婢로 전락하는 자가 많았다. 원래의 노예 문제가 해결되지 않은 데다 더더욱 많은 노비가 발생하여 그 수가 10만에 달했다.

왕망은 상공업의 부정 거래와 물가의 조작 인상, 고리대금 문제 등에 대해서도 여러 가지 개혁 조치를 강구했으나 그 결과는 빗나가 도리어 백성을 괴롭히는 결과를 가져올 뿐이었다.

한 가지 예로 화폐 제도는 15년 동안에 무려 5번이나 개혁되었는데 그때마다 화폐 가치가 떨어져 물가가 등귀하는 바람에 영세 상공업자들이 대량으로 파산했으며 시장 거래가 물물 교환에 의해 이루어질 정도로 경제가 혼란에 빠졌다.

이처럼 사회적 · 경제적 위기가 수습 불가능의 상태에 이르렀는데도 조정에서는 새로 징병을 실시하여 흉노와 서역에 대하여 전쟁을 벌였다. 그에 더해 매년 자연 재해가 일어나 굶주려 죽는 자가 10인 가운데 7~8명에 이르는 지역도 있었다.

결국 왕망의 개혁 정치는 전면적으로 실패하여 이미 통치를 계속할 수 있는 힘을 상실하고 말았다.

왕망의 한왕조 찬탈에 아무 저항이 없었던 것은 아니었다. 안중후安衆侯 유숭劉崇, 엄향후嚴鄕侯 유신劉信, 동군 태수 책의翟義 등이 군사를 일으켰으나 왕망이 파견한 군대에 의해 진압되고 말았다. 유신·책의 등의 군세는 한때 10만에 이른 적이 있었으나 정보에 빨랐던 왕망에 의해 진압되었다.

왕망의 한왕조 찬탈은 무력에 의한 것은 아니었다. 대사마에서 안한공, 재형, 가황제 등으로 한 걸음씩 계단을 밟듯이 행해졌기 때문에 찬탈을 눈치챈 때는 이미 왕망이 옥좌에 앉은 후였다.

각지에서 왕망 정권에 반대하는 봉기군이 일어난 것은 왕망의 실정이 표면화되면서였다. 전한 왕조 후기의 부패한 정치로 생활고에 시달리던 백성들은 왕망이 조작해 낸 갖가지 상서로운 조짐과 그의 정치적 제스처에 넘어가 성천자가 나타난 것처럼 왕망의 정치를 기대했으나 그 기대는 무너지고 오히려 혼란만 더욱 심해졌다.

산둥의 태산에서는 낭야 출신 번숭樊崇이 반란의 깃발을 들자 수만 명이 그 아래 모여들었다. 이들은 싸움을 할 때 아군과 적군을 식별하기 위해 눈썹을 붉게 물들였다 하여 적미병赤眉兵이라 불렸다.

호북의 녹림산綠林山에도 신시新市 출신 왕광王匡과 왕봉王鳳을 지도자로 한 5만의 봉기군이 집결했다. 이들은 녹림병綠林兵이라 칭했다.

황하 유역의 평야 지대에는 동마銅馬·청독靑犢·대동大肜·우래尤來 등이라 칭하는 크고 작은 봉기군이 난립하여 큰 부대는 수십만 명, 작은 부대는 1만 명 이상이 집결하여 도합 수십만 명에 이르렀다. 그러나 이들 부대들은 통일된 지휘 계통이 없이 뿔뿔이 흩어져 있는 상태였다.

전국에서 봉기군이 난립하자 각 지방의 호족과 지주 계급들도 다투어 무장을 했다. 이들 대부분은 자체 방위를 위하여 성을 쌓거나 일부 지주들은 봉기군과 연합하기도 했다. 이 가운데 남양 출신 호족으로 한왕조의 핏줄을 이은 유연劉縯·유수劉秀 형제가 거느린 부대가 가장 강력했다. 이들은 녹림병과 연합하여 한왕조 부흥을 슬로건으로 내걸고 왕망의 죄상을 고발하는 한편 황족인 유현劉玄을 황제로 세워 경시제更始帝라 일컫고 완성宛城에 도읍하여 왕망 타도를 외쳤다.

그 밖에 지방 군벌 세력으로는 농서隴西의 외호, 촉蜀의 공손술 등이 있었다.

이렇듯 잡다한 세력들이 왕망의 타도를 외치고 일어나 혹은 연합

왕망의 복고 정치에 반기를 든 농민 반란인 적미의 난

하고 혹은 공격하는 혼전을 벌였다. 왕망은 이들 봉기군에 의해 마침내 죽임을 당했다. 성천자로서 천하에 군림하려던 그의 꿈은 불과 15년 만에 산산조각이 나고 말았다. 그 15년도 혼란과 전란밖에는 아무것도 없었다.

결과적으로 말하면 최후의 승리자는 호족 집단의 지도자로 한왕조의 일원인 유수였다. 이가 후한 왕조의 창시자인 광무제光武帝이다.

광무제 유수가 한왕조의 일원이라 하지만 황제의 계통과는 아주 소원한 사이였다. 그의 시조인 장사왕 유발은 경제의 아들이다. 그러니까 무제와는 형제간이 된다. 무제를 제외한 13인의 황자가 제후왕이 되었는데 그 가운데 장사국은 가장 가난한 나라였다. 가장 총애를 받지 못했던 여성이 낳은 유발이 장사왕이 된 것이다.

장사왕의 어머니 당희唐姬는 원래 정희程姬의 시녀였다. 정희는 노왕 여餘, 장도왕 비非, 교서왕 단端 등을 낳고 경제로부터 총애를 받는 여인이었다. 어느 날 밤 경제가 정희의 처소에 들렀는데 때마침 정희는 생리 기간이었기 때문에 시녀인 당희가 대역으로 경제를 모시고 장사왕 유발을 낳았다.

이 장사왕 계통에서 멸망한 한왕조를 부흥시킨 광무제 유수가 태어났다.

광무제의 치적

광무제는 낙양을 수도로 정하고 건무 2년(26) 고조묘高祖廟를 세움으로써 자신의 창업이 한왕조 부흥이라는 사실을 명백히 했다. 광무제의 정책은 기본적으로는 전한의 제도를 계승한 것이었으나 완전히 일치하는 것은 아니었다. 우선 수도가 장안에서 낙양으로 옮겨졌다는 사실만으로도 새로운 인상을 주는 것이라 하겠다.

광무제가 낙양을 수도로 정한 것은 장안이 적미군에 의해 초토화되어 황제로서 거처할 만한 곳이 없었기 때문만은 아니었다. 남양 출신의 광무제는 낙양이 자기 출신지와 가까워 보다 친숙하게 느껴졌고, 그의 창업을 도운 개국 원훈들도 대부분 남양 출신이었기 때문에 낙양을 수도로 정했던 것이다.

전한 후기의 정치적 혼란에 이어 왕망 정권의 무질서와 부패, 오랜 전란 속에서도 목숨을 부지하여 살아남은 백성들은 기아에 허덕여 뼈와 가죽만 남아 있었다. 이에 먹을 것을 찾는 비참한 소리가 거리를 메웠다. 이 광경을 직접 보기도 하고 경험한 적도 있는 광무제는 백성들의 살길을 열어 주고 민심을 수습하려 했다.

광무제는 전한 문제 때 실시했던 1/30세稅 제도를 부활시켜 세금을 가볍게 하고, 군사 제도도 소수 정예화 원칙에 따라 장병의 수를 대폭 감원하여 생산 활동에 종사하도록 했다. 또한 행정 구역을 통폐합해 관리들을 정리하고 고아, 노인, 빈곤자에 대해서는 구제 사업을 적극적으로 전개하며 혼란했던 화폐 제도를 개혁했다.

요컨대 광무제의 새 왕조는 '혼란 상태를 정상으로 회복시킨다'는 일련의 정책을 펴나갔다. 백성들은 휴식을 취하면서 생업에 열중하게 되어 사회 경제가 차츰 활기를 띠기 시작했다.

천하의 통일과 후한 왕조의 창업에는 많은 공신과 장군들의 노고가 있었다. 광무제 유수는 개국 공신들에게 높은 지위를 줄 경우 나중에 황제의 권력이 위협받게 된다는 사실을 역사를 통하여 실감하

고 있었다. 그는 한고조 유방이 공신들에게 취했던 '토사구팽兎死狗烹'
의 강경책을 버리고, 공신들을 회유하는 정책으로 그들의 생명과 재
산을 보호하려 했다. 이런 정책 아래 공신 365인과 외척 45인에게 각
각 서열에 해당하는 토지와 식읍을 하사하고 후한 상을 내려 그들의
공로와 무훈을 표창했다. 그리고 각각 봉지로 돌아가 부귀영화를 누
리도록 하고, 다시는 조정에 들어와 정사에 참여하지 못하도록 했다.

광무제의 이 같은 정책이 주효하여 후한 초기의 지배 계급 사이에
는 아무런 내부 혼란이 없었고 정국도 상대적으로 안정됐다. 광무제
의 정책은 자신의 권력을 공고히 했을 뿐 아니라 공신들을 희생시키
지 않는 보기 드문 황제로서의 미명을 얻기에 부족함이 없었다.

대외 정책에 있어서도 역대 제왕들이 취해 오던 무력 위주의 정책
을 지양하고, 중원과 국내의 실정에 입각하여 자신의 강대화를 꾀하

한왕조의 무덤

는 회유책을 썼다. 이에 따라 후한 왕조의 사회 경제는 급속히 발전하고 정치적 안정과 국가의 부강이 이룩됨으로써 변방의 이민족과 외국 사신들이 줄을 이어 수도 낙양에 몰려 들어와 천자를 알현하고 우호의 축배를 들었다.

광무제는 천하가 아직 완전히 평정되기 전부터 문덕文德의 정치를 구상하고 있었다. 황제의 위에 오르자마자 그는 제일 먼저 대학을 창건하고 고전을 강론하여 이를 본받고, 문란해진 예의와 음악을 정리했다. 그의 만년에는 명당(천자가 정사를 보살피고 상제에게 제사를 올리는 곳), 영대(靈臺, 천문을 관찰하고 길흉을 살피며 때로 잔치를 여는 곳), 벽옹(辟雍, 천자가 학습하는 궁) 등을 지었다.

이로 말미암아 예악·제도·전장典章이 정비되어 후세에 자랑할 만한 문물의 꽃이 찬란히 피어올랐다.

광무제는 아침 일찍부터 조정에 나가 정사를 보살피고 해가 기울 무렵에야 물러나왔다. 이후에는 다시 삼공·구경·오중랑장五中郎將 등 문무 중신들을 모아 국가 통치의 대도를 강론하고 자정 무렵이 되어서야 침소에 드는 것이 보통이었다.

광무제는 중원中元 2년(57) 63세를 일기로 영면했다. 그는 뼈와 살을 깎는 비상한 노력으로 천하를 평정하고 천하를 다스렸다. 28세에 군사를 일으켜 31세 때 황제의 위에 올랐으며 연호는 건무·중원 등 2회에 걸쳐 개원改元했다. 황태자가 그의 뒤를 이어 즉위하니 바로 효명 황제다.

반초의 서역 개척

후한 시대에 이르러 그동안 방치되었던 서역에 원정군을 파견했다. 2대 효명 황제 영평 16년(73)에 왕망의 난 이래 65년 동안이나 단절되었던 서역에 다시 한나라의 모습을 드러냈다. 반초班超가 서역에 출정한 것은 바로 이 해이다. 그 이듬해에 후한에서는 서역 도호와 무기 교위를 부활시켰다. 전한 선제 때 서역 도호를 두었으며, 원제 때 무기 교위라는 비상주非常駐 통치자를 두어 서역과 교류했다. 그러나 왕망의 난 이래 교류가 단절되어 있었다.

반초는《한서漢書》의 저자로 유명한 사학자 반고班固의 동생이다. 그는 어려서부터 책을 매우 좋아했다. 한때 조정의 난대 영사蘭臺令史라는 관직에 근무한 적이 있었는데 난대는 황제의 도서관이고 영사는 난대의 서적을 취급하는 관직이니 지금의 도서관장에 해당하는 자리였다. 반초는 학식이 풍부하고 포부 또한 컸다. 소년 시절부터 제2의 장건을 꿈꾸어 이역만리에서 큰 공을 세워 보겠다는 야망을 불태우고 있었다.

영평 16년(73) 어느 날 반초는 열심히 글을 쓰고 있다가, '흉노가 자주 변경에 침범하여 주민을 살상하는 바람에 가욕관嘉峪關의 성문을 밤낮없이 폐쇄하고 있다'는 소문을 들었다. 반초는 분연히 일어나 붓을 집어던지고 스스로 무장을 갖추어 원정군에 가담했다. 이것이 투필종군投筆從軍이라는 고사성어의 유래이다.

이때 원정군의 사령관은 두고竇固였다. 두고는 반초를 가사마(假司馬, 부사마)로 삼아 서역의 사자로 파견했다. 반초는 수행원 36명을 거느리고 먼저 선선국에 도착했다. 선선국의 왕은 이들 일행을 맞아 극진히 대우했으나 차츰 그 대우가 소홀해졌다. 당시 선선국은 사실상 흉노에게 복속되어 있었다. 반초는 선선국의 대우가 점점 소홀해지는 것은 틀림없이 흉노의 사자가 와서 압력을 가하기 때문이라고 생각했다. 만약 선선국이 흉노의 압력에 못 이겨 반초 일행을 붙잡아 흉노에게 넘길 경우 꼼짝없이 죽게 될 것이라고 판단한 반초는 급히 수행원들을 모아놓고 다음과 같이 격려했다.

"호랑이 굴에 들어가지 않으면 호랑이 새끼를 잡을 수 없다는 속담이 있다. 지금 당장 흉노의 사자를 쳐 죽이지 않으면 우리들의 생명이 위태로운 것은 물론, 서역 제국은 모두 흉노에게 빼앗기고 말 것이다."

그러고는 이들을 거느리고 밤중에 흉노의 사자들이 묵고 있는 숙소를 급습해 사자와 종자 30여 명의 목을 베어 버렸다. 이 광경을 본 선선국의 왕은 벌벌 떨며 한나라에 복종하겠다고 맹세했다.

조공을 바치러 온 외국 사신들을 그린 〈직공도〉

반초는 한나라의 위덕을 선선국의 왕에게 설명하고 다시는 흉노와 관계를 맺어서는 안 된다고 엄중히 경고했다.

그 후 반초는 우전과 소륵을 평정한 데 이어 서역 남도 제국을 모두 한의 세력권에 넣음으로써 왕망의 난 이래 두절되었던 서역과의 교통을 부활시켰다. 그해에 두고는 차사국을 정벌하고 귀국했으며 진목陳睦은 도호, 경공은 무교위, 관감關龍은 기교위로 임명되어 서역 제국에 주둔했다.

장건과 반초의 이름은 실크로드와 함께 영원히 잊혀지지 않고 있다. 지금도 이 동서 문화를 연결한 옛길을 이야기할 때마다 이들 두 사람의 개척 정신을 회상하게 한다.

외척과 환관의 권력 다툼

외척 양기 형제의 전횡

후한 전기(25~88)는 황제의 권력이 강력하여 세습 호족들의 세력을 지배할 수 있었으나 후기(89~189)에 들어서면서 그 정세가 바뀌어 외척을 대표하는 호족들의 세력이 황제의 권력을 능가하는 일이 종종 나타났다. 그 대표적 인물은 외척 양기梁冀 형제였다.

양기는 원래 일정한 직업이 없는 불한당으로 승냥이와 같은 눈매에 독수리와 같은 어깨를 가졌으며 성질 또한 잔인하기 이를 데 없었다. 매사냥, 말타기, 닭싸움, 도박 따위로 세월을 보냈으며 그와 접촉하는 인물들이란 궁정 내의 다방 마담, 환관, 낙양거리의 건달패 등에 불과했다. 그러나 그의 누이가 순제順帝의 황후가 되면서 그는 서서히 권력을 손에 쥐게 됐다.

영화 9년(144) 순제가 죽고 두 살의 황태자 유병劉炳이 충제沖帝로서 즉위하고 양태후가 섭정하게 되었다.

후한의 역대 황제가 단명하고 황후가 아들을 낳지 못하는 것은 일종의 징크스처럼 되어 있었다. 후한의 황제 가운데서 초대 광무 황제만이 장수를 누렸고, 또한 광무 황제의 황후만이 아들을 낳았을 뿐, 그 후의 황제는 모두 단명하고 황후는 모두 아들 복이 없었다. 충제 유병도 즉위한 이듬해 정월에 죽으니 나이 겨우 3세였고 재위 5개월에 불과했다.

충제가 죽자 대신들은 후계 황제를 세우는 데 지금까지 취해 오던 방법과는 달리 나이가 많은 황족을 골라 세울 것을 강력히 주장했다. 어린 황제를 세울 경우 황태후가 섭정하게 되고, 이로 인하여 외척이 권세를 휘둘러 정치가 문란해지기 때문이었다.

그러나 외척 양기가 대장군으로서 버티고 있는 한 대신들의 주장이 관철될 수가 없었다. 양기는 황태후와 상의하여 당시 8세인 유찬劉纘을 황제로 세우니 바로 질제質帝다. 질제는 양기가 생각한 바와는 달리 총명했다. 양기가 외척의 지위를 이용하여 횡포를 일삼고 있다는 것을 이 소년 황제는 알아차리고 있었다.

어느 날 조정 백관들이 모인 앞에서 양기를 돌아보며 "이 자야말로 발호 장군(跋扈將軍, 세력이 너무 강대해 다스리기가 곤란한 장군)이다."라고 말했다. 나이 겨우 8세인 어린 황제가 이 같은 행동을 보이자 양기는 더럭 겁이 났다. 위험을 느낀 양기는 황제의 측근에게 명하여 음식물에 독을 넣어 질제를 독살했다. 순제, 충제, 질제 등 세 황제가 2년 사이에 죽자 정말 이상한 일이라 하여 백성들은 국가의 앞날을 걱정했다.

황제의 자리는 하루도 비워 둘 수가 없다. 조정에서는 후계 황제의 인선 문제로 이견이 분분했다. 태위 이고, 사도司徒 호광胡廣, 사공司空 조계趙戒 등 삼공을 비롯하여 대홍려 두교杜喬 등은 청하왕淸河王 유산劉蒜이 나이도 비교적 많고 제왕으로서의 품격을 갖추었을 뿐만 아니라 질제와도 그 척분이 가장 가까운 사이라 하여 추천했다. 그러나 양기는 이를 받아들이지 않고 나이 15세인 여오후蠡吳侯 유지劉志를 황제로 세우니 이가 바로 환제桓帝다.

환제가 즉위하자 후한은 점점 쇠퇴해갔고, 반대로 외척 양씨들의 전횡은 날로 심해만 갔다. 양기의 집 앞에는 엽관 운동을 하는 자들로 문전성시를 이루었다. 법에 걸려 양기에게 석방을 의뢰하는 자들도 뇌물을 들고 줄을 이었다. 엄청난 금품과 재물이 양씨·손씨의 문중에 빨려 들어갔음은 말할 것도 없다.

후한 시대 물가에 지었던 정자 형태의 망루

횡포와 세도가 너무나 지나쳤던 양기는 결국 환제의 명령으로 토멸된다. 양기 부부는 자살하고 양씨·손씨 일족은 모두 주살되었으며 양기와 관계가 깊었던 궁중 대신 등 수십 명도 연좌돼 죽임을 당했다. 관직을 삭탈당한 자가 3백여 명에 달하여 한때 조정은 공백 상태에 빠지고 잠시 동안이지만 낙양은 혼란을 겪었다.

양기의 가산을 몰수하여 매각한 결과 그 액수가 무려 30여 억 전에 달했다. 국가 1년 조세 수입의 반액에 달하는 엄청난 액수였다.

당고의 화

양기 일족이 토멸되자 백성들은 축배를 들며 기뻐했으나 세상은 그렇게 만만하지 않았다. 단초 등 다섯 사람의 환관들은 양기 토멸의 공로로 동시에 열후의 자리에 올라 도당을 규합하고 친척을 관직에 등용하는 등 강력한 환관 정권을 일으키기에 여념이 없었다.

당시 낙양의 태학에는 3만여 명에 달하는 학생이 모여 공부하고 있었다. 이들은 환관들이 제멋대로 권력을 휘둘러 질서가 문란하고 기강이 해이해지자 환관 타도를 부르짖게 되었다. 반환관 세력의 정신적 지주는 이응과 진번이었다.

환관들은 이들 세력을 그대로 두어서는 안 되겠다고 생각하여 환제가 가장 신임하는 점쟁이의 제자 이름으로 당인黨人 탄핵의 상소를 올렸다.

"이응 등은 도당을 모아 조정을 비방하고 민심을 어지럽히려 하고 있습니다."

환제는 크게 노하여 전국에 칙령을 내려 이들을 체포, 심문하도록 했다. 이에 이응, 진번 등 2백여 명이 북사北寺의 옥에 갇혔다.

이응을 비롯하여 관련자들을 법정 심문하는 과정에서 환관파의 횡포와 악행이 여러 사람의 입을 통해 모두 폭로되자 환관들도 당황했다. 때마침 두황후의 아버지 두무로부터 당인들을 방면해 달라는 상주문이 올라와 환관파도 사태를 종결짓기로 했다. 최종 조치는 당인들의 죄를 용서하여 모두 고향으로 돌려보내고 삼공부에 이름을 기록하여 종신금고에 처한다는 것이었다. 이것이 이른바 제1차 '당고黨錮의 화禍'이다.

제1차 당고의 화가 종결지어져 당인들이 석방된 해 12월에 환제가 죽고 영제靈帝가 그 뒤를 이었다. 영제는 나이 겨우 12세인 소년이었기 때문에 두태후가 섭정했다. 두태후는 두무를 대장군, 진번을 태부로 삼았으며 천하의 현재들을 등용하니 이응·두밀 등도 조정에 나왔다. 백성들은 현인들이 조정에 들어갔으니 이제야 태평성대가 올 것이라고 크게 기대했다. 그러나 그 기대는 산산조각이 나고 말았다. 환관들의 전횡이 더욱 극렬해져 태후를 제쳐 놓고 그들 마음대로 정권을 휘둘렀기 때문이다.

진번과 두무는 환관의 우두머리 조절·왕보 등 일당을 주살할 계획을 세웠다. 그러나 이 계획이 치밀하지 못했는지 정보가 누설되어 환관들이 기선을 잡아 먼저 군대를 동원했다. 진번은 살해되고 두무도 체포되어 자결했다.

이것이 이른바 제2차 당고의 화로 처참하기 이를 데 없다. 이응을 비롯하여 죽임을 당한 자가 100여 명에 이르렀고, 금고 6~700명, 체포, 투옥된 태학생이 1천 명이 넘었다. 이들 당인들의 가까운 친척과 제자 가운데 관직에 있는 자들도 모두 해임되거나 금고 처분을 받았다.

황건적의 출현

하북 거록현鉅鹿縣의 장각張角이라는 사람이 황제 · 노자의 도를 가르친다며 태평도太平道라는 신앙 단체를 만들었다. 10여 년 동안에 신도의 수가 수십만 명에 이르자 그는 신도를 '36방方'으로 조직했다. 1개의 방은 규모가 큰 곳은 1만여 명, 작은 곳은 6~7천 명에 달했으며, 각 방에는 거사渠師라 불리는 두목을 두어 통솔하도록 하니 그 조직이 군대 조직과 흡사했다.

태평도는 병자가 무릎을 꿇고 자기의 잘못을 뉘우치며 부적에 적신 물을 마시면 병이 낫는다는 주술로 신도를 모았다. 교조 장각은 스스로 대현양사大賢良師라 칭했는데 이는 황천黃天이라는 신의 사자라는 뜻이다. 황천이야말로 전지全知의 신으로서 인간의 병은 그 신이 내리는 벌이니 병자들은 자신의 죄를 참회하는 일부터 시작해야 한다는 것이었다.

육체적인 병, 정신적인 병을 가진 사람들이 순식간에 모여들어 그 수가 눈덩이처럼 불어나자, 마침내 신앙 집단에서 반란 집단으로 바뀌어갔다. 그들은 다음과 같은 노래를 퍼뜨렸다.

'창천蒼天은 이미 죽고 황천黃天이 일어난다.
황천이 일어나는 해는 갑자년이고 이 해에는 천하가 크게 길하리라.'
蒼天已死 黃天當立　　歲在甲子 天下大吉

창천은 후한 제국을 뜻하는 것이고 황천은 태평도에서 모시는 신을 가리키는 것이니, 그들이 갑자년 중평 원년(184)에 결기한다는 것을 예고한 것이다.

태평도—황건적黃巾賊의 봉기는 밀고자를 통해 계획이 누설되고 말았다. 그래서 이들은 부득이 예정보다 앞당겨 봉기하지 않으면 안 되었다. 장각은 자기의 칭호를 천공장군天公將軍이라 개칭하고 그의 동생 장보張寶를 지공장군地公將軍, 장량張梁을 인공장군人公將軍이라 칭하고 각 방에 지령을 내려 일제히 군사를 일으켰다. 이들은 모두 황색 수건을 머리에 둘렀기 때문에 황건적이라 불렸다. 이들은 지방의 관청을 불사르고 마을이나 도시를 닥치는 대로 약탈하니, 지방의 관리들은 애써 이들과 대항하기보다는 모두 도망치는 형편이었다.

조정에서는 황보숭皇甫嵩·노식盧植을 파견하여 황건적을 토벌하도록 하는 한편, 측면 대책으로서 당인들의 금고를 해제하기로 결정했다. 황건적이 당인들과 결합할 경우 걷잡을 수 없는 사태가 발생할지도 모른다는 우려에서였다.

황건적의 난

황보숭이 장사長沙에서 황건적의 파재波才가 거느리는 군사에게 포위되어 위기에 처했을 때 원병을 이끌고 달려온 사람이 당시 기도위騎都尉로 있던 조조曹操였다. 이것이 역사상 유명한 조조의 첫 등장이다.

하북에 파견된 노식은 장각을 광종현성廣宗縣城까지 패주시키고 그곳을 포위하여 공격전을 준비하고 있을 때 해임되고 말았다.

해임된 노식의 후임에는 동중랑장東中郎將 동탁董卓이 임명됐다. 이것이 《삼국지三國志》의 악역으로 등장하는 동탁의 첫 등장이다. 동탁은 노식의 후임으로 광종현의 황건적을 공격했으나 성을 함락하지 못하여 그 또한 소환됐다.

황건적 토벌군은 3월에 편성되어 10월에 이르러 겨우 장각의 동생인 공장군 장량을 광종현에서 격파했다. 이때 장각은 이미 병사했는데, 그의 묘를 파 관을 깨고 시체의 목을 잘라 수급을 낙양에 보냈다. 11월에 황보숭은 지공장군 장보를 하곡양下曲陽에서 격멸하고 그의 목을 베는 데 성공했다.

그러나 황보숭은 황건적 토벌 도중 환관 조충趙忠의 집의 규모가 신하의 법도를 어겼음을 보고 이를 조정에 보고하여 조충의 집을 몰수했다. 그는 환관의 거두 장양張讓과도 사이가 나빴다. 이들 두 환관이, "황보숭은 전공에 비해 지나치게 경비만 허비했을 따름입니다."라고 보고하여 황보숭은 좌거기장군左車騎將軍의 인수를 몰수당하고 식읍食邑도 6천 호나 삭감되었다.

이듬해 중평 2년(185) 2월 장각을 토벌한 공로로 장양 이하 12명의 환관이 열후에 봉해졌다. 실제 전투에는 참가하지 않았으나 황제의 측근으로서 작전에 참여했다는 명목이었다.

6장

위진남북조
시대

위진남북조 시대

황건적의 난을 계기로 각지에서 군웅이 할거하게 되었는데, 이 가운데 천하를 삼분하여 대치하고 있었던 촉한蜀漢·위魏·오吳의 시기를 삼국 시대라 한다. 당대 일류의 전략가 조조는 208년 천하통일의 대업을 완성하기 위하여 손권·유비의 연합군과 적벽에서 일대 결전을 벌였으나 대패함으로써 조조의 천하통일의 꿈은 깨어지고 대신 삼국이 정립하는 형세로 바뀌었다.

삼국이 대치하던 기간은 짧았고 마침내 위나라 대장군 사마의의 손자 사마염이 세운 서진에 의해 멸망했다. 사마염은 즉위 초 검소한 생활로 모범을 보였으나 점점 사치와 향락에 빠졌고 이후로도 계속 국정이 문란해져 황실의 울타리로서 강력한 군사력을 장악하고 있던 왕들이 난을 일으켰다. 이 팔왕의 난이 영가永嘉의 난을 부르고 결국 진을 멸망시키는 결과를 가져온다.

서진의 일족인 사마예는 남경으로 옮겨 가 다시 진왕조를 세웠는데 이를 동진이라 부른다. 이와 때를 같이 하여 중국 북부에서는 다섯 이민족五胡이 약 130년간에 걸쳐 16개의 왕조를 세운 오호십육국 시대가 열리게 된다. 북부에는 오호십육국 시대를 이어 북위北魏, 북제北齊, 북주北周가 차례로 서게 되고 남부에는 송宋, 제齊, 양梁, 진陳나라가 차례로 서게 되는데, 이 남북조 시대를 끝맺고 중국을 통일한 것은 수隋나라였다.

군웅의 출현

삼국지의 주역은 조조·유비·손권의 세 사람이다. 이 세 사람 가운데 조조는 그의 재력과 지략을 바탕으로 황하 북쪽의 최대 라이벌인 원소를 관도의 대전에서 물리치고 13주 가운데 다섯 주를 장악하는 최강의 실력자가 됐다. 이를테면 삼국지의 무대에서 완전히 기선을 제압한 셈이다.

이에 비해 유비劉備는 황건적의 난 때 관우關羽·장비張飛 등과 함께 교위 추정鄒靖의 황건적 토벌군에 분연히 종군하여 그 전공으로 안희현安喜縣의 현위가 됐다. 당시 현에는 현령 밑에 현승과 현위를 두었는데 현승은 문서 행정, 현위는 군사 담당으로 봉록은 400석에서 200석 정도였다. 나중에 유비의 라이벌로 천하를 다투게 된 조조·손견·원소 등은 이때 이미 2천 석의 봉록을 받는 지위에 있었으니 유비는 출발이 너무 늦은 셈이었다. 출발이 늦을 뿐 아니라 그는 확고한 기반을 구축하지 못해 이리저리 유랑하는 세월을 근 20년 동안이나 보내야 했다.

유비(161~223)의 자는 현덕玄德으로 전한 경제의 아들 중산정왕中山靖王 유승劉勝의 후손이었다. 유달리 팔이 길고 귀가 컸으며, 어려서부터 큰 뜻을 품고 있었다. 말수가 적고 희로애락의 감정을 잘 나타내지 않는 성격이었다.

황족의 후예였지만 유비의 대에 이르러서는 가산이 몰락하여 짚신이나 자리를 짜서 생계를 유지했다. 동탁의 토벌 때는 공손찬에 가담한 적도 있었으며 그 후 서주목徐州牧 도겸陶謙에게 의탁하고 있다가 도겸이 죽자 서주를 차지했다. 그때 조조는 원술을 토벌하기 위해 유

비와 연합했으나 유비는 도리어 여포에게 서주를 빼앗기고 조조에게
의탁했다.

이때 이름뿐인 황제 헌제는 외척 동승董承과 상의하여 "조조를 쳐
없애라."라는 밀조密詔를 유비에게 건넸다. 그러나 밀조 사건이 사전
에 누설되어 조조가 유비를 공격했다. 유비는 패하여 원소에게 의탁

유비와 관우, 장비

했는데 이때가 바로 '관도의 대전'이 있기 얼마 전의 일이었다. 이 공격에서 관우는 조조의 포로가 되고 장비는 산중으로 들어가 3인의 의형제는 뿔뿔이 흩어지는 비운을 맞게 되었다. 관도의 대전에서 원소가 대패하고, 원소의 명장 안량과 문추를 쓰러뜨린 장수가 관우라는 사실이 알려지자 유비는 원소 곁을 떠나 형주荊州의 유표劉表에게 몸을 의탁했다. 관우도 안량, 문추의 목을 벤 공으로 조조와의 약속을 청산하고 유비를 찾아 가던 중 중간에서 장비를 만나 마침내 세 사람은 오랜만에 재회를 맛보았다.

삼국지 주역의 또 한 사람인 손권孫權은 황건적 토벌에 공이 많은 손견孫堅의 둘째 아들이었다. 손견이 황조黃祖와의 싸움에서 화살에 맞아 죽자 그의 첫째 아들 손책孫策이 17세의 어린 나이로 아버지의 뒤를 이었다. 손책은 남양南陽에 있는 원술을 찾아가 아버지 손견이 거느리던 군사 5천 명을 얻었다. 또 손책과 동갑인 서주 사람 주유周瑜도 재략이 뛰어나 일찍부터 이름을 떨치고 있었는데 이때에 이르러 손책을 따라 군사를 일으켰다. 손책이 동쪽으로 양자강 일대를 공략하자 감히 그의 예봉을 당할 자가 없었다. 백성들은 손책이 나이가 어리고 용감하다는 소문을 듣고 마음을 졸이며 떨었으나 막상 와서 보니 백성들의 재물을 약탈하거나 손해를 끼치지 않고 백성들을 위무하니 모두들 크게 기뻐했다.

손책은 강동江東 지방을 평정하고 조조의 거점인 허창을 공격할 야망에 불타고 있었다. 아직 실력이 미치지 못하여 망설이고 있을 때 앞서 손책이 격파한 예군절강 태수 허공許貢의 부하가 손책을 저격하여 손책은 중상을 입었다. 워낙 중상이어서 회복의 가능성이 없자 손책은 동생 손권을 불러 후사를 손권에게 맡기고 죽으니 그때 손책의 나이 겨우 26세였고 손권은 19세였다.

손권은 나이가 어렸지만 장소張昭 · 주유 · 노숙魯肅 등 구신들이 잘
보좌하였고, 여몽呂蒙 등 재능 있는 인물을 등용하여 더욱 세력을 확
장해 나갔다. 회계會稽 · 오吳 · 단양丹陽 · 예장豫章 · 여강廬江 등의 제군
을 장악하고 양자강 중류에서 절강까지 세력을 뻗쳐 강동 지방에서
요지부동의 대업을 이루었다.

황건적의 난이 일어났던 중평 원년(184)을 기준으로 삼국지 주역들
의 연령을 살펴보면 조조 30세, 유비 24세, 손견 29세, 손권 3세, 제갈
공명 4세였다. 유비와 제갈공명이 만나게 된 것은 유비의 나이 47세,
제갈공명의 나이 27세 때였다. 이들의 만남은 천하를 삼분하는 계기
가 되었다.

조조와 유비

적벽대전

관도의 대전에서 원소를 물리친 후 8년째 되는 건안 13년(208)에 조조는 중국 북부를 완전히 통일하고 공격 목표를 남쪽으로 돌려 형주와 강동을 집어삼킨 다음 전국 통일의 대업을 성취시키려 했다.

때마침 형주의 유표가 죽고 그의 막내아들 유종劉琮이 유표의 뒤를 이은 때였다. 유종은 조조의 백만 대군이 형주를 향해 남하하고 있다는 말을 듣고 겁에 질려 비밀리에 사자를 보내 조조에게 항복했다.

유비가 있는 신야 일대는 조조군과 유종의 군사에게 완전히 협공당한 형세가 됐다. 유종이 조조에게 항복했다는 사실을 알게 되었을 때는 이미 조조군이 가까이 다가와 있었다. 유비는 급히 강릉江陵을 향해 퇴각했다. 강릉은 군사상의 요충지일 뿐만 아니라 병력과 물자의 중요한 보급 기지였다.

유비가 강릉을 향해 퇴각한다는 사실을 들은 조조는 5천의 기병을 거느리고 유비의 뒤를 추격했다. 조조는 주야를 쉬지 않고 300리 길을 하루에 달려 곧바로 장판파(長坂坡, 지금의 호북성 당양현 동북)에 이르러 유비를 공격했다. 유비는 대패하여 지름길을 따라 하구(夏口, 지금의 호북성 한구)로 도망쳤다. 하구에는 유표의 장남 유기劉琦가 주둔하고 있었다. 유기의 병력과 유비의 군사를 합치니 약 2만이 되었다. 유비는 장판파 싸움에서 처자를 버리고 도망치는 곤욕을 치렀다.

조조의 백만 대군이 남하하고 있다는 소식에 접한 강동의 손권은 군사를 시상(柴桑, 강서성 구강시의 서남쪽)에 주둔시킨 채 정세의 변화를 예의 주시했다. 조조군의 남하에 크게 불안감을 느끼고 있었으나 확실한 대책이 없어 우선 노숙을 파견하여 상태를 탐지하도록 했다.

노숙은 북으로 올라가고 유비는 남으로 내려오면서 두 사람은 당양에서 만났다. 노숙이 유비에게 손권과 연합할 것을 제의하자 유비는 제갈공명을 시상에 있는 손권에게 파견해 대책을 세우도록 했다.

공명은 적과 연합군의 정세를 상세히 분석하여 손권에게 설명하고 조조군의 치명적인 약점 그리고 손권과 유비의 연합군이 승리할 수 있는 조건을 지적, 설파함으로써 유비와 연합하여 조조에게 대항한다는 손권의 결의를 확고부동하게 만들었다.

조조와 결전을 벌이기로 방침이 결정되자 손권은 주유를 대도독, 정보程普를 부도독, 노숙을 찬군 교위로 임명하고, 3만의 군사를 주어 유비의 수상 부대와 공동작전으로 조조군과 대전하도록 했다.

이때 적벽(赤壁, 호북성 가어현 양자강 연안)의 강 언덕에 포진하고 있던 조조군의 병사는 모두 북방 출신으로서 남방의 풍토에 맞지 않아 병으로 신음하고 뱃멀미로 고통을 받는 등 사기가 떨어져 가고 있었다.

이 때문에 조조군은 전선을 모두 쇠고리로 연결하여 한덩이로 만들고 그 위에 널빤지를 깔아 연환선連環船을 만들어 배가 움직이지 않도록 했다. 주유의 부장 황개黃蓋가 주유에게 계책을 올렸다.

"조조군은 전선을 연결해 배의 머리와 꼬리가 맞닿아 그 진퇴가 자유롭지 못하니 화공火攻으로 일거에 격파할 수 있다고 생각합니다."

주유는 황개의 계책을 받아들여 우선 몽충蒙衝, 투함鬪艦 10척에 마른 섶과 갈대를 가득 싣고 기름을 부은 다음 외부에서 보이지 않게 포장으로 덮고 그 위에 기를 꽂았다. 그리고 그 후미에는 쾌속선이 따르게 했다.

준비가 완료되자 황개는 우선 조조에게 거짓으로 항복하겠다는 내용의 글을 보냈다. 항복하러 가겠다는 날짜와 시간에 황개는 맨 앞에서 전선들을 이끌었다. 강 중간 지점에 이르자 일제히 돛을 달고 쏜살같이 앞으로 나아갔다.

조조의 수군 진영까지의 거리가 약 1킬로미터 정도 되는 지점에 접근했을 무렵 황개는 재빨리 신호를 올려 각 배에 가득 실은 섶과 갈대에 일제히 불을 질렀다. 때마침 세찬 동남풍이 불어대자 황개의 선단은 맹렬한 불꽃을 튀기면서 쏜살같이 조조의 함대로 돌진했다. 쇠고리에 꼼짝 못하게 연결해 놓은 조조의 함대는 도망치려 해도 움직일 수가 없었다. 삽시간에 불길에 싸여 강 언덕의 석벽까지도 온통 붉게 물들이며 천지가 불바다로 변했다. 조조군은 물에 빠져 죽는 자, 불에 타죽는 자가 그 수를 헤아릴 수 없었다. 적벽 일대는 아비규환의 생지옥으로 변해 버렸다. 이 틈을 타 주유의 부장들이 정예 기병을 거느리고 마구 무찔러대니 진군의 북소리는 천지를 진동했고 조조군의 목은 추풍낙엽처럼 떨어져 나갔다. 조조도 겨우 목숨을 보전하여 허창으로 도망쳤다.

이것이 역사상 유명한 '적벽대전'이며, 삼국이 정립鼎立하는 계기가 되었다.

적벽

관우의 죽음

형주를 지키고 있던 촉한의 관우는 동쪽의 손권과 북쪽의 조조를 호시탐탐 노리고 있었다. 촉의 형주 경영의 중심지는 강릉江陵에 있었고, 유비와 손권의 타협으로 나뉜 오나라 측의 형주 경영 중심지는 육구陸口였다. 이때 육구에는 오나라 명장 여몽呂蒙이 버티고 있었다.

관우는 동쪽의 육구와 맞닿아 있으면서도 조조가 있는 북쪽 중원도 노리고 있었다. 조조 세력의 남방 전선 기지는 번성樊城에 있었다. 번성은 조조의 장군 조인曹仁이 지키고 있었다. 관우는 번성을 공략하기 위해 강릉에서 북상했다. 그러나 강릉에 있는 군사를 전원 동원할 수는 없었다. 그것은 손권의 명장 여몽이 육구에서 버티고 있어 강릉의 허점을 노릴 염려가 있었기 때문이었다. 그래서 어느 정도의 병력은 강릉에 남겨 놓고 북상했다. 번성만 함락하면 조조의 중원이 바로 눈앞에 있었기 때문에 관우는 항시 이곳을 노렸다.

형주의 북부 지방을 거의 지배하고 오직 번성 하나만 남겨 놓았던 관우는 강릉으로부터 북상하여 번성의 전초 기지 양양(襄陽, 호북성)을 탈취했다. 조조도 관우의 움직임에 위기감을 느꼈다. 일찍이 자신의 포로였지만 손님으로 대접했던 관우의 실력을 잘 알고 있는 조조는 허창에 있는 도읍을 다른 곳으로 옮기고 관우의 예봉을 피하고자 막료들과 의논했다. 그러자 사마의司馬懿가 진언했다.

"유비와 손권은 외면상으로는 화해한 듯 보이나 속마음은 견원지간이나 다름 없습니다. 손권에게 사람을 보내 관우의 배후를 습격하게 하십시오."

조조는 사마의의 계책에 따랐다. 이때가 건안 24년(219)으로 손권과 조조는 2년 전에 화친을 맺은 일이 있었다. 당시 손권 쪽에서도 여몽이 관우를 공략할 것을 제의했다. 조조와 손권이 모두 관우의 맹렬한 위엄에 위기의식을 느껴 마침내 군사 동맹을 체결한 것이다.

관우가 번성 공격에 한창 열을 올리고 있을 무렵 육구에 있는 오나라 사령관이 교체됐다. 여몽이 사임하고 육손陸遜이라는 무명 인물이 사령관이 됐다. 여몽은 진작부터 지병으로 건강이 좋지 않다는 소문이 파다했다. 이 소식을 들은 관우는 오나라 군사 따위는 두려워할 것이 없다고 생각했다. 여몽이 두려워 강릉에 꽤 많은 군대를 남겨 놓았던 것인데 육손은 이름조차 들어본 적이 없는 인물이었기에 안심했다.

여몽의 건강은 확실히 좋지 않았으나 육손의 임명은 관우를 안심시키기 위한 작전상 후퇴였다. 목구멍에서 손이 나올 정도로 병력이 필요했던 관우는 마침내 강릉에 남겨 두었던 군대에게 북상 명령을 내렸다. 그러자 사임한 줄로 알았던 여몽이 오나라 대장으로서 장강에 그 모습을 나타내어 텅 빈 강릉을 힘들이지 않고 점령했다. 오나라로서는 사전에 계획한 일이었기 때문에 눈 깜짝할 사이에 끝났다.

번성을 공략하던 관우는 강릉에서 원군이 도착하자 용기백배하여 조인을 맹렬히 공격했다. 번성이 함락 일보 직전의 위기에 몰렸을 무렵, 조조는 손권으로부터 받은 군사 동맹 요구서를 복사하여 강한 화살에 매어 쏘아 보냈다. 함락 직전의 위기에서 사기가 떨어져 있던 조인군은 이 글을 보자 금세 뛸 듯이 힘이 솟구쳤다. 반면 관우는 비록 손권이 조조와 군사 동맹을 맺었다 하더라도 여몽이 없는 오나라 군사는 별 것이 아니라고 생각하고 있었다. 그러나 관우의 생각과는 달리 비참한 보고가 들어왔다.

"강릉이 함락되었으며 적의 사령관은 여몽이라 합니다."

관우는 여몽의 계책에 완전히 속아 넘어간 것이다. 관우군은 갑자기 사기가 떨어져 퇴각하여 당양의 맥성麥城으로 들어갔다. 지금까지 번성을 공략하고 있던 관우군은 이제 공격을 당하게 됐다. 그런 데다 오군의 사령관은 관우가 가장 꺼려 하는 여몽이고 부사령관은 손권의 사촌 동생 손호孫皓였다.

관우는 맥성을 탈출해 위험 지역을 벗어나려 했으나, 손권의 군사에게 퇴로를 차단당해 마침내 체포되었다.

관우는 양아들 관평과 함께 참수됐고, 관우의 머리는 낙양에 보내졌다. 이때가 건안 24년(219) 12월이었다. 관우의 목을 벤 손권의 군사는 형주를 무난히 차지했다.

이듬해 정월 조조는 낙양에 이르러 손권이 보내 온 관우의 머리를 확인했다. 그러나 공교롭게도 조조는 그 달 경자일에 향년 66세로 세상을 떠났다.

관우의 묘

삼국의 정립

촉한 · 위 · 오 3국 중 어느 나라를 정통正統으로 인정하느냐 하는 문제에 대하여는 학자들의 의견이 엇갈린다.

위나라를 정통으로 보는 학자는 《삼국지》의 저자 진晉의 진수陳壽, 《십팔사략十八史略》의 저자 원元의 증선지曾先之, 《자치통감》의 저자 송宋의 사마광司馬光 등이고, 촉한을 정통으로 보는 학자는 《통감강목通鑑綱目》의 저자 송宋의 주희朱熹, 《십팔사략》의 편저자 명대明代의 유염劉剡 등이다.

정통이란 후한의 뒤를 이을 바른 계통이 어느 나라인가를 말하는 것이다. 이 책에서는 주희의 《통감강목》의 취지에 따라 촉한의 유비를 정통으로 보아 서술했음을 밝혀 둔다.

위나라 조비가 제위에 오른 이듬해 '위의 조비가 헌제를 시해했다'는 소문이 나돌았다. 한중왕 유비는 천자의 죽음을 온 나라 안에 발표하고 유비 자신도 상복을 입고 헌제에게 효민 황제孝愍皇帝라는 시호를 올렸다. 그해(221) 여름 유비는 성도에서 황제의 위에 올랐다. 나라 이름을 촉한蜀漢, 연호를 장무章武로 정하고 전국에 대사령을 내렸다. 헌제는 조비에게 제위를 물려준 후 산양공山陽公에 봉해져 조비보다 훨씬 오래 살았다는 설도 있다.

제갈공명을 승상, 허정許靖을 사도(교육 담당)에 임명하고, 부인 오씨(吳氏. 손권의 누이)를 황후로, 아들 유선劉禪을 황태자로 세웠다.

유비는 관우의 전사를 치욕적인 것으로 생각하여 일대 복수전을 계획하고 있었다. 제갈공명은 오나라와 화친을 맺고 북쪽 위나라와 싸워 천하통일의 대업을 이룩해야 할 때라고 누차 설득했다. 그렇게 제갈공명의 말이라면 잘 듣던 유비였건만 이 일만은 제갈공명의 설득도 효력이 없었다.

제갈공명도 그 이상 만류할 수가 없었다. 유비는 일찍이 형제의 의를 맺은 장비에게도 동원령을 내렸다. 장비는 이를 갈며 복수전 준비를 서둘렀으나 출병에 앞서 불행히도 그의 부하에게 살해당했다. 유비는 이 비보를 듣고 크게 비통해했다.

7월에 유비는 직접 장수가 되어 오나라 공격에 나섰다. 그는 무협巫峽에서 이릉夷陵에 이르기까지 수십 개의 진영을 세워 오나라 군사와 대치했다. 6개월간의 대전 끝에 오나라의 총사령관 육손은 40여 개의 유비 진영을 격파하며 큰 타격을 주었다. 유비는 대패하여 밤에 백제성白帝城으로 후퇴했다.

위주魏主 조비는 오나라의 손권이 항복하여 봉작을 받고 인질을 보내기로 한 약속을 지키지 않은 데 분개하여 오나라를 쳤다. 그러나 이미 유비를 격퇴시킨 오나라로선 위나라의 힘을 빌릴 필요가 없었다. 오나라 손권도 왕이라 칭하고 나라 이름을 오나라라 정했다. 그는 장강의 요새를 이용하여 위나라의 공격을 막아 지켰다. 앞서 손권은 유비가 관우의 설욕전을 위해 대대적인 공격을 감행하자 위나라에 구원을 요청하기 위하여 위주 조비에게 항복하고 인질을 보내겠다고 약속했다.

유비가 오나라 육손에게 대패하여 백제성으로 도망친 것은 장무 2년(222) 6월의 일이고 이듬해 4월 63세로 일생을 마쳤다. 태자 유선이 그 뒤를 이어 제위에 올랐다.

관우도 죽고 장비도 이미 죽은 촉한의 운명은 이제 모두 제갈공명의 두 어깨에 매달리게 되었다.

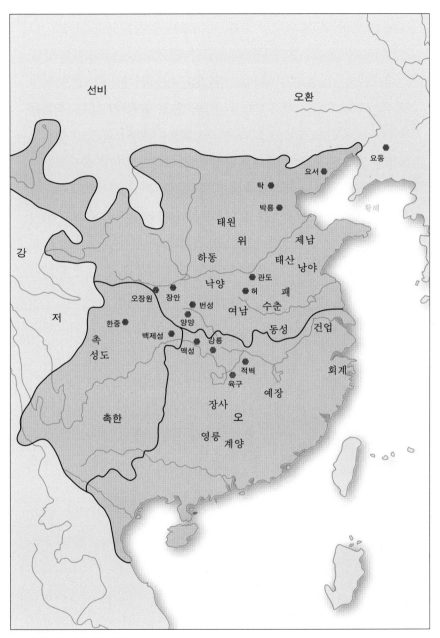

선비

오환

요동

요서

탁

박릉

황해

태원

위

제남

하동

태산

낭야

낙양 관도

장안 허 패

오장원 번성 여남 수춘

한중 양양 동성 건업

촉 백제성 강릉

성도 맥성

적벽 회계

육구

장사 예장

촉한 오

영릉 계양

강

저

촉한 · 위 · 오의 삼국 정립

제갈공명의 죽음

제갈공명은 오나라와 화친을 맺은 후 북벌군을 출동시켜 천하통일의 대업을 이룩하려 했다. 그러나 이때 운남 지방에서 만족蠻族의 추장 맹획孟獲이 반란을 일으켰다. 이에 공명은 먼저 남방을 평정한 후 북벌할 계획을 세웠다. 맹획은 용맹이 뛰어나 그 지방의 한인들까지도 두려워하는 인물이었다.

225년 봄 제갈공명은 마침내 남정南征 길에 올랐다. 일곱 차례의 전투 끝에 맹획은 그들의 풍습에 따라 한쪽 웃통을 벗어부친 채 무릎을 꿇고 항복했다. 이렇게 해서 운남 지방이 평정됐다.

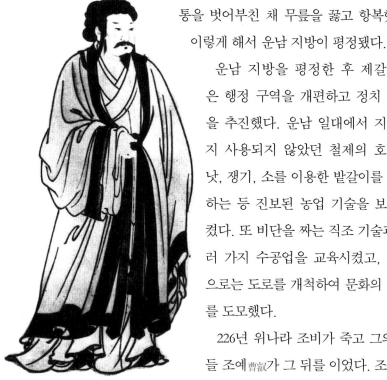

제갈공명

운남 지방을 평정한 후 제갈공명은 행정 구역을 개편하고 정치 개혁을 추진했다. 운남 일대에서 지금까지 사용되지 않았던 철제의 호미와 낫, 쟁기, 소를 이용한 밭갈이를 도입하는 등 진보된 농업 기술을 보급시켰다. 또 비단을 짜는 직조 기술과 여러 가지 수공업을 교육시켰고, 한편으로는 도로를 개척하여 문화의 교류를 도모했다.

226년 위나라 조비가 죽고 그의 아들 조예曹叡가 그 뒤를 이었다. 조비가 죽은 이듬해인 건흥 5년(227) 제갈공명은 전군을 이끌고 북쪽 위나라 토벌에 나섰다. 위나라에서는 촉한의 황제 유비가 죽은 후 수년 동안 아무런 충돌이 없었기 때문에 촉한에 대한 방비가 소홀했다.

위나라에서는 장군 사마의를 총사령관에 임명, 전군을 통솔하여 촉한군을 방어하도록 했다. 공명은 위나라 군사를 일단 대파하였으나 군량이 다하였기 때문에 일시 퇴각하였다.

다시 힘을 길러 3년 후에 10만의 군사를 동원하여 위나라를 공략하고 위수 남쪽에 진지를 구축하였다. 그러던 어느 날 밤 붉고 긴 꼬리를 그으면서 큰 별이 오장원五丈原의 진중에 떨어졌다. 잠시 후 제갈공명은 54세를 일기로 영면했다. 양의楊儀와 강유姜維가 촉한의 군대를 정비하여 철수 작전을 지휘했다.

공명이 죽었다는 정보가 사마의에게 전해지자 사마의는 즉시 추격전을 벌였다. 사마의의 군사가 점점 가까이 추격해 오자 강유는 양의에게 깃발의 방향을 돌리게 하고 진군의 북을 둥둥 울리며 당장 사마의를 향하여 싸울 듯한 태세를 취하도록 했다. 그러자 사마의는 제갈공명이 죽었다는 정보가 혹시 거짓인가 의심하여 추격을 멈추고 돌아갔다.

이 소문을 들은 백성들은 사마의를 비웃었다.

"죽은 공명이 산 사마의를 도망치게 했다."

공명은 227년부터 234년까지 7년 동안 6회에 걸쳐 북벌을 감행했다 하여 육출기산六出祈山이라는 말이 남아 있다. 기산은 지금의 감숙성 예현 동쪽 기산보祈山堡를 가리킨다. 이곳에는 삼국 시대에 쌓아 놓은 성터가 지금까지 남아 있어 당시의 격전을 대변해 주고 있다.

서진 시대

　호족 출신 사마의는 조조 이래 위나라에 벼슬하여 249년에는 승상이 되고 이후 그의 아들 사마사, 사마소 등이 사실상 위나라의 정권을 장악하였다. 사마소는 촉한을 토벌한 공로로 진왕晋王이 되었으며 그의 아들 사마염은 265년 위나라로부터 선양을 받아 서진왕조를 세웠다.

　무제 사마염은 귀족의 특권을 옹호하고 정치를 안정시켜 나갔다. 즉위 초에는 검소한 생활로 모범을 보였으나, 점점 사치와 방탕에 빠지자 귀족들도 다투어 마치 경쟁이라도 벌이듯 사치와 부를 과시하였다. 특히 천하의 부호 석숭과 왕개의 사치 싸움은 당시의 부패상을 여실히 드러냈다. 무제가 죽고 혜제가 즉위하자 국정은 점점 문란해지고 제실의 울타리로서 강력한 군사력을 장악하고 있던 왕들이 난을 일으켰는데 이것이 역사상 팔왕의 난이다. 팔왕의 난은 무제의 황후 양씨 일족과 혜제의 황후 가씨 일족들의 권력 다툼에서 비롯되었다. 이를 계기로 여남왕, 초왕, 조왕, 제왕, 장사왕, 성도왕, 하간왕, 동해왕의 팔왕이 16년에 걸쳐 싸움을 벌여 마침내는 영가의 난이 일어났다.

진 무제

결국 팔왕의 난이 영가의 난을 부르고, 영가의 난이 서진을 멸망시키는 결과를 가져와 중국 북부에서 오호십육국 시대의 막이 열리게 되었다.

팔왕의 난이 일어나자 당시 중국 내륙에 많은 이주민을 보내고 있던 유목민족이 무력 침략을 시작하였다. 산서 지방의 남흉노의 수장 유연이 자립하여 황제라 칭하고 북한을 세웠다. 그의 아들 유총이 311년 낙양을 함락하고 영가의 난을 계기로 서진의 회제를 사로잡았다. 이어 장안에서 즉위했던 민제도 316년 북한의 유요에게 사로잡힘으로써 서진은 52년 만에 멸망하였다.

이보다 앞서 팔왕의 난이 한창일 때 왕실의 일족인 사마예는 건업(남경)에 주둔하고 있었는데 왕도 등 중원의 호족과 토착 호족들의 추대를 받아 317년 동진을 세움으로써 중국 북부의 오호십육국과 남북으로 대치하는 남북 분열의 시대가 열렸다.

동진 · 오호십육국 시대

서진이 316년에 멸망하자 서진의 일족인 사마예는 317년 건업을 건강으로 개명하고 이곳을 수도로 정해 동진을 세웠다. 사마예는 동진의 관중이라 불리는 왕도의 도움으로 강남 지방 호족들을 복종시켜 동진의 기반을 튼튼히 해 나갔다.

동진 정권이 수립된 후 6년째에 동진의 중신 왕돈이 형주에서 군사를 일으켜 건강을 함락하고 반대파 중신들을 죽이거나 추방하였다. 동진의 황제 사마예는 왕돈의 반란에 심한 분노를 느껴 발병하여 죽고 그 후 왕돈의 난은 평정되었다.

동진 정권은 북방에서 내려온 호족 왕씨와 강남 지방의 호족 세력이 2대 지주를 이루었는데 약 100년 동안은 왕씨 일족과 그 뒤를 이은 유씨庾氏, 사씨謝氏, 환씨桓氏 등이 조정의 실권을 장악하였다.

동진은 끝내 중국 북부를 수복하지는 못하였으나 383년에는 비수肥水의 대전에서 전진왕前秦王 부견의 대군을 격파함으로써 양자강 이남의 땅을 확보하였다. 그러나 동진은 말기에 이르러 남조 송宋을 세운 유유劉裕에게 멸망당하였다.

한편 동진 왕조와 때를 같이 하여 중국 북부에서는 흉노匈奴·선비鮮卑·갈羯·저氐·강羌 등 다섯 이민족五胡이 약 130년간에 걸쳐 중국 북부에 16개의 왕조를 세웠다. 이를 오호십육국이라 부른다.

이들 이민족은 일찍이 후한 말·삼국 시대에 이미 중국 북부에 이주하여 한민족과 섞여 살았다. 서진 왕조의 통제력이 약화되어 304년

동진의 묘실 벽화

남흉노의 수장 유연이 산서에서 독립하고 316년 그의 아들 유총이 서진 왕조를 멸망시켜 중국 북부가 분열 상태에 놓이자 오호십육국 각지에 할거하게 되었다.

그동안 전진이 중국 북부를 한때 통일하였으나 비수의 대전에서 동진에게 패함으로써 통일의 꿈이 와해되었다. 다음으로 선비족의 척발씨가 세운 북위가 점점 강력해져 주위의 여러 나라를 정복하고 439년 다시 중국 북부를 통일함으로써 오호십육국 시대에 종지부를 찍었다. 중국 북부는 북위가 통일하고 중국 남부는 송의 유유가 통일함으로써 남북조 시대가 열리게 되었다.

남북조 시대

남조는 동진 왕조에 이어 강남 지방에 세워졌던 송(宋, 420~479), 제(齊, 479~502), 양(梁, 502~557), 진(陳, 557~589)의 4개 왕조를 말하고, 북조는 오호십육국의 혼란을 통일한(439) 북위(北魏, 386~534)를 비롯하여 동위(東魏, 534~550), 서위(西魏, 535~556), 북제(北齊, 550~577), 북주(北周, 556~581)의 다섯 왕조를 가리킨다.

연대적으로는 북위가 북부 중국을 통일한 439년부터 남조의 진이 수나라에 멸망되어 남북조로 갈라졌던 중국이 통일된 589년까지의 약 150년간을 가리킨다. 이 시대의 특징은 왕조의 교체가 빈번하여 사회 혼란이 극심하였다는 점이다.

남조의 지배 계급은 북부 중국에서 이주해 온 귀족들로 전통 있는 문화 보호에 힘을 기울였고, 북조의 지배 계급은 강력한 무력을 바탕으로 한민족을 억압하는 정책을 폈다.

남조에서는 문학·예술이 크게 발달한 데 비하여 북조에서는 한문화의 섭취에 힘썼으나 특별히 발전된 것은 없었다.

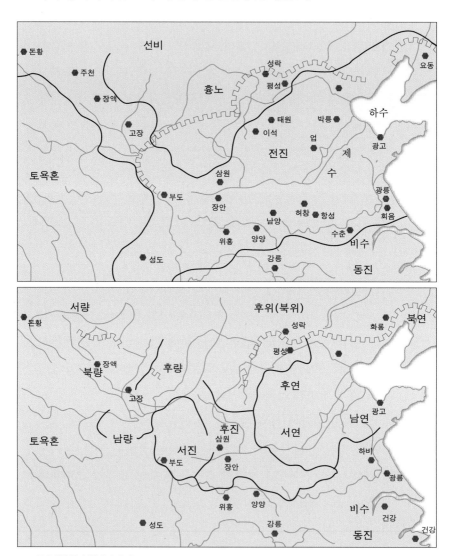

오호십육국의 형세와 흥망

남북조 모두 불교가 융성했다는 사실은 중국 역사상 주목할 만한 일이다. 특히 남조의 양무제는 즉위 초에는 명군으로서 백성들을 위한 정치를 폈으며 남조 시대 불교를 공전의 전성시대로 만들어 '황제 보살'로 불리기도 하였으나 만년에 이르러서는 부정부패를 막지 못해 자신은 물론 국가까지 멸망시키는 결과를 가져왔다.

　이 시대에는 중국 문화의 중심이 황하 유역으로부터 강남 지방(양자강 유역)으로 옮겨져 화려하고 정교한 육조 문화를 이룩하였다. 문학에는 전원시의 창시자이며 〈귀거래사〉, 〈도화원기〉로 유명한 도연명, 서예에는 서성 왕희지, 회화에는 화성 고개지 등의 명인이 배출되어 찬란한 문화의 꽃을 피웠다.

7장

수나라 시대

수나라 시대

수왕조의 창립자 문제는 그때까지의 악정을 과감히 개혁하고 정치에 정진하는 한편 북쪽으로 호족들을 물리치고 남쪽으로 남조 최후의 진陳 왕조를 멸망시켜 400년 동안 이어져 온 대분열의 시대에 종지부를 찍고 천하통일의 대업을 이룩했다.

문제는 정치적으로 유능한 군주로서 강력한 중앙집권제의 확립과 지방 행정의 간소화를 실시하고 군사 제도의 개혁을 단행하여 병농일치제를 실시했다. 경제면에서는 요역의 경감과 세금을 감소시킴으로써 국가가 안정되고 경제가 번영하여 역사상 선정으로 일컬어지는 '개황의 치'를 이룩했다. 문제가 병상에 눕자 황태자 양광이 문제를 시해하고 수나라 2대 황제가 되니 이 이가 악명을 떨친 수의 양제이다.

양제는 동도 건설과 대운하 개설 공사를 시작했는데 역사상 위대한 사업을 성취시켰지만 백성들은 막대한 희생을 치렀다. 또한 세 차례에 걸친 고구려 원정의 실패는 급기야 각 지방에서 반란이 일어나는 계기가 됐다. 각지에서 호족과 유민들이 반란을 일으키고 군웅이 할거하는 가운데 양현감楊玄感, 이밀李密, 이연李淵 등이 군사를 일으켰다. 618년 양제는 강도에서 친위군에게 살해되고 그의 손자 공제恭帝가 낙양에서 자립했으나 619년 반란 세력인 왕세충王世充에게 제위를 빼앗겼다.

한편 장안을 함락한 이연은 공제의 아우를 황제로 옹립했다가 그로부터 선양을 받아 제위에 오르고 나라 이름을 당唐이라 하니 수나라는 겨우 3대 39년 만에 멸망했다.

문제의 치적

수나라를 창건한 문제 양견은 지금까지의 악정에 단호한 개혁 조치를 취하는 등 정치에 정진함으로써 유능한 군주로서의 재질을 발휘했다. 그는 먼저 강력한 중앙집권 체제를 확립함과 아울러 지방 행정의 간소화를 단행했다. 또한 군사 제도의 개혁을 단행하여 병농 일치兵農一致의 원칙을 마련했다.

관리의 임용에 있어서도 지방의 호족이 관리 후보자를 중앙에 추천하던 지금까지의 제도를 지양하고 학과 시험을 치러 선발하는 방법으로 전환했다. 이 방법은 그 후 단계적으로 정비되어 과거 제도의 효시가 되었다. 이에 따라 중소 지주 계층도 정치에 참여하는 기회가 주어져 지배층의 저변이 확대되는 결과를 가져왔다.

경제면에서는 부역의 경감, 세금의 감소와 농상農桑 장려 정책을 취함으로써 생산력 향상과 국력 신장에 기여했다.

문제는 생산의 발전을 중시함과 아울러 절약을 강조했다. 먼저 문제 자신이 솔선하여 검소한 생활을 하고 궁중에서 사용하는 물건도 수리 가능한 것은 수리해서 쓰고 황후의 복장도 사치를 금하여 유행에 따른 새로운 디자인의 옷을 금했다. 관리와 귀족들도 검약을 자랑으로 삼고 금과 옥으로 화려하게 꾸미는 것을 수치스럽게 생각하는 풍토를 조성하는 데 힘썼다. 검약을 중시하는 수나라 초기의 사회 기풍은 이렇게 하여 점점 형성되어 갔다.

문제는 관리의 비행 사실에 대하여는 항시 엄벌주의를 택하여 때로는 너무 지나치다고 생각할 정도로 단호한 조처를 취했으나 민생 문제에 대하여는 특별히 배려했다.

이러한 문제의 선정이 20여 년간 계속되자 사회가 안정되고 경제가 번영하여 서민의 생활도 풍족해져 태평성대의 분위기가 넘쳐 흘렀다. 사회가 안정되고 경제가 번영함에 따라 인구도 급격히 증가했다. 수나라 초기에는 북조에 약 360만 호, 남조에 약 50여만 호로 도합 400여만 호에 지나지 않았으나 20년 후에는 전국의 호수가 890여만 호, 인구가 4,600여만 명에 이르렀다.

역사가들은 개황기(開皇期, 문제 때의 연호)의 번영은 전한 초기의 '문경지치' 이후 처음 있는 번영이라 기록하고 문제에게 찬사를 보냈다.

수나라 전성기의 중국 판도는 동으로는 서해, 서로는 신강, 남으로는 운남·광둥, 북으로는 대사막 지대에 이르러 동서 약 4,600킬로미터 남북 약 7,400여 킬로미터의 광대한 지역에 미치고 있었다.

동도의 건설과 운하의 개설

문제의 뒤를 이어 수나라 2대 황제가 된 양광이 바로 중국 역사상 악명을 떨친 폭군 양제(569~618)다. 양제는 즉위하던 해인 대업 원년(605) 장안에서 낙양(동도)으로 천도하기로 결정했다.

동도 건설이라는 대규모 사업이 당시의 유명한 기술자 우문개宇文愷의 지휘 아래 시작됐다. 그해 3월에 공사에 착수하여 이듬해 1월에 완성되었는데 그 사이 매월 약 200만 명의 인부가 동원됐다.

공사에 동원된 농민들은 고향을 떠나 낙수의 양안兩岸에서 동도의 건설을 위해 피와 땀을 흘려야 했다.

대규모의 웅대한 궁전을 짓기 위하여 멀리 장강 이남의 좋은 목재를 벌채하여 운반해 왔는데, 한 개의 목재를 운반하는 데 2천 명의 인부가 필요했다 하니 난공사 중의 난공사였음을 미루어 짐작할 수 있다. 낙양성의 웅대하고 화려한 궁전을 더욱 화사하게 꾸미기 위하여 조경 공사가 벌어졌다. 장강에서 오령五嶺에 이르는 광대한 지역에 산재해 있는 진기한 나무와 돌, 기화요초, 진조기수珍鳥奇獸 등이 모두 수집되어 일대 장관을 이루었다.

이 궁전의 유적은 현재 하남성 낙양시 서쪽에 위치해 있는데 고고학자의 실지 조사에 의해 외성外城의 둘레가 20여 킬로미터에 이른다는 사실이 밝혀졌으며 지금까지도 성문과 상수도의 흔적이 뚜렷이 남아 있다고 한다.

궁전의 건축 공사와 운하의 굴착 사업은 같이 시작됐다. 운하의 굴착이라 하지만 전혀 새로운 수로水路를 굴착하는 것이 아니고 지금까지 있었던 자연 하천을 연결하는 공사였다.

운하

북쪽의 북경, 천진에서 남쪽 항주杭州에 이르는 중국 동부 지역에는 해하海河 · 황하 · 회하 · 장강 · 전당강의 5대 강이 흐르고 있으며 각 강의 지류는 그다지 멀지 않은 작은 물줄기들로 이루어져 이들 작은 물줄기를 연결시키고 강 밑을 파내면 운하가 되는 것이었다. 통제거通濟渠의 예를 들면 낙양 서원西苑에서 곡수와 낙수를 끌어들여 황하에 흐르게 하고 황하의 물을 끌어들여 변수에 흐르게 하고 변수를 끌어들여 쇄수洒水에 흐르게 하여 회수에 연결시키는 공사였다. 이 공사를 위하여 수많은 백성들이 징발되어 간구刊溝를 깊게 파 운하를 만들고 이 간구를 장강에 연결했다. 그리고 이 운하 곁에는 길을 만들어 버드나무로 가로수를 심고 낙양에서 강도에 이르는 사이사이에 40여 개의 이궁離宮을 만들었다.

물론 운하의 굴착은 수왕조의 지배를 강화하고 황제의 향락 욕망을 충족시키기 위한 것이었으나 남북간 경제 교류 문제라는 관점에서는 역사적 과업이라 할 수 있다.

진한秦漢 시대에는 전국 경제의 중심지가 중원 지방이었으나 후한 이래 남북이 분열되면서 중원에 거주하던 사람의 남방 이주가 시작되어 장강 이남의 지역에서도 점차 개발이 촉진됐다. 수나라 때에 이르러서는 경제의 중심이 남방으로 옮겨져 있었다. 수나라를 이은 당나라 때는 '조세 수입의 9할을 강남이 차지했다'고 할 정도로 강남 지방이 경제적 중심지로 부상했다.

따라서 수나라가 중국 통일을 이룩함으로써 남북 간의 경제 교류는 이미 대세가 지향하는 필연적 사실로 대두되었고 지금까지 해 오던 수레나 우마를 이용한 물자 교류 방법으로는 수요 공급을 원활하게 할 수 없는 형편이었다. 따라서 수나라로선 남북을 연결하는 수로가 절대 필요했으며 결국 운하의 공사는 이 같은 시대적 요청에 부응하여 현실화된 것이라 하겠다.

수양제의 폭정

탐학하기 이를 데 없는 폭군 양제는 중원의 수많은 백성들을 희생시킨 것만으로는 직성이 풀리지 않았다. 다음으로 변경 지대의 이민족에게도 국위를 과시하려 했다.

대업 3년(607) 양제는 친히 갑주甲胄를 갖추고 50만 명의 군대와 1만 필의 말을 거느리고 만리장성 이북 지역의 순행에 나섰다. 출발에 앞서 양제는 기술자 우문개에게 관풍행전觀風行殿과 육합성六合城을 만들게 했다.

관풍행전은 수백 명을 수용할 수 있는 거대한 이동식 궁전으로 수레가 달려 있어 자유롭게 이동할 수 있었다. 세계 최고最古의 이동식 가옥이라 할 수 있을 것이다.

육합성도 조립이 가능한 성으로 둘레만 4킬로미터였다. 널빤지로 만들어지고 겉면은 휘장으로 장식되어 있었는데 갖가지 회화도 그려져 있고 기도 세워져 있었다. 무장을 갖춘 병사들이 창과 칼을 들고 성벽 위를 돌아다니며 경비의 임무를 수행했다 하니 이것 또한 고대 최대의 이동식 건축물이라 할 수 있다.

어쨌든 하룻밤 사이에 초원 위에 거창한 성과 성안에는 궁전이 세워지니 변경 지대 이민족의 돌궐 극한突厥可汗과 우두머리들은 멀리서 이 정경을 바라보고는 크게 두려워했다.

"이것은 천신의 조화가 아니고는 도저히 불가능한 일이다."

그들은 성에서 5킬로미터쯤 떨어진 곳에 이르자 말에서 내려 땅 위에 꿇어앉은 채 앞으로 나오면서 앞다투어 소, 낙타, 양 등의 공물을 바쳤다. 이에 양제는 그들에게 많은 금과 비단을 내리고 후대했다.

이때 양제의 측근이었던 고경, 하약필 등이 은밀히 양제의 처사를 비난했다.

"이번의 순행 행차는 사치가 지나칠 뿐 아니라 돌궐족에게도 지나친 대우를 하는 것 같다."

이 사실을 안 양제는 조정의 정사를 비방한다 하여 두 사람을 죽여버렸다.

이듬해에 서역의 사절단과 대상隊商들이 수나라에는 무진장의 금은보화가 있다는 소문을 듣고 수나라를 동경하여 낙양으로 몰려들었다. 양제는 이들에게 수나라의 국력과 부를 과시하기 위하여 성대한 환영식을 개최하라는 조서를 내리고 궁성 정문 앞 광장에 특설 연극 무대를 설치하도록 했다.

이 야외 극장의 둘레는 8킬로미터에 미치고 반주하는 악사들은 많을 때는 1만 8천 명에 달했다고 한다. 극장을 대낮처럼 밝게 하기 위하여 수많은 등불이

수 양제

불야성을 이루었고, 밤이 샐 무렵까지 노래와 춤의 향연이 계속됐다.

이 '백희百戲'라 일컬어지는 행사는 1월 15일에 개막되어 1개월 동안 공연되었다.

그 사이에 서역 상인들은 거리에 나가 상품을 거래했다. 거리는 깨끗이 정리되어 있었고 상인들은 모두 깨끗한 옷차림에다 채소 상인들까지도 골풀로 짠 깨끗한 돗자리를 깔았다. 서역 상인들이 요리집에 들어가면 요리집 주인은 그들을 따뜻이 대접하고 손님이 술에 취해 기분 좋게 돌아갈 때도 한 푼도 받지 않았다. 이것은 모두 중국의 부를 과시하기 위한 연극이었다. 그러나 서역 상인들도 바보는 아니었다. 어떤 사람은 시장 번화가의 나무에 형형색색으로 장식된 오색 비단을 가리키며 이렇게 물었다.

"수나라에는 비단옷을 입지 못하는 가난한 사람들이 많은데 왜 그들에게 옷을 주지 않고 나무만을 장식하는가?"

이 물음에 시장 사람들은 대답할 말이 없었다.

고구려 원정

대업 8년(612) 1월 양제는 고구려 원정에 나선다. 원정군은 좌우 양 날개와 12군단으로 편성되어 총 병력 1백 13만 8천 명이었다. 원정군은 종대로 줄을 이어 장도에 올랐다. 각 군단 간의 거리는 20킬로미터로 매일 1개 군단씩 순서에 따라 출발했는데 전군이 출발하는 데만 40일이 소요됐다.

고구려의 요동성은 내성內城과 외성外城으로 이루어져 있었다. 수나라 군사의 공격을 예상한 고구려는 외성 안에 있는 절들을 텅 비워 놓고 그 안에 복병을 배치해 놓고 기다리고 있었다.

수나라 군사는 먼저 외성을 공략했다. 궁전과 관청은 모두 내성에 있었으며 외성과 내성은 성벽으로 막혀 있었다. 외성에 들어간 4만 명의 수나라 군사는 닥치는 대로 노략질을 했다. 노략질에 정신이 팔려 질서를 잃은 순간에 고구려의 복병이 일시에 쏟아져 나와 공격을 감행하자 수나라 군사는 어이없이 대패하여 전선을 정박시킨 선착장으로 도망쳤다. 그러나 살아서 도착한 군사는 수천 명에 불과했다.

오직 힘만을 믿고 있던 양제는 단숨에 평양성을 함락해 끝장을 낼 작정이었지만, 고구려의 치고 빠지는 전술에 병사들은 지칠대로 지쳐 있었다.

이때 고구려의 대신 을지문덕이 사자를 보내 제의했다.

"만약 수나라가 군사를 물리면 마땅히 고구려 왕을 받들어 모시고 행재소에 나아가 조회하겠습니다."

이번 수나라의 원정은 고구려 왕이 입조를 거절함으로써 일어난 것이기 때문에 입조를 제의한 이상 수나라로선 전쟁을 계속할 명분이 없는 것이다. 수나라 총사령관 우문술은 이것을 좋은 구실로 삼아 군대를 철수시키기로 결정했다. 수나라 군사가 철수하자 고구려군은 도처에서 퇴각하는 수나라 군사에게 공격을 가하여 큰 타격을 주었다. 특히 살수대전에서는 수나라 군사가 살수를 반쯤 건넜을 때 급습을 당하여 전멸 상태에 빠졌다. 이 싸움에서 수나라 군사는 30만 5천 명 가운데 겨우 2,700명이 목숨을 보전하여 돌아갔다.

양제는 1차 원정의 참패를 설욕하기 위하여 이듬해 대업 9년(613) 재차 고구려 원정을 강행했다. 수나라의 원정군이 순조롭게 공격을 진행하여 고구려에 위협을 가하고 있을 무렵 본국에서 반란이 일어났다는 급보가 날아들었다.

군량의 수송을 담당했던 예부 상서(문교 장관) 양현감(楊玄感)이 수송을 고의적으로 지연시키며 전선에 타격을 주더니 마침내는 반란을 일으킨 것이다. 이와 때를 같이하여 하북, 산동, 하남 등지에서도 농민들의 반란이 불길처럼 타올랐다. 양제는 국내의 반란을 진압하기 위하여 할 수 없이 원정군을 철수시킴으로써 고구려 원정은 사실상 중지되고 말았다.

양현감의 반란으로 제2차 고구려 원정을 중지해야 했던 양제는 이듬해인 대업 10년(614)에 다시 원정군을 편성했다. 수나라 도처에서 반란의 무리들이 고개를 들고 있었지만 양제의 오기는 고구려 원정을 포기할 수가 없었다. 그러나 원정군의 편성은 반란의 무리들을 도와주는 결과가 되었다. 징병을 기피하여 도망친 장정들이 반란군에 가세했기 때문이었다.

요동장성 유적

사실 고구려도 해마다 수나라 군사를 맞이하여 전 국력을 기울여 싸우다 보니 피폐한 것은 마찬가지였다. 양제가 3차 원정에 나서자 고구려에서는 사자를 보내 화해할 것을 청하고 망명해 있던 곡사정을 송환했다. 곡사정은 원래 수나라 병부시랑으로 제2차 고구려 원정군의 수뇌였으나 양현감의 반란 소식을 듣자 그 길로 고구려에 망명했다. 그런데 이 인물은 양현감과 내통한 혐의를 받고 있던 자였다. 적국에 망명한 자국의 장군을 양제가 몹시 증오하고 있는 것은 당연했으며, 그런 인물을 송환한다 하니 양제는 크게 기뻐하여 고구려의 화해 요청을 성의 있는 것으로 받아들였다.

수의 패망

내부의 반란 세력들은 더욱 강대해졌으며, 그중 태원 유수 이연李淵이 남하하여 장안을 급습하고 그곳에 당왕조唐王朝를 세웠다.

수의 양제는 처음 이연을 홍화군弘化郡 유수에 임명했는데 이연은 관대하고 간략한 행정으로 백성들의 신임을 받았다. 양제는 이연의 인상이 범상하지 않을 뿐더러 당시 유행하는 도참설에 '심수深水 황양黃楊을 몰함沒深水沒黃楊'이라는 예언이 있어 이연을 경계하고 미워했다 (심수는 깊은 연못으로 이연의 이름자 '연'이고, 황양의 '양'은 수나라 왕조의 성이므로 '연이 수나라를 멸망시킨다'고 해석하여 이연을 경계하였다).

이연은 양제에게 죽임을 당할까 두려워 술과 여자를 가까이하고 황제의 측근들에게 뇌물을 주는 등 타락한 생활을 가장하여 자신의 재능을 숨겼다.

당시 국내 도처에서는 반란이 일어나 각기 자기 세력을 구축하는 일에 혈안이 되어 있었으나, 이연은 태원 유수로 임명되어 태원(산서 하동)의 일부 병력을 거느리고 있으면서도 천하를 겨냥하려는 야심은 가지지 않고 진양(晉陽, 태원군)의 이궁에서 여자와의 유흥에 빠져 있었다. 이때 잠잠하던 돌궐족이 수나라의 내란을 틈타 국경지대인 마읍을 침범했는데 이 지역은 태원 유수의 관할 지역이었다. 이연은 고군아高君雅를 파견하여 돌궐을 토벌하도록 했으나 격퇴시키지 못하고 도리어 많은 병력을 잃었다. 이 보고를 받은 양제는 사자를 보내 이연을 강도로 연행해 오라는 명령을 내렸다. 강도에서는 엄한 형벌이 기다리고 있음이 분명했다.

이연은 마침내 병사를 모집하여 반란군을 일으켰다(617). 그리고 돌궐에게도 사자를 보내 원병을 요청했다.

이연이 거느리는 20만 명의 군단은 장안성 밑에 도착하여 춘명문 앞 서북쪽에 야영하고 민가에 들어가 숙박하는 것을 엄금했다. 그리고 장안성 안으로 사자를 보내 이번 거사가 반란이 아니고 왕실을 바로잡기 위한 뜻임을 전했다. 그러나 성안에서 아무런 반응이 없자 10월 갑진甲辰에 마침내 공격을 개시하여 11월 병진丙辰에 이연의 군사는 장안성을 점령하는 데 성공했다.

장안성에 입성한 이연은 대왕 양유를 천흥전에 맞이하여 즉위식을 올리게 하고 연호도 의령義寧이라 고쳤다. 그리고 강도에 있는 양제를 태상황으로 받들었다.

이연의 이런 조치는 선양을 준비하는 과정이었음은 말할 나위도 없다. 당국공이었던 이연은 당왕이 되고 무덕전에서 황제를 대신하여 정권을 장악했다.

이 무렵 수 양제는 강도의 이궁에서 미녀들에 둘러싸여 유흥에 젖어 있었다. 궁중에 있는 100여 개의 방에 미녀를 한 사람씩 놓아두고 하루에 한 방씩 돌아다니며 노는 향락에 빠졌다. 그러나 양제의 마음은 즐거움보다는 고통이 많았다. 매일처럼 점쟁이에게 하루의 운명을 점치게 하고 술로써 고통을 달랬다. 어느 날은 거울에 비친 자신의 모습을 바라보고 힘없이 웃으면서 혼잣말로 중얼거렸다.

"목이 참 보기 좋게 생겼다마는 누가 이 목을 차지할지 모르겠군!"

양제는 이제 수나라는 끝장이라고 체념하고 있었으며 자신의 목숨도 얼마 남지 않았음을 직감하고 있었다. 양제는 입버릇처럼 독이 든 술을 항시 준비해 두도록 그의 총희들에게 자주 주의를 환기시켰다.

"적군이 밀려오거든 너희들이 먼저 이 술을 마시도록 하라. 그 뒤를 이어 짐도 마시겠노라."

양제의 보기 좋게 생긴 목이 잘릴 날이 서서히 다가오고 있었다. 양제를 호위하는 친위군의 우둔위 장군 우문 화급宇文化及을 수령으로

대공사와 궁중의 부패에 반기를 든 농민의 반란

하는 친위군이 쿠데타를 일으켜 양제를 시해한 것이다. 친위군이 쿠데타를 일으키게 된 주요 원인은 친위군의 대부분이 장안을 중심으로 하는 관중 출신이라는 데 있었다. 이들은 고향을 그리는 향수에 젖어 있었는데도 양제는 장안으로 돌아갈 생각은 하지 않고 그대로 강도에 머무르기로 뜻을 굳힘으로써 친위군의 불만이 커졌다. 그들은 양제를 시해해서라도 고향으로 돌아가겠다는 망향의 일념에 사로잡혀 마침내 쿠데타를 일으켰다.

제 몸을 희생시켜서라도 황제의 신변을 지켜야 할 친위군이 배반하니 양제의 목숨도 이제 경각에 달려 있었다. 양제는 칼날을 번뜩이며 서 있는 친위 장교에게 호통을 쳤다.

"주모자가 어느 놈이냐?"

"온 천하가 똑같이 원망하고 있습니다. 어찌 한 사람에 그치겠습니까."

양제는 마지막으로 "천자에게는 죽는 방법이 따로 있는 법이다. 독약을 마시고 죽게 해 달라."라고 부탁했으나 이마저 거절당했다. 양제는 체념한 듯 자신의 허리띠를 풀어 친위군의 장교에게 건네주고 그의 힘을 빌어 목을 매고 죽어 갔다. 이때가 대업 14년(618) 3월이었다.

수의 양제가 강도에서 시해됐다는 소식이 장안에 전해지자 이연은 그해 5월에 선양의 형식으로 장안에서 황제의 위에 오르고 나라 이름을 당唐, 연호를 무덕武德이라 칭했다.

첫째 아들 건성建成을 태자로 세우고, 둘째 아들 세민을 진왕秦王, 셋째 아들 원길元吉을 제왕齊王으로 삼았다.

이로써 수나라는 3대 37년 만에 멸망했다.

8장

당의 건국과 흥망

당의 건국과 흥망

당의 고조 이연이 수나라를 멸망시키고 낭나라를 세우는 데는 그의 둘째 아들 이세민의 활약이 컸다. 태종 이세민은 제위에 오르자 안으로 중앙집권제를 확립하고 밖으로는 영토를 확장하여 당왕조 300년의 기초를 튼튼히 했다. 또한 균전제를 바탕으로 한 조·용·조의 세제와 부병제의 실시, 과거 제도의 확립으로 사회가 안정되고 경제가 부흥하여 역사상 선정으로 일컬어지는 '정관의 치'를 이룩했다.

제3대 고종의 집권 후부터 고종의 황후 측천 무후가 고종을 대신하여 정권을 전횡하다가 스스로 제위에 올랐다. 그러나 곧 물러나고 당왕조는 다시 회복되었으나 중종의 황후 위씨의 전횡으로 정치는 다시 문란해졌다. 이때 즉위한 현종이 정치를 개혁하여 국력의 충실을 기하자 당왕조는 다시 중흥되어 '개원의 치'를 이룩했다.

그러나 현종은 정치에 싫증을 느끼고 양귀비를 총애하면서부터 간신을 등용했다. 정치는 문란해지고 천하가 크게 어지러워져 급기야 안사安史의 난이 일어났다. 이 안사의 난은 9년간 계속되다가 겨우 진정되었으나, 이 난에 이은 번진 세력의 발호와 이민족의 침입, 환관의 횡포 등은 마침내 875년 황소의 난을 일으키는 결과를 가져왔다.

문화면에서는 중국 고유의 문화가 개화된 시기로 시선 이백과 시성 두보를 비롯하여 산문의 대가 한유, 유종원, 서도의 대가 구양순, 안진경 등이 배출되었다.

당의 창업

수의 양제가 우문 화급에게 시해당하고 당고조 이연이 황제의 위에 올라 당나라를 세우긴 했으나 그때 당나라는 전국을 통일한 것이 아니고 각지에는 아직도 군웅이 할거하고 있었다.

당의 고조 이연은 강력한 반란 세력이었던 왕세충, 두건덕을 평정하고 마지막 반란 조직이었던 고개도를 평정함으로써 천하를 통일하였다. 그러나 통일의 축배를 들기도 전에 후계자 싸움에 휘말려 골치를 앓게 되었다.

당왕조의 창건과 안정에 가장 크게 공헌한 진왕 이세민은 '현무문의 변'으로 황제의 자리를 차지했다. 현무문의 변은 권력을 얻기 위해서 형제간의 살상도 사양치 않는 인물이 실질적으로 대당제국을 쌓아올린, 당나라 역사상 중요한 사건이었다.

정관의 치

당고조 이연의 뒤를 이어 제위에 오른 태종 이세민은 연호를 정관貞觀으로 고쳤다. 태종은 신하들의 충간에 귀를 기울였고, 인재를 등용하는 데 과거科擧 제도를 중시했다.

당왕조 때 369명의 재상 가운데 거의 대부분은 과거 제도에 의해 선발된 인재였고, 중앙과 지방의 관리 가운데에도 과거 출신자가 더 많았다. 이것은 그 후 귀족 · 호족의 문벌과 강대한 세력을 형성하여 중앙집권제를 굳건히 하는 데 크게 기여했다.

태종은 또한 백성들의 생활에 관심을 기울여 부역을 가볍게 했다. 정관 연간의 초기 관중·관동(하남성 함곡관 이동의 땅) 지방은 3년 동안이나 흉년이 들어 백성들은 기아에 허덕이고 딸과 아들을 파는 자가 많았다. 이 같은 백성들의 생활을 불쌍히 여긴 태종은 자연재해로 인한 백성들의 불안이 곧 사회의 혼란을 야기시킨다고 판단하여 국고에 보관 중인 식량을 백성들에게 나누어 주라는 조서를 내렸다.

또 황실 금고의 금은보화를 이재민들이 할 수 없이 팔아 버린 딸이나 아들을 돌려받는 비용에 충당하고 그 딸이나 아들들을 집에까지 데려다 주어 한 집안이 단란하게 생활할 수 있도록 배려했다.

이 밖에도 새로운 부역 제도로서 조·용·조租庸調법을 시행했다. 조租는 구분전口分田에 과하는 세금, 용庸은 사람에 대하여 과하는 노역 의무, 조調는 집에 관한 현물세이다.

물론 새 법령이 농민을 봉건 왕조의 착취나 억압으로부터 완전 해방시키는 것은 아니었지만 수양제의 극심했던 착취나 억압에 비하면 훨씬 부담이 가벼운 것이었다.

수나라 말기 많은 사람들이 고향을 떠났다가 정관 연간에 다시 고향으로 돌아온 사실도 특기할 만한 일이다. 정관 3년(629) 호부戶部의 보고에 의하면 '근자에 이르러 인구가 급격히 증가하여 변경 지대에서 돌아온 자와 새로 귀순해 온 자의 수가 120만 명에 이르렀다.'라고 기록되어 있다.

정관 연간의 정치적 성과는 이 밖에도 여러 방면에 미치고 있어 여기서 일일이 설명할 수는 없지만 법으로써 백성을 다스리고, 법의 집행은 공정을 으뜸으로 하며, 잔혹한 체형을 금지시켰다는 사실을 빼놓을 수 없다. 또 정관 연간에는 절약과 검소를 으뜸으로 하고 사치스러운 생활을 삼가하여 황실에서도 매나 개의 사육을 금했다. 피서용 별궁의 수축을 중지하며 궁녀 3천 명을 귀가시키거나 혹은 결혼시키는 조치를 취했다.

정관 연간의 사회는 과거에 문란했던 도덕·풍기도 안정을 되찾았으므로 이때의 정치를 역사상 '정관의 치'라 일컬어 높이 평가하고

태종이 학문소를 두고 예우했던 열여덟 명의 학사를 그린 〈십팔학사도〉

있다. 물론 이 같은 선정의 뒷면에는 방현령房玄齡 · 두여회杜如晦와 같은 어진 재상과 중신들의 보좌가 있었다.

고구려 원정

정관 18년(644) 태종은 대군을 거느리고 고구려를 친정하기로 결심했다. 당시 고구려에서는 권신 연개소문淵蓋蘇文이 임금 영류왕을 시해한 다음 보장왕을 세우고 백제와 연합하여 신라에 압력을 가하고 있었다. 그러자 신라에서는 당나라에 사신을 보내 원병을 요청해 왔다.

태종은 연개소문의 시역의 죄를 문죄하겠다는 구실을 내세워 고구려 정벌을 결심했다. 정관 19년 낙양을 출발하여 하북에 이르러 전군에게 진군 명령을 내렸다. 태종은 요하를 건너 요동성을 공략, 함락하고 그 옆에 있는 백암성白巖城 또한 함락했다. 여세를 몰아 안시성安市城을 공격하고, 안시성을 구원하러 오는 원군을 중도에서 대파했으나 안시성의 수비는 예상 외로 견고했다. 1년 가까이 계속되는 공방전에서 쌍방 간에 많은 사상자를 냈지만 전쟁은 교착 상태에 빠져들었다. 때마침 겨울이 되어 나뭇가지는 앙상하고 물은 꽁꽁 얼어붙어 당나라 병사들은 추위와 굶주림에 시달려 철수하지 않을 수 없는 궁지에 몰리고 있었다. 태종은 할 수 없이 철수 명령을 내렸다. 철수하는 도중 어떠한 적군보다도 더 무서운 악천후를 만나 많은 사상자를 냈다.

당나라 측 기록에 의하면 이 원정에서 10개의 성과 7만 호를 빼앗고, 3번의 대회전에서 4만 명의 머리를 베었다고 기록하고 있으며 당나라 측 피해는 전사자 3천(자치통감에는 7천), 군마는 10두 가운데 7, 8두를 잃었다고 기록하고 있다. 사실상 당태종의 제1차 고구려 원정은 완전 실패로 끝난 셈이었다.

그 후 고구려에서는 사죄사謝罪使를 보내왔으나 태종은 끝까지 재차 원정의 뜻을 굽히지 않았다. 수년 후에는 다시 30만 명의 원정군을 파견했고, 그 이듬해에도 고구려에 원정군을 보내기로 결정했다. 이 원정군의 군량을 수송하기 위하여 멀리 사천·운남 등 서남 변경 지방의 백성들에게까지 배를 만들도록 명령했다. 지정된 기간까지 배를 납품하기 위하여 집과 전답은 물론 자식들까지 파는 자도 있었고 물가는 치솟고 사회는 크게 혼란했다.

이렇게 서두른 배가 미처 도착하기도 전에 태종은 불로장수를 위해 마신 묘약이 원인이 되어 병을 얻어 얼마 후 죽었다. 그때 태종의 나이 51세였으며 태종의 죽음으로 고구려 원정은 중단되고 말았다.

개원의 치

장안(지금의 서안)은 당왕조의 정치·경제·문화의 중심지였지만 그 전에도 여러 왕조의 수도로서 700여 년간 흥망성쇠의 역사를 지니고 있었다.

그러나 장안이 제일 번창했던 것은 역시 현종玄宗이 황제의 자리에 있던 개원開元 연간과 이에 이어지는 천보天寶 연간의 초기가 아니었나 생각된다. 이 시대야말로 장안에 있어 영광의 시대였다고 할 수 있다. 현종 재위 시대의 중국은 바야흐로 번영을 누린 시기로서 그 인구가 많을 때는 호수가 900만 호에, 인구수 5,300만 명에 달했다고 기록되어 있다.

당시 장안에는 아시아 각국은 말할 것도 없고, 멀리 페르시아, 사라센 등지에서도 많은 외교 사절과 상인들이 몰려왔고 대명궁에 있는 인덕전仁德殿은 이들 외국에서 온 국빈들을 접대하는 연회장으로 각광을 받았다. 이 밖에도 성내 동쪽에는 개원 연간에 세워진 흥경궁興慶宮이 있었다. 이곳은 현종과 양귀비가 거처하던 곳으로 지금은 흥경공원이 되어 시민에게 개방되고 있다.

이들 태극궁太極宮 · 대명궁 · 흥경궁을 당왕조의 삼대 궁전이라 일컫는데 그 주된 건물은 지금까지 남아 있는 북경 고궁의 태화전太和殿과 비교하여 조금도 손색 없는 것이었다.

장안에는 동시東市 · 서시西市라 불리는 2개의 시장이 있어 엄청나게

페르시아에서 전해져 귀족들에게 유행한 격구

많은 상점이 즐비하게 들어서 있었다. 이들 시장에는 220개 업종에 달하는 상인들이 점포를 열었다.

정오에 큰북이 울리면 시장 상점에서는 일제히 영업을 시작했다. 고객이 모여들고 외국인까지 뒤섞여 활발한 거래가 이루어졌다. 이곳에는 국내 각지의 상품은 물론 멀리 실크로드를

통해 들어온 외국 상품도 모여들어 당시 경제의 번영 상을 과시했다. 황실에서도 필요한 물자를 두 시장에서 구해들였다. 해가 서쪽으로 뉘엿뉘엿 넘어가면 이번에는 징이 울린다. 그러면 상점은 일제히 문을 닫고 영업을 마친다.

민심을 수렴하는 정치와 풍부한 경제는 아름다운 과학·문화의 꽃을 피우게 마련이다. 개원 연간의 중국에는 걸출한 시인·화가·사학자·음악가·천문학자가 쏟아져 나와 이 시대의 역사를 더욱 찬란하게 했다. 그리하여 세계 역사에 그 이름을 떨친 당의 문화를 창조했던 것이다.

현종과 양귀비의 사랑

중국 봉건 사회의 황금시대라 일컬어졌던 당왕조의 개원 연간을 정점으로 그 후 이어지는 천보 연간(742~756)에는 그렇게 번영했던 당왕조의 발전상도 급격히 쇠퇴하기 시작했다.

이런 현상은 결코 우발적인 것이 아니고 잠재해 있던 경제·사회적인 병폐에 의한 것이었지만, 그보다 더한 것은 당시 간신들의 횡포와 현종의 양귀비에 대한 무분별한 총애가 주된 원인으로 지적되고 있다.

현종 때의 정계에는 과거(진사과)에 의해 등용된 관료와 문벌에 의해 등용된 관료들 사이에 파벌 싸움이 있었다. 당시 진사파(과거파)의 대표자는 장열·장구령 등이었고, 문벌파의 대표자는 이림보李林甫였다. 이림보는 그의 증조부가 고조 이연의 사촌이었으므로 황족의 일원이었다. 그가 예부 상서 겸 재상의 일원인 중서문하삼품(관직명)이 된 것은 개원 22년(734)의 일이다. 진사파의 대표 장구령을 실각시키고 중서령中書令이 되어 재상의 정상 자리에 오른 것은 그로부터 2년 후의 일이었다.

간신 이림보는 감언이설로 사람의 마음을 사로잡는 한편 마음속으로는 상대를 모함하여 마침내는 죽여 없애는 음흉한 사람으로 '입에는 꿀, 마음에는 칼'이라는 말로 표현되는 인물이었다.

조정의 권리를 한 손에 쥔 이림보는 자기와 의견을 달리하는 자는 모두 배척하여 충직한 신하 수백 명을 죽였기 때문에 아무도 그의 의견에 반대하지 않았다. 심지어는 황태자까지도 그의 앞에서는 아무 말도 못하는 형편이었다. 이렇게 해서 이림보의 권력이 강해질수록 조정에는 어두운 그림자가 점점 짙게 드리워졌다.

그러나 현종은 이림보의 달콤한 말에 귀가 솔깃해 간신 이림보를 높이 평가하고 있었다.

이림보가 조정의 실권을 한 손에 쥐게 된 736년에 현종은 사랑하던 무혜비武惠妃를 잃었다. 무혜비를 잃은 현종은 실의의 나날을 보내고 있었다. 후궁에는 아리따운 미녀가 3천 명이나 있었으나 누구 하나 현종의 마음을 끄는 여인은 없었다.

이럴 즈음 현종의 귀를 솔깃하게 하는 한 가지 소문이 떠돌았다. 수왕비壽王妃가 보기 드문 절세의 미녀라는 것이었다. 현종은 은근히 마음이 끌려 환관에게 명하여 일단 수왕비를 자신의 술자리에 불러오도록 했다. 현종은 수왕비를 보자 한눈에 마음이 끌렸다. 수왕비는 빼어난 미모일 뿐 아니라 매우 이지적인 여성으로 음악·무용에도 남다른 재주가 있었다. 술자리에서 현종이 작곡한 〈예상우의곡霓裳羽

衣曲)의 악보를 보자 그녀는 즉석에서 이 곡에 맞추어 노래를 부르며 춤을 추는 것이었다. 그녀의 자태는 마치 선녀가 지상에 하강하여 춤을 추는 듯 현종의 마음을 사로잡았다.

이 수왕비가 훗날 양귀비楊貴妃로서 현종 황제와 양귀비의 로맨스는 이 만남을 계기로 막이 오르게 됐다.

양귀비의 본명은 옥환玉環으로 원래는 현종의 열여덟째 아들 수왕

현종의 마음을 사로잡은 양귀비

이모李瑁의 아내였다. 즉 양귀비는 바로 현종의 며느리인 것이다. 56세의 시아버지 현종이 22세의 며느리와 사랑을 불태운다는 것은 당시로서도 충격적인 사건이 아닐 수 없었다.

현종은 중신들의 반대에도 불구하고 우선 양귀비 자신의 뜻이라 빙자하여 그녀를 여도사女道士로 삼아 남궁에서 살게 하고 태진太眞이라는 호를 내려 남궁을 태진궁太眞宮이라 개칭했다. 현종은 수왕 이모에게 죄책감을 느껴서였는지 수왕에게 위씨의 딸을 보내 아내로 삼게 했다. 태진이 귀비로 책봉되어 양귀비로 불리게 된 것은 그 후의 일이지만 남궁에 들어온 태진에 대한 현종의 열애는 대단했다. 남궁에 들어온 지 1년도 채 못 되어 태진은 마치 황후가 된 듯한 도도한 행동마저 보였다.

개원 24년(736)부터 천보 연간에 걸쳐 조정에서는 간신이 제멋대로 정사를 농락하고 현종은 양귀비에게 정신을 빼앗겨 당왕조의 정치는 부패 일로로 치닫고 있었다. 이렇게 해서 번영의 뒤에 숨겨져 있던 위기가 점점 심화되어 갔다.

우선 농촌에서는 균전제均田制가 무너져 국가의 세입원이 위협을 받게 되고 이에 따라 조정의 재정이 궁핍하게 되었으며 군사 체제의 토대가 되었던 부병제府兵制가 무너져 군대를 모집해도 응모하는 자가 없어 군의 사기와 전투력이 급격히 저하됐다.

그러나 변경 지방의 군사력을 장악하고 있는 절도사節度使들은 강력한 군사력을 장악하고 있어 유사시에 당왕조를 위협하는 존재가 될 위험성마저 내포하고 있었다.

이러한 모든 정세로 보아 현종 왕조의 위기는 폭발 일보 직전에까지 다다르고 있었다.

안사의 난

천보 14년(755) 안록산安祿山은 "밀조를 받들어 재상 양국충을 토벌한다."라는 구실을 내세워 반란을 일으켰다. 그는 범양·평로·하동의 휘하 병력과 해奚와 거란契丹의 군사를 합하여 총병력 5만의 대군을 거느리고 범양을 출발하여 보무도 당당히 하남을 향하여 진군했다. 보병과 기병이 모두 정예하여 그들이 달리며 일으키는 자욱한 먼지는 100리까지 뻗쳤다.

현종은 장안에 호화 주택을 지어 안록산에게 주는 등 그를 친자식처럼 생각하고 있었기 때문에 안록산이 모반을 일으키리라고는 꿈에도 생각하지 않고 있었다. 현종은 안록산이 반란을 일으켰다는 보고를 받고도 처음에는 믿으려 하지 않았다.

그러나 잇따라 들어오는 안록산의 반란 보고를 들은 현종은 이 사실을 인정하지 않을 수 없었다. 당황한 현종이 수도 장안을 수비할 병력이 어떻게 되느냐고 물었으나 전투할 만한 군사는 전무한 상태였다.

할 수 없이 현종은 병의 치료를 위하여 장안에 와 있던 하서·농우의 절도사 가서한哥舒翰에게 급히 긁어모은 잡병 8만 명을 거느려 동관을 수비하도록 명했다.

그때 세상은 수십 년 동안 태평 세월을 누려왔기 때문에 아무 방비가 없어 안록산의 반란군은 파죽지세로 진격을 계속하여 낙양을 함락했다.

낙양을 함락했다고는 하나 안록산의 반란군은 인심을 얻지 못했다. 처음에는 각 지방이 아무 방비가 없었기 때문에 안록산의 반란군이 마음대로 진격할 수 있었으나 얼마 후에는 이곳저곳에서 백성들이 의병을 조직하여 반란군의 진격을 저지시키기에 이르렀다.

평원 태수 안진경은 남하하려는 안록산의 반란군과 격렬한 전투를 벌여 안록산 군이 곡창 지대인 강남으로 진출하는 것을 저지시켰다. 또 삭방朔方 절도사 곽자의郭子儀와 그의 부장 이광필李光弼 등도 하북에 출병하여 낙양·범양 간의 안록산 군의 교통로를 차단했다.

이렇게 해서 안록산의 반란군은 동관을 공격할 수도 없고, 강남으로 진격할 수도 없는 상태에 빠져 몇몇 군에 갇힌 채 각 전선 간의 연락이 두절되어 버렸다.

같은 해 양국충은 운남의 남조南詔를 토벌하기 위하여 8만 명의 대군을 거느리고 원정에 나섰다. 물론 양국충은 이 원정의 최고 사령관이었다. 남조의 수장 각라봉閣羅鳳은 양국충의 원정 소식을 듣고 사죄했으나 양국충은 이를 허락지 않고 전쟁을 벌이다가 전사자 6만 명을 내는 대참패를 맛보았다. 실은 무공이 없는 양국충이 무공의 관록을 세워 보겠다는 야심에서 계획된 원정이었다. 그는 장안의 조정에는 패전 상황을 숨기고 터무니없는 전공만을 나열하여 보고했다.

그 후 양국충은 장안에 돌아와서도 마음이 불안했다. 만약 당나라 군사가 계속 승리를 거두어 동관을 수비하고 있는 가서한이 군사를 돌려 자신을 토벌하게 된다면 어떻게 될 것인가. 여기서 양국충은 흑심을 품게 됐다.

양국충은 가서한 군의 힘을 약화시켜야겠다고 생각하여 가서한에게 낙양 탈환 명령을 내리도록 현종에게 상주했다. 현종은 적군과 아군의 힘의 관계도 고려치 않고 무조건 가서한에게 낙양 탈환 명령을 내렸다.

앞서 언급했듯이 가서한은 병을 치료하기 위해 장안에 와 있던 장군이었고 그 밑에는 훈련도 받지 않은 오합지졸이 있을 뿐이어서 동관을 지키기에도 역부족인 형편이었다. 그런 데다 낙양을 공격하라니 섶을 지고 불로 들어가라는 것과 마찬가지였다. 그러나 황제의 명령을 거역할 수는 없었다. 가서한의 군대는 낙양을 공격하자마자 전멸 상태에 빠지고 가서한 또한 모반을 일으킨 부하로부터 협박을 받아 반란군에게 투항하고 말았다. 이렇게 해서 장안을 지키는 동쪽의 요충지 동관은 모두 안록산의 수중으로 들어가고 말았다.

가서한이 동관을 지키고 있을 때 매일 밤 봉화를 올려 동관의 무사함을 주위에 알렸으나 어느 날 밤 갑자기 봉화가 오르지 않았다. 바로 이 날이 동관이 안록산의 수중에 들어간 날이었다. 아무리 기다려도 봉화가 오르지 않자 장안의 거리는 일대 혼란에 빠졌다.

이러한 사태를 전후하여 72세의 현종은 오랫동안 들르지 않았던 근정전에 모습을 나타내어 수도 장안에 잔류할 관리를 임명하고 다음과 같은 전교를 내렸다.

"짐이 친히 군사를 이끌고 출진하겠노라."

그러나 이 같은 황제의 말을 믿는 사람은 아무도 없었다.

과연 그날 밤 현종은 친위군에게 출진 준비를 명하긴 했으나 안록산의 반란군과 싸우기 위한 것은 아니었다.

날이 새자 현종은 연추문을 열어젖히고 양귀비와 그의 자매, 황족, 측근, 대신들을 데리고 피난길에 올랐다. 무장한 1천 명의 친위군이 이들을 호위하여 서남쪽 촉 땅으로 향했다.

다음 날 장안과의 거리가 100여 리 되는 마외역馬嵬驛에 도착했다. 수행하던 장병들은 굶주리고 피로에 지쳐 지금까지 꾹 참아오던 불

만이 폭발하고 말았다. 그들은 한결같이 '사태가 이 지경에 이른 것
은 모두 재상 양국충의 잘못 때문이다.'라고 분개하여 양국충의 목을
베고 이어 현종의 거처를 포위했다. 그리고 소리 높여 "양귀비를 주
벌하라."라고 외쳐댔다. 병사들의 분노에 찬 함성이 천지를 진동시키
자 현종도 어찌할 도리가 없었다.

현종은 눈물을 삼키며 양귀비에게 스스로 목매어 죽을 것을 명했
다. 양귀비가 죽자 장병들은 일제히 만세를 외치며 길을 재촉했다.

양귀비의 말로는 당연히 받아야 할 징벌이었다고 할 수 있지만, 백
성들에게 재앙을 가져다 준 장본인은 두말할 것도 없이 현종이었다.

양귀비가 죽고 10여 일 후에 장안도 함락됐다. 현종은 오로지 촉
땅으로 피난길을 재촉할 뿐이었다. 연도의 백성들은 현종의 피난 행
차를 가로막으며 가는 것을 중지하라고 요청했다. 현종은 태자에게

현종의 피난길

백성들을 위로하라 이르고 자신은 계속 길을 재촉했다. 그러자 백성들은 태자의 말을 둘러싸고 간청했다.

"황제 폐하께서 구태여 피난을 가신다면 저희 백성들은 황태자를 모시고라도 반란군을 무찌르고 수도 장안을 탈환할까 합니다. 만약 폐하와 태자께서 촉 땅으로 피난하신다면 중원 천지는 모두 반란군의 수중에 떨어질 것입니다. 헤아려 주시옵소서."

태자는 황손 숙淑을 현종에게 보내 백성들의 뜻을 아뢰도록 했다.

"모든 것이 천명이다. 태자는 백성들의 뜻에 따라 분발하라. 서북의 여러 호족胡族들은 짐이 오랫동안 아꼈던 터라 분명 태자의 힘이 되어 줄 것이다."

현종은 그의 뜻을 멀리 선포하고 양위할 뜻을 비쳤다. 그러나 태자는 이를 사양했다. 태자가 평량平凉에 나아가자 삭방 유후留後 두홍점杜鴻漸이 태자를 맞아 영무로 받들어 모시고 앞서 있는 현종의 칙명에 따라 즉위할 것을 간청했다. 태자는 쉽게 승인하지 않았으나 다섯 차례에 걸쳐 간청하자 마침내 허락했다. 현종 황제에게 상황 천제라는 존호를 받들어 올리고 태자 이형李亨이 즉위하니 이 이가 당의 숙종肅宗이다. 이때가 천보 15년(756)이었다.

안사의 난 평정

숙종은 진용을 정비하여 안록산을 반격하니 이때 병력은 6만 명 정도였다.

한편 안록산은 755년에 반란을 일으켜 한때 낙양과 장안을 그의 손아귀에 넣었으나 757년에 그의 맏아들 안경서安慶緒에게 죽임을 당했다. 안록산은 반란을 일으킨 후 눈이 나빠지기 시작하여 이 무렵에 이르러서는 완전 실명하여 아무것도 보지 못하게 되었다. 더구나 악성 종양까지 발생하여 공연히 울화통을 터뜨리는 난폭자가 됐다. 애첩의 아들 안경은을 후계자로 정하고 적자인 안경서를 폐하려 했다. 이를 알아차린 안경서가 선수를 쳐 아버지 안록산을 죽이고 스스로 황제가 되었다.

숙종이 영무에서 장안을 탈환하기 위해 진용을 정비하여 봉상으로 나아가자 회흘족의 수장은 그의 아들 섭호葉護에게 정병 4천의 응원군을 거느리게 하여 합류했다. 병마 원수 광평왕 이숙과 부원수 곽자의가 지방의 군사와 회흘 서역의 군사 15만을 거느리고 장안 탈환 작전을 벌였다.

장안을 장악하고 있던 안록산의 반란군은 처음에는 완강히 저항했으나 시간이 지남에 따라 패색이 짙어져 패주하기에 이르렀다. 당나라의 대군은 당당히 장안에 입성하여 사흘 동안 장안에 머물러 시민들을 위로한 후 다시 군사를 거느리고 낙양

안사의 난 평정 후 성양 지방을 둘러보는 숙종

을 탈환했다. 안경서는 낙양에서 업鄴으로 패주했다.

건원 원년(758) 곽자의 등은 아홉 절도사에게 명하여 안경서를 토벌하도록 했다. 하지만 안록산의 부장이었던 사사명史思明이 안경서를 지원하는 바람에 아홉 절도사의 군사는 패주했다. 그러자 사사명은 안경서를 죽이고 업은 그의 아들 사조의史朝義에게 지키게 하고 자신은 범양으로 돌아가 대연 황제大燕皇帝라 칭했다. 그러나 그로부터 3년째 되던 해에 사사명은 그의 아들 사조의에게 죽임을 당했다. 761년 사조의는 제위에 올랐으나 패전을 거듭한 끝에 763년에 자살로써 역사의 심판을 받았다. 이렇게 해서 755년 겨울부터 763년 초까지 이어졌던 안사의 난은 평정되었다. 반란이 평정된 후의 당나라 국력은 쇠퇴 일로를 걷게 되었다.

오대십국 시대

당나라가 멸망한 후 송나라가 중국을 통일하기까지 약 반세기 동안 중원 지역에서는 후량後梁 · 후당後唐 · 후진後晋 · 후한後漢 · 후주後周의 다섯 왕조가 교체되면서 이어졌다. 이와 때를 같이하여 중국 남부와 산서 일대에서는 주로 당나라 말기의 절도사들이 세운 오吳 · 남당南唐 · 오월吳越 · 민閩 · 초楚 · 남한南漢 · 전촉前蜀 · 후촉後蜀 · 형남荊南 · 북한北漢의 10왕조가 존속하였는데 역사상 이를 '오대십국'이라 한다.

후량은 태조 주전충이 당나라를 멸망시키고 907년에 세운 나라로 후당의 창립자 이존욱에 의해 멸망되었고(923), 후당은 제4대 이종가 때 후진의 석경당에게 망하였다. 후진의 석경당은 거란족 요의 원조

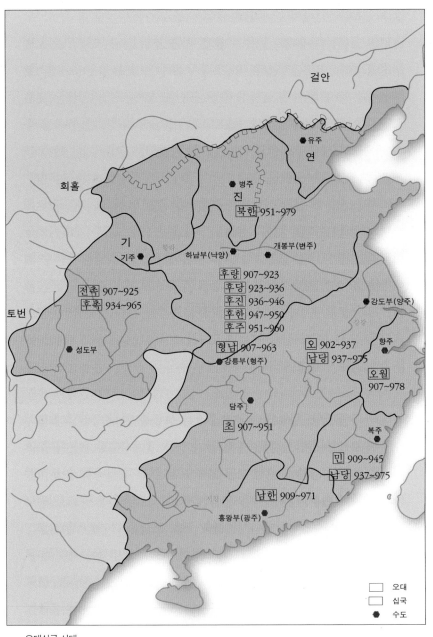

오대십국 시대

를 받아 나라를 세우고 그 대가로 요나라에 중국 북쪽의 연운 16주를 바쳤으며 신하의 예로 섬겼다. 그러나 제2대 출제(석중귀)가 요나라에 대한 굴욕적인 약속을 더 이상 지킬 필요가 없다고 판단하여 신하의 예를 거절하자, 이에 노한 요나라는 군사를 보내 후진을 멸망시켰다 (946).

이듬해 하동 절도사 유지원이 요나라의 수비병을 몰아내고 진양에서 후한을 세웠다. 유지원이 죽자 은제가 제위에 올랐으나 정권이 불안하여 후주의 태조 곽위에게 멸망당하고 후주는 세종을 거쳐 3대 공제 때인 960년 송末의 태조 조광윤에게 멸망함으로써 오대는 종말을 고하게 되었다.

한편 십국의 창시자들은 대부분이 절도사 출신 무장이었다. 이처럼 이 시대에는 무인의 세력이 강하여 구제도는 모두 파괴되고 예의와 질서도 존재하지 않았다. 끊임없는 전쟁의 연속으로 백성들의 고통은 말할 것도 없었으며, 가혹한 수탈까지 행해져 농민은 농토를 버리고 유랑민이 되었다.

지역적으로는 북부보다 남쪽이 평온하여 중원에서 난을 피해 온 사람들이 많았고, 그 까닭에 비교적 문화가 발달할 수 있었다. 또한 강남 지방은 경제적으로도 크게 개발되고 상업 도시도 발달하였다.

후주의 세종이 즉위하면서부터는 통일의 기운이 일었고 그가 죽은 후 통일의 대업은 그의 부장 조광윤이 송나라를 세움으로써 이루어지게 되었다.

9장

종의 흥망

송의 흥망

송의 태조 조광윤은 중국 역사상 명군의 한 사람으로 꼽히는 인물이다. 조광윤은 제위에 오르자 문치주의로 무인 세력을 억제하고, 중앙 집권 체제의 확립에 힘을 기울였다. 그의 뒤를 이은 동생 태종도 태조의 유업을 이어 중국 통일의 여세를 몰아 후진의 석경당이 요나라에 바쳤던 연운 16주의 수복을 꾀하여 요와 싸웠으나 성공하지 못했다. 진종·인종 시대에는 국력이 신장되고 번영했으나 요와 서하의 침입을 받는 등 인종 만년부터는 급격한 군사비 지출로 재정이 궁핍해졌다.

그 후 12세기 초엽 여진족이 세운 금나라는 요나라를 멸망시킨 여세를 몰아 북부 중국에 침입하여 1127년에는 송나라의 수도 개봉이 함락되고 휘종·흠종이 포로가 되어 연행됨으로써 송나라는 멸망하게 되었다. 이때까지의 9대 168년간을 북송이라 하고, 흠종의 동생인 고종이 강남으로 난을 피하여 임안(항주)에 도읍한 후부터 남송이라 한다.

남송은 금나라를 물리치기 위하여 주전파인 악비 등이 분전하며 한때는 유리한 형세를 형성했으나 강화파인 진회 등이 정권을 잡아 내리막길에 들어섰다. 오로지 강화 정책만을 고집하여 주전파인 악비 등을 모반죄로 몰아 죽이고 굴욕적인 강화를 맺어 소강상태를 유지했다.

그러나 북방에서 새로 일어난 몽골이 서하·금나라 등을 멸망시키고 그 여세를 몰아 남송에 침입해 왔다. 남송에서는 항전파인 문천상·장세걸 등이 최후까지 항전했으나 당해내지 못하고 9대 152년 만에 몽골의 원나라에 멸망했다.

송의 중앙집권제

송의 태조 조광윤(趙匡胤, 927~976)의 송왕조 창립은 그가 후주 친위
군의 통수로서 남침해 오는 요나라 군사를 맞아 대군을 거느리고 진
교역에 이르렀을 때 이루어졌다. 장군들은 그를 황제로 옹립하고 개
봉으로 돌아와 후주의 어린 황제(7세) 공제로부터 선양을 받도록 했
다. 이같이 제위에 오름으로써 무혈 혁명에 성공했다.

당시 그의 즉위를 반대한 세력은 소의 절도사 이균李筠과 회남절도
사 이중진李重進뿐이었다. 태조도 할 수 없이 두 세력을 힘으로 제압
하여 약간의 유혈이 있긴 했으나 유혈을 최소한으로 억제하려는 노
력 때문에 큰 동요 없이 사태는 수습됐다.

제위에 오른 조광윤은 외적의 위협보다도 내부에 잠재해 있는 위
험요소가 더욱 염려스러웠다. 자신을 둘러싸고 있는 장군들 가운데
언제 제위를 노리는 자가 나타날지 몰라 고민했다.

어느 날 조광윤은 그의 심복 조보趙普에게 물었다.

"당나라 말기로부터 수십 년 이래 황제의 자리는 이 집에서 저 집
으로 무려 여덟 집으로 옮겨졌는가 하면 전란도 끊인 적이 없었소.
그 원인이 도대체 어디에 있다고 생각하오? 제위를 오랫동안 내 수
중에 간직할 수 있는 좋은 방법은 없겠소?"

조보가 대답했다.

"전란이 끊이지 않고 세상이 어지러운 것은 군인의 권력이 임금보
다 우위에 있는 까닭이 아니겠습니까. 천하의 태평을 유지하는 데는
이렇다 할 양책은 없습니다. 그저 군인의 손으로부터 권력을 박탈하
여 그들이 장악하고 있는 병력과 재정, 곡물들을 폐하의 손아귀에 넣

는 일이 긴요하다고 생각합니다."

그로부터 얼마 후의 일이다. 조광윤은 자신을 황제로 옹립한 장군 석수신 등과 술을 마시고 있었다. 모두가 거나하게 취했을 무렵 조광윤이 말문을 열었다.

"그대들의 힘이 아니었다면 짐은 도저히 황제가 될 수 없었소. 그러나 황제의 자리도 그리 즐거운 것이 아님을 알았소. 밤에 안심하고 잠을 잘 수도 없으니 말이오."

석수신 등은 조광윤의 뚱딴지같은 말에 당황하지 않을 수 없었다.

"말씀의 참뜻을 헤아리기 어렵습니다. 무슨 말씀이십니까?"

조광윤은 줄지어 늘어앉은 장군들을 둘러보면서 말했다.

"황제가 되고 싶지 않은 사나이가 어디 있겠는가?"

"폐하, 무슨 말씀이십니까? 폐하의 지위는 이미 하늘이 정하신 것이오니 여기에 이론을 제기할 사람은 아무도 없습니다."

석수신 등이 입을 모아 이렇게 말하자 조광윤은 말을 이었다.

송 태조 조광윤

"알았소. 여기에 있는 제경들이야 그런 생각을 하지 않을 것이지만, 제경들의 부하 가운데는 더 출세하고 싶어하는 자도 있을 것이오. 만약 제경들의 부하가 왕관을 내밀면 제경들은 어떻게 하겠소? 고개를 가로저을 까닭이야 없지 않겠소?"

석수신 등은 조광윤 앞에 무릎을 꿇고 눈물을 흘리면서 말했다.

"어리석은 신들의 생각이 거기까지 미치지 못했습니다. 신들이 어떻게 해야 좋을지 하교해 주옵소서."

조광윤은 부드러운 어조로 말했다.

"사람의 일생이란 짧은 것이오. 그저 즐겁게 보내는 것이 제일이오. 제경들은 군사에서 손을 떼고 토지와 주택을 마련하고 매일 노래와 춤으로 여생을 즐겁게 보내는 것이 좋을 것이오."

다음 날 석수신을 비롯한 장군들은 모두 중병이라는 이유를 들어 자진해서 군사에서 손을 떼고 각각 부대의 통수권을 송태조 조광윤에게 넘겼다. 조광윤은 이를 인수하고 석수신 등을 수도에서 떨어진 지방의 관리로 전보했다.

장군들의 손에서 군사권을 박탈하여 파벌 세력을 없앤 일은 송태조가 개국 초기에 단행한 중앙집권제의 강화 조치라고 할 수 있다. 조광윤은 이와 함께 권력이 재상에게 집중되는 현상을 방지하는 조치로서 추밀사樞密使를 두어 군사적 중요 문제를 처결하도록 하고, 삼사三司를 두어 세무·재정을 관리하게 했다. 통수권과 재정권을 재상의 권한에서 제외시킨 것이다. 그리고 중요 문제를 처리하는 권한을 황제에게 귀속시켜 이른바 권력의 황제 집중 체제를 확립했다.

또 지방 세력을 억제하기 위한 조치로서 문관을 지방에 보내 무장 대신 행정을 담당하게 하고, 계속해서 지방 행정을 규제하는 법령을 공포했다.

이렇게 해서 지방의 군사력은 도태되고 행정권에도 많은 제약이 가해졌다. 재정권·사법권도 중앙의 관할하에 놓이게 되어 지방 세력은 약화되고 중앙에 권력이 집중됐다.

이러한 일련의 조치는 당나라 말기부터 오랫동안 되풀이되었던 번진 세력의 할거와 무장의 정치 개입이라는 혼란한 정국을 종식시키는 데 필요 적절한 조치였다고 할 수 있을 것이다.

태종의 중국 통일

태종의 원이름은 광애匡乂로 태조 광윤의 바로 다음 동생이었다. 태조 광윤이 공제로부터 선양을 받자 광애의 이름을 광의光義로 고쳤다.

건륭 2년(961), 태조가 즉위한 이듬해 태조의 어머니 두태후가 죽었다. 두태후는 임종에 앞서 태조에게 물었다.

"그대는 어떻게 해서 천하를 얻었다고 생각하시오?"

"모두가 선조들의 음덕과 어머님의 덕이라 생각하옵니다."

두태후가 웃으며 말했다.

"그렇지 않소. 후주의 세종이 7세의 어린 공제를 황제로 세웠기 때문이오. 만약 세종이 장년자를 후계자로 세웠더라면 천하는 그대의 것이 아니었을 것이오. 그대가 죽은 후에는 제위를 진왕(동생 광의)에게 전하고, 진왕은 또 다음 동생 광미光美에게 전하고, 광미는 덕소(태조의 2남)에게 전하도록 하시오. 국가에 나이 많은 군주가 있다는 것은 사직을 위해 퍽 다행한 일임을 알아야 합니다."

"삼가 어머님의 하교를 받들겠습니다."

두태후는 또한 태조의 심복 조보를 불러 이렇게 말했다.

"조서기도 함께 들어 잘 기억해 두시오. 결코 내 말을 어겨서는 아니 되오."

그러고는 베개 밑에서 태후의 유언을 지키겠다는 서약서를 작성하게 했다. 조보는 서약서를 작성하고 서약서 말미에 '신 조보적음臣趙普記'이라고 서명했다.

이 서약서는 금궤 속에 넣어 보관되었다.

태조 조광윤은 평소 형제간의 우애가 극진했다. 진왕 광의가 어느 날 병석에 눕게 되어 침과 뜸질로 몹시 괴로워하자 태조도 같이 뜸질을 하여 그 아픔을 함께 나누었다고 한다.

태조는 일찍이 그의 측근들에게 진왕을 칭찬했다.

"진왕 광의의 풍채는 마치 용이 하늘을 나는 기품과 위엄이 있어 보이고 그의 걸음걸이는 장중하여 마치 호랑이처럼 보이지 않는가? 진왕은 후일 반드시 태평성대를 이룩하는 훌륭한 천자가 될 것이다."

976년 태조의 병이 중태에 빠지자 황후는 환관 왕계은王繼恩에게 황자 덕방德芳을 맞아오도록 했으나 왕계은은 황자 덕방이 있는 곳에 가지 않고 곧바로 진왕 광의를 맞이하러 갔다. 진왕이 궁중에 달려오자 태조는 측근들을 물리치고 진왕에게 후사를 부탁했는데 부탁한 내용이 어떤 것인지는 아무도 들은 사람이 없었다.

병실에 들어선 황후는 그곳에 이미 진왕이 와 있는 것을 보고 흠칫 놀랐다. 황후는 두태후의 유언 내용을 모르고 있었기 때문에 천자의 자리는 당연히 그의 아들이 계승할 것으로 생각하고 있었던 것이다.

황후는 그 자리에서 진왕에게 말했다.

"우리들 모자의 생명을 모두 천자에게 맡기겠습니다."

그러자 진왕은 이렇게 대답했다.

"모두 함께 이 지위와 부를 누릴 것입니다. 염려하지 마십시오."

태조의 뒤를 그의 동생이 계승하게 된 데 대해서는 예로부터 많은 의문이 제기되고 있다. 태종이 그의 형을 독살했을 것으로 추측하는 사람도 있다. 이것은 '영원히 해결 못할 의혹'이라 전해진다.

제위에 오른 태종은 먼저 각 주현에 특사를 파견하여 관리를 엄중히 하고 그들의 성적에 따라 등급을 정했다. 병약하고 기력이 쇠잔하여 직무를 감당하기 어려운 자, 또는 직무에 태만한 자는 모두 파면했다. 그리고 태조의 아들 덕소를 영흥군 절도사로, 덕방을 서산남로 절도사로 임명했다.

태종은 반미潘美에게 명하여 북한北漢을 토벌하도록 하고 이어 태종 자신도 출정하여 북한의 수도 태원을 포위했다. 그러자 북한의 유계원이 항복했다.

태종은 또 조서를 내려 요나라 정벌에 나서 역주와 탁주를 얻고 다시 유주를 공격하여 10여 일간 끈질기게 공격을 퍼부었으나 유주는 함락하지 못했다. 태종은 할 수 없이 유주 공격을 포기하고 군대를 철수시켰는데 유주 정벌에는 태조의 장남 덕소도 참여했다.

유주를 공격하던 어느 날 태종의 모습이 보이지 않자 영내가 갑자기 소란해졌다. 성급한 일부 군사들이 덕소를 천자로 세우려 책동했다. 소란은 즉시 진정되었지만 나중에 이 소식을 들은 태종은 몹시 기분이 나빴다.

군대를 철수시켜 수도로 돌아온 태종은 유주 정벌에 실패한 이유를 들어 북한 토벌에 대한 논공행상을 하지 않고 있었다. 덕소는 조심스럽게 태종에게 논공행상을 실시할 것을 진언했다.

군 내부에서는 북한 평정에 대한 포상이 있을 것으로 생각했으나 이를 시행하지 않기 때문에 불평하는 장병들이 많았다. 그래서 덕소는 조심스럽게 태종에게 진언한 것이다. 그러자 태종은 크게 노하여 큰소리로 꾸짖었다.

"네가 천자가 되거든 시행하라. 그때까지 기다려도 늦지는 않을 것이다."

덕소는 이 꾸지람을 듣고 궁궐에서 물러나와 스스로 목을 찔러 죽었다. 그로부터 2년 후 태조의 둘째 아들 덕방도 병사했다. 이렇게 태조의 두 아들이 잇따라 죽음으로써 태종의 동생 제왕 광미도 신변의 불안을 느꼈다. 그 후 태종은 조보를 불러 물었다.

"나는 장차 천자의 자리를 제왕(광미)에게 물려줄까 하는데 어떻게 생각하오?"

"태조께서 이미 큰 과오를 범하셨습니다(천자의 자리를 태자에게 전하는 전통을 깨뜨렸다는 뜻). 폐하께서 다시 선제의 과오를 되풀이해서는 아니 됩니다."

조보의 이 말은 태종의 심중을 꿰뚫어 본 것으로 태종의 뜻에 영합하는 말이었다. 이를 계기로 조보는 다시 조정에 들어와 재상이 되었다. 그 후 제왕 광미는 죄를 뒤집어쓰고 방주로 유배됐다가 마침내 살해됐다. 그때 그의 나이 28세였다.

태종은 석경당이 거란에게 팔아넘긴 연운 16주를 되찾기 위해 2회에 걸쳐 군사를 출동시켰으나 모두 성공하지 못하고, 송과 요(937년에 요遼로 고침)가 대치하는 상태가 이어졌다.

태종은 지도 3년(997) 재위 22년 59세에 죽고 그 뒤를 3대 황제 진종眞宗이 이었다. 진종은 태종의 셋째 아들 조항趙恒이었다.

숙명적인 요나라와의 항쟁

송나라 초기 태조와 태종의 치세 30여 년간은 송왕조의 창업 시기였지만 이 시기에는 북쪽의 거란족인 요왕조가 내분으로 혼란에 빠져 남쪽 송나라에 압력을 가할 여유가 없었던 행운의 시기였다.

937년 나라 이름을 요로 바꾸었던 거란은 982년에는 다시 거란이라 칭했다가 1066년에는 다시 요로 고쳤으나 여기서는 편의상 요라 칭하기로 한다.

내분으로 혼란했던 정국이 일단 안정을 되찾자 1004년 9월, 요는 20만 대군을 황하의 북쪽 언덕까지 남하시켜 포진하고 송나라에 일격을 가할 태세였다.

이 보고를 받은 송의 황제 진종은 급히 중신들을 모아 대책을 의논했다. 부재상 격인 왕흠약王欽若·진요수陳堯叟는 우선 요의 예봉을 피하기 위해 수도를 남쪽으로 옮겨야 한다고 주장했다. 강남 출신인 왕흠약은 수도를 금릉으로 옮길 것을, 사천 출신인 진요수는 성도로 옮길 것을 주장했다. 모두 자신들의 고향에 수도를 옮기려 했다.

결단을 내리지 못한 진종은 재상 구준寇準을 불러 천도 문제에 대해 의견을 물었다. 구준은 황제와 두 부재상을 앞에 놓고 사건의 경위를 전혀 모르는 척 말했다.

"남쪽으로 천도라니 가당치도 않습니다. 완전히 국가를 멸망시키려는 계책입니다. 누구의 계책인지는 모르오나 폐하께 이따위 엉뚱한 말을 하는 자는 목을 베어도 시원치 않다고 생각되옵니다."

구준은 정세를 소상히 분석, 설명하고 군대를 거느려 요군을 맞아 싸울 것을 제안했다.

그해 10월 구준 등의 거듭되는 재촉에 못 이겨 송의 진종은 마침내 무거운 허리를 일으켜 개봉에서 친정에 나서 북상했다. 그러나 진종이 미처 황하 남쪽 언덕에 이르기도 전에 중신들이 동요하여 다시 남방 천도설이 나왔다. 구준은 이런 말 따위는 들은 척도 하지 않고 다음과 같이 진언했다.

"요나라 군사가 이미 코앞에 다가와 있어 형세가 매우 긴박합니다. 폐하께 남은 길은 오직 전진이 있을 뿐 한 걸음도 후퇴할 수는 없습니다. 전진하면 우리 군사의 사기는 올라가고 적은 간이 콩알처럼 될 것입니다. 그러나 후퇴하는 일이 있으면 우리 군사는 삽시간에 와해되어 적군의 생각대로 될 것입니다. 그렇게 된다면 개봉은 말할 것도 없고 금릉도 적의 수중에 떨어지게 될지 모릅니다."

송의 진종은 마음에 내키지 않는 북상을 계속했으나 황하 남쪽 언덕에 이르자 그 이상 전진하려 하지 않았다. 이때 요나라 군사가 전

송나라와 숙명적인 대결을 펼쳤던 거란인

주澶州에 모여들어 3면에서 포위 공격을 감행해 왔다. 송나라 대장 이계륭李繼隆 등이 성을 나와 이들을 맞아 싸웠다. 이 싸움에서 요의 장수 소달람蕭撻覽이 활에 맞아 전사하자 요나라 군사는 겁을 먹고 퇴각하여 성 멀리 도망쳐 꼼짝도 못하고 있었다.

구준은 진종에게 황하를 건너 하북에 진출해야 한다고 자주 진언했다. 도지휘사 고경高瓊도 구준의 제안을 지지하여 진종에게 황하를 건널 것을 권했으나 진종은 결단을 내리지 못했다. 이에 고경이 부하에게 지시하여 진종에게 탈 것을 갖다대며 진군을 재촉했다.

"폐하께서 황하를 건너 하북에 가시지 않는다면 하북의 백성들은 실망하여 부모를 잃은 것처럼 슬퍼할 것입니다."

그러자 진종을 모시는 문관 양적梁適이 임금에 대한 예를 잃은 처사라고 질책했다. 고경은 버럭 성을 내며 큰소리로 꾸짖고 그대로 진종을 옆에 끼고 황하를 건넜다.

"경들은 이 같은 위급한 상황에서도 예의 따위를 따지는가. 그렇다면 한번 시라도 지어 요나라 군사를 멀리 쫓아 버리는 것이 어떻겠는가."

잠시 후 진종의 수레가 전주에 이르러 북성에 도착했다. 진종이 북성의 망루에 오르고 천자의 깃발이 힘차게 나부끼자 성 안팎의 군사들은 일제히 만세를 불렀고, 그 만세 소리는 북성 주위 수십 리까지 메아리쳤다. 요나라 군사는 만세 소리를 듣고 더욱 사기가 떨어졌다.

그러나 송의 진종은 이렇게 유리한 정세 앞에서도 행재소에 틀어박혀 벌벌 떨고만 있었다. 진종은 사자를 구준이 있는 곳에 보내 그가 무엇을 하고 있는지 살펴보고 오도록 했다. 걱정이 되어 견딜 수가 없었기 때문이었다.

"구준은 부장들을 모아 술을 마시며 연극을 구경하거나 잡담을 하고 있습니다."

사자의 보고에 진종은 비로소 안도의 한숨을 내쉬었다.

"그렇다면 걱정할 것 없겠군."

한편 요군의 진지에서는 요의 소태후가 초조함에 떨고 있었다. 출진 부대는 패전하고 통수 소달람은 전사한 데다 요군의 사기는 떨어졌다. 그 위에 요군을 넘보는 각지의 송의 원군들이 전주에 속속 집결한다는 정보까지 들어왔다. 이런 불리한 정세하에서 요군은 본국과 멀리 떨어져 고립되어 있으니 만약 후퇴한다 해도 그 후퇴하는 길에서 송나라 백성들의 공격을 받을지도 모르는 일이었다. 그래서 소태후는 송나라에 사자를 보내 강화를 제의했다.

요나라의 강화 교섭을 받은 송나라에서는 재상 구준이 이 기회에 연운 16주의 반환을 요구할 것을 주장했다. 구준은 만약 요가 연운 16주의 반환을 거부할 경우 다시 결전을 벌여야 한다고 상주했으나, 송의 진종은 행여 강화의 기회를 잃을까 두려워 구준의 상주를 받아들이지 않았다. 급히 대신 조이용曹利用을 강화 교섭 사절로 삼아 요나라에 보냈다.

요나라와 강화 교섭을 벌이고 돌아온 조이용은 요나라가 연운 16주 가운데 후주 세종 때 빼앗긴 관남의 땅(영주, 막주, 역주 등)을 반환해 줄 것을 제시했다고 교섭 결과를 보고했다.

진종은 영토는 절대 할양할 수 없고 그 대신 옷감과 돈을 주는 조건으로 강화를 추진하라고 명했다.

재상 구준은 계속해서 강경책을 주장했다. 관남의 땅 할양은커녕 반대로 연운 16주를 송나라에 반환할 것과 요나라가 송나라에 대하여 신칭臣稱할 것 등을 요구했다. 구준은 이러한 조건이 받아들여지지 않을 경우 결전을 벌일 것을 강력히 주장했으나 진종의 마음은 이미 강화 쪽으로 기울고 있었다.

이윽고 구준이 전쟁을 이용하여 자신의 세력을 확장하려 한다는 비난의 소리마저 일자 그토록 자신만만했던 구준도 강화를 지지할 수밖에 없었다.

1005년 1월, 마침내 송과 요 사이에 강화가 맺어졌다. 그 조건은 첫째, 송과 요는 형제의 의를 맺어 요나라 황제는 송나라 황제를 형으로 섬길 것, 둘째, 송나라는 매년 비단 20만 필, 은 10만 냥을 요나라에 보낼 것 등이었다. 이 강화 교섭은 전연군에서 이루어졌기 때문에 역사상 '전연의 맹盟'이라 부른다.

이후 약 40년간 양국 관계는 안정을 유지했다. 이로써 남북 간의 싸움은 일단 수습되었으나 서북 지방에서는 다시금 전운이 감돌았다. 송나라와 서하西夏 사이에 충돌이 일어난 것이다.

송과 서하의 싸움은 2년 남짓 계속되다 경력 4년(1044)에 마침내 강화가 성립되어 서북 지방의 평화가 이루어졌다.

왕안석의 신법

왕안석王安石은 천희 5년(1021) 임강군(강서성 청강현)에서 태어났다. 그가 진사가 된 지 2년 후에 서하와 강화가 체결되어 막대한 세공 지출과 군비 지출 등으로 국가 재정이 흔들리게 됐다. 왕안석은 당시의 황제 인종에게 상소를 올려 소수인의 폭리를 억제하고 부국강병을 도모하기 위한 법제의 개혁을 주장했으나 받아들여지지 않았다.

그로부터 10년 후인 치평 4년(1067) 영종이 죽고 신종神宗이 19세의 나이로 황제에 올랐다. 그는 나날이 쇠퇴해가는 국위를 비통히 여겨 어떻게든 국가를 재건해야겠다고 다짐했다. 그리하여 중신들의 반대를 무릅쓰고 1069년 왕안석을 부재상에 발탁하고, 이듬해에는 재상으로 임명하여 법제의 개혁을 추진했다. 왕안석이 생각한 정책은 이른바 '신법新法'이라 불리는 것으로 한마디로 말해 부국강병책이었다.

왕안석은 먼저 재정 관리의 개혁에 착수하여 '제치삼사조례사制置三司條例司'라는 관청을 설치했다. 이곳은 국가의 재정 사무를 통할하여 새로운 재정 법규를 제정하고 시행을 맡는 관청으로 설치 후 불과 1년 만에 4할의 경비를 절감하는 데 성공했다.

왕안석이 실시한 신법 가운데 가장 유명한 것은 '청묘법靑苗法'이었다. 청묘법이란 단경기(端境期, 철이 바뀌어 묵은 곡식은 떨어지고 새 곡식이 나올 무렵)에 국가가 낮은 이자로 농민에게 곡식과 돈을 빌려주어 농민을 고리대금의 착취로부터 구원하는 것이었다. 그때까지 농민들은 보통 지주들로부터 돈과 곡식을 빌려 추수 때 갚았는데, 그 금리가 무려 6, 7할에서 심한 경우는 10할이었다. 엄청난 착취였다. 청묘법의 실시로 그 이율은 2할 이하로 떨어져 농민들이 큰 혜택을 받았다.

다음으로 '면역법免役法'을 시행했는데, 이 법은 돈을 내면 무상 노역을 면제해 주는 제도였다. 그때까지 무상 노역이 면제되었던 관원이나 사원의 특권 계급에게서도 그에 상응하는 화폐를 징수하여 이 돈으로 노역 희망자를 고용함으로써 농가의 무상 노역에 의한 부담이 경감됐다.

또 '시역법市易法', '균수법均輸法'은 물자 유통과 물가 조정을 목적으

신법의 대표자 왕안석

로 시행됐다. 이는 대상인들의 사재기에 의한 물가 조작을 방지하는 법이었다. '방전 균수법方田均輸法'은 대지주들의 탈세를 방지하는 법으로서 농지의 측량을 실시하여 은전(隱田, 지적도에 올리지 않고 사사로이 경작하는 토지)을 적발하고 불합리한 세제를 시정했다. 이 밖에 '보갑법保甲法', '보마법保馬法', '치장법置將法' 등 군사력의 증강을 도모하는 새로운 군사제도도 실시됐다.

왕안석의 이 같은 신법은 본질적으로는 지주 계급의 이익을 보장하는 것이었으나, 대지주·대상인·고리대금업자 등은 목전의 이익이 줄어들자 강하게 반대했다.

왕안석을 신법의 대표자라고 한다면 구법舊法의 대표자는 사마광司馬光이라 할 수 있다. 사마광은 천희 3년(1019) 출생으로 왕안석 보다 두 살 위였다. 섬주(산서성 하현) 출신으로 그의 아버지, 할아버지도 모두 진사인 가문에서 태어났다. 어려서부터 신동으로 알려졌으며 '소아격옹도小兒擊甕圖'의 주인공으로도 유명하다. 어렸을 때 뜰에서 친구들과 놀던 중 한 아이가 물독에 빠졌다. 다른 아이들은 모두 당황하여 어쩔 줄을 몰랐으나 사마광은 침착하게 돌을 던져 물독에 구멍을 내고 물을 빼어 그 아이를 구출했다는 이야기가 전한다.

사마광을 대표로 신법을 반대한 인물로는 한기, 여회呂誨, 소동파蘇

東坡, 구양수歐陽修 등을 들 수 있다. 황족이나 궁정 안에서도 반대자가 많았다. 신법으로 자신들이 불이익을 받게 되자 크게 반발한 것이다. 반대파들은 신법은 조상으로부터 내려오는 관습을 깨뜨리고 세상의 인심을 어지럽게 할 뿐이라고 비난했다. 그리고 화산華山이 무너지고 혜성이 나타나며 가뭄이 오래 계속되는 것도 모두 왕안석의 신법이 가져오는 재앙이라고 비난했다.

이 같은 반대파들의 강경한 반발 앞에 신종은 동요의 빛을 보였으나, 왕안석은 끝까지 주장을 굽히지 않고 계속 신법을 추진해 나갔다. 조정의 구신들로부터도 지지를 받지 못하자 왕안석은 젊은 관리를 등용하여 신법을 추진했다. 이것을 '신법당新法黨'이라 부른다.

때마침 가뭄이 계속되고 요나라와의 관계가 다시 긴장되어 인심이 흉흉해지자 반대파는 이를 모두 왕안석의 탓이라 하여 맹렬히 공격했다. 왕안석은 마침내 1074년 강녕의 지방 장관으로 좌천되었다.

희녕 7년(1074) 왕안석의 실각이 곧바로 신법의 폐지를 의미하는 것은 아니었다. 신법당의 한강韓縫과 여혜경呂惠卿 등이 계속 조정에 남아 여전히 신법에 의한 정치를 추진하고 있었다.

구법당은 그들이 주장한 대로 지금까지의 전통을 깨뜨리지 않는 것이 좋다고 말할 뿐 신법보다 훌륭한 대안을 제시하지 못했다. 이에 국가를 어떻게든 부흥시켜야겠다는 당시의 황제 신종과 백성들의 공통된 기대를 충족시키는 데 실패했다.

결국 왕안석은 실각한 이듬해 다시 조정에 복귀하여 재상이 됐다. 왕안석 없이는 역시 정치가 제대로 되지 않았을 뿐 아니라 왕안석에 대한 신종의 신임이 그만큼 두터웠기 때문이었다. 신종이 왕안석을 강녕에 좌천시킨 것은 어쩌면 황후나 황태후의 불만을 일시적으로

냉각시키기 위한 조치였을지도 모른다.

그러나 재상으로 복귀한 왕안석은 전과 같은 패기를 보이지 않았다. 그런 가운데 신법당 내부에서도 분열이 일어났다. 신법당 가운데 참지정사로서 신법 추진의 핵심 멤버였던 여혜경은 원래 관료 출신으로서 신법의 추진보다는 이 기회를 이용하여 출세해 보려는 야심을 품고 있었다.

그는 내부 분열이 일어나자 왕안석의 반대파로 둔갑하여 왕안석이 극비에 붙이고 있던 일들을 누설했다. 그리고 왕안석에게 반역의 죄가 있다고 참소까지 했다. 이로써 신법당은 분열의 위기를 맞아 신법 시행에 점점 불리한 국면으로 치달았다.

왕안석이 복귀한 이듬해 그의 아들 왕방王雱이 33세의 젊은 나이로 죽었다. 왕방은 진사시에 급제하여 경의국 수찬의 벼슬에 올라 장래가 촉망되던 인물이었다. 그리고 2년 전에도 동생 왕안국을 잃었다. 왕안석은 이 같은 가정의 비극에 영향을 받았음인지 사임을 원하여 강녕의 종산에 들어가 은거 생활을 했다.

1085년 신종이 죽고 10세의 철종이 즉위하여 태황 태후 고씨高氏의 섭정이 시작됐다. 태황 태후는 일찍부터 신법에 반대하여 왕안석을 몰아내고 조상 전래의 제도를 부활시켜야 한다고 여러 번 신종에게 울면서 호소한 적이 있었다. 태황 태후가 섭정하면서 맨 먼저 한 일은 구법당의 사마광을 재상으로 기용한 일이었다.

사마광이 재상의 자리에 오른 후 1년 사이에 16년간(1069~1085) 실시되었던 신법의 대부분이 폐지되고 신법당의 관리들도 대부분 좌천당했다. 사마광은 구법당과 대지주·대상인들로부터 지지를 받아 '만가萬家의 생불生佛'이라는 칭송까지 받았다.

아골타의 등장

송의 정화 4년(1114) 2월의 일이다. 요나라 천조제天祚帝는 그들의 수도에서 멀리 떨어진 혼동강(송화강 지류)에 와서 낚시를 즐기고 있었다. 이 자리에는 요나라 각지의 기라성 같은 수장들이 문안과 하례를 드리기 위해 멀리서 달려와 천조제를 모셨다. 때마침 여진족의 축제일이어서 천조제는 잔치를 베풀고 각 지방 수장들에게 차례대로 일어나 춤을 추도록 명했다.

수장들은 순서에 따라 한 사람 한 사람씩 일어나 춤을 추었으나 나이 40세 정도로 보이는 건장한 체구의 한 수장은 자기의 차례가 돌아오자 "나는 춤을 못 춥니다." 하고 거부했다. 천조제는 재삼 명령했으나 이 수장은 완강히 거부하여 꿈쩍도 하지 않았다. 천조제는 격노하여 이 수장을 죽이려 했다.

이 수장이 바로 후에 금나라를 세운 아골타(阿骨打, 1068~1123)이다. 아골타는 여진족 완안부完顔部의 수령으로 강직함과 용감성으로 여진족의 부족 사이에서는 널리 알려진 인물이었다.

금나라를 세운 아골타

여진족은 오랜 역사를 가진 민족으로서 선진 시대에는 '숙신', 수·당 시대에는 '말갈'이라 불렸고, 오대에 들어서면서 '여진'이라 불리게 되어 요나라에 복속됐다.

요나라는 여진족의 세력이 강대해지는 것을 두려워하여 여진족을 '생여직生女直'과 '숙여직熟女直'으로 나누어 분할 지배했다. '숙여직'은 요나라 영내에 이주시켜 요나라 국적을 부여했으나 '생여직'에게는 원주지로부터 이동시키지 않고 그대로 요나라 국적만을 부여했다.

아골타는 생여직의 한 수장이었다. 그 후 여진족은 요·송과의 교역을 활발히 전개하여 송의 후기에는 철기를 사용하게 됨으로써 크게 발전했다. 아골타는 바로 이러한 역사적 과도기에 나타난 여진족의 걸출한 수장이었다.

천조제는 자기의 명령을 어긴 아골타를 즉석에서 죽이려 했으나 실행에는 옮기지 못했다. 이것은 아골타와의 인정을 생각해서가 아니라 아골타를 죽임으로써 여진족의 요에 대한 반항을 부채질할까 두려워서였다. 사실 이런 구실, 저런 구실을 내세워 요가 억압하자 여진족의 분노는 일촉즉발의 찰나에 다가와 있었다.

여진족은 요에 복속되면서 매년 인삼, 금, 모피, 말, 진주, '해동청海東靑'이라 불리는 매 등을 요의 왕실에 바쳐 왔다. 그러나 탐욕이 많은 요의 왕실은 해마다 연공을 증가하라고 압력을 가하고 대신을 보내 여러 가지 어려운 일을 강요했다. 요의 대신들은 여진족의 땅에 들어서면 잠자리에 부녀자를 바치게 하고 '교역'이라는 명목으로 제멋대로 약탈을 자행하는 것이 보통이었다.

이러한 폭행 앞에 아골타는 여진족의 각 부족과 은밀히 꾀하여 무기를 모으고 진지를 구축하여 요와의 싸움을 준비했다.

여진족의 이 같은 움직임을 눈치챈 요는 즉시 관리를 파견하여 조사를 실시했으나 이것은 도리어 여진족의 불만에 불을 붙인 결과를 가져왔다.

1114년 9월 아골타는 여진족의 각 부족을 규합하여 요가 저지른 죄상을 폭로하고 요를 멸망시키기 위해 힘을 합쳐 싸울 것을 호소했다.

아골타의 말이 끝나자 각 부족의 수장들도 한 사람 한 사람 서서 맹세의 말을 했다. 그리고 요의 대군이 집결하기 전에 기선을 제압하기 위하여 그 맹세의 현장에서 그대로 출진했다. 분노에 치민 여진족은 일거에 요의 동북 관문인 영강주(길림성 동쪽)를 함락했다.

이때 여진족의 병력은 겨우 2,500명에 불과했다고 한다. 그로부터 2개월 후에는 1만 명도 채 못 되는 병력으로 출하점(흑룡강성 서쪽)에 있던 요의 10만 대군을 격파했다. 이듬해 12월 요의 천조제는 친히 70만 대군을 거느리고 출진했으나 아골타는 겨우 2만 명의 여진 부대 선두에 서서 이들을 맞아 싸워 연전연승을 거두었다.

요의 전사자는 헤아릴 수 없이 많았으며 100리에 걸치는 싸움터에는 시체가 줄을 이었다. 이 싸움에서의 참패로 간이 오그라진 천조제는 하룻밤에 500리를 달리는 말을 타고 도망쳐 돌아왔다는 전설까지 있다. 이렇게 해서 요양부에서 황룡부에 이르는 요동 땅은 모두 아골타의 수중으로 들어가고 요나라에 멸망당했던 발해국의 잔당도 속속 아골타에게 복속됐다.

파죽지세로 요군을 무찌른 아골타는 1115년 1월 1일 황제의 자리에 오르고 나라 이름을 대금大金이라 일컬으니 이 사람이 역사상 금의 태조이다. 그는 요를 멸망시킬 것을 맹세한 지 불과 1백여 일만에 일개 부족의 수령에서 황제가 되어 요하 이동의 광활한 지역을 지배하게 되었다.

여담이지만 나라 이름을 금이라고 정한 데 대하여 이런 전설이 있다. 아골타의 무리들이 나라 이름에 대하여 의논할 때 아골타는 이렇게 제안했다.

"요나라는 빈철鑌鐵을 상징하고 있다. 확실히 빈철은 튼튼하기는 하지만 녹스는 일이 있다. 영구히 변하지 않고 빛을 내는 것은 금뿐이다. 게다가 우리들 여진족은 안출호(按出虎, 여진 말로 금이라는 뜻) 강가에 살고 있다. 어떻소, 금이라는 나라 이름이 우리 여진족에게는 가장 어울린다고 생각하는데."

이렇게 해서 만장일치로 금나라로 정하게 됐다.

해상의 맹약과 방랍의 난

송나라 조정에서는 아골타가 금나라를 세우고 요의 1백만 대군을 무찔러 50여 개의 성을 함락했다는 정보를 입수하고, 이 기회에 금과 연합하여 요나라를 공격하려 했다. 그래서 사자를 바닷길로 금나라에 보내 합동 작전으로 요나라를 공격할 것을 제의했다. 의논 끝에 다음과 같은 맹약이 이루어졌다.

첫째, 금나라는 중경(요령성 능원 서쪽)을 공략하고 송나라는 연경(북경)을 공격하기로 한다.

둘째, 요를 멸망시킨 후 금나라와 송나라는 만리장성을 경계선으로 국경을 정하기로 하고 연운 16주는 송나라에 반환하기로 한다.

셋째, 송나라는 지금까지 요나라에 보냈던 세공을 고스란히 금나라에 보내기로 한다.

이것이 역사상 '해상의 맹약'이라 불리는 협약의 골자로서 1120년의 일이었다.

그해에 아골타는 대군을 거느리고 요의 상경을 공격해 반나절이 채 못 되어 상경성을 점령해 버렸다. 백성들은 소리 높여 만세를 부르며 환호했고 송나라 사절은 아골타에게 축배를 올렸다. 2년 후 아골타는 해상의 맹약대로 중경을 함락하는 데 성공했다.

한편 송나라에서도 연경을 공격하려 했으나 때마침 목주 청계현에서 방랍方蠟의 반란이 일어나 요나라를 공격하기 위해 편성한 15만의 대군을 부득이 방랍의 반란 토벌에 돌리는 수밖에 없었다.

방랍이 반란을 일으키게 된 배경을 살펴보면 다음과 같다. 왕안석의 신법이 실패로 돌아가고 송나라의 사회·경제적 위기가 심화되어 가고 있을 때 제8대 휘종徽宗이 즉위하게 됐다. 휘종은 서화에는 뛰어난 천재적 소질을 보였으나 정치에는 열등생이었다. 게다가 휘종의 총신인 재상 채경蔡京과 환관의 우두머리 동관童貫은 권력을 제멋대로 휘둘러 더욱 백성들을 착취했다.

두 사람은 갖가지 수석壽石과

제8대 휘종

기석奇石의 채집에 열을 올렸다. 멀리 강남 지방까지 관리를 파견하여 기화요초와 괴석들을 수집하고 궁전이나 화원을 장식하는 것을 낙으로 삼았다. 관리들은 눈에 드는 물건이 있으면 '궁중 어용품'이라는 것을 표시하기 위하여 누런 빛깔의 종이를 붙여 자기들의 것으로 만들었다. 관리들은 기석을 운반할 때 담장이 방해가 되면 담장을 허물고 심지어 집이 방해가 되면 집까지 허물어 버리는 등 그들의 약탈과 횡포는 극에 달했다.

이에 견디다 못한 백성들은 농가의 머슴 출신인 방랍이라는 인물을 수령으로 추대하여 반란의 깃발을 들었다. 그들은 1120년 10월의 어느 날 밤 칠원漆園에 집결하여 반란의 성명을 발표했다.

방랍은 백성들 앞에 서서 다음과 같이 호소했다.

"우리 백성들은 1년 내내 피땀을 흘려 겨우 약간의 곡식과 옷감을 손에 넣을 수 있을 뿐인데 황제의 관리들은 그것을 제멋대로 빼앗아 가고 있다. 그뿐만 아니라 마음에 들지 않는 일이 있으면 우리들에게 까닭 없이 매질을 하고 백성 죽이기를 밥 먹듯 하면서도 눈 하나 꿈쩍하지 않는 형편이다. 세상에 이런 법이 어디 있단 말인가?"

방랍의 이런 호소에 백성들이 환호하자 방랍은 말을 이었다.

"또 있소이다. 놈들은 제 배때기를 채울 뿐 아니라 그 나머지는 우리들의 적인 요나라와 서하에 세공으로 바치고 있소. 우리들의 피와 땀으로 적을 기르고 있는 것이오. 그리하여 그 적이 공격해 오면 우리들을 방패막이로 써먹고 있소. 그러다가 싸움에 패하면 우리들에게 책임을 돌려 우리들을 꾸짖고 있소. 이런 일을 용서할 수 있단 말씀이오!"

흥분하는 백성들을 향하여 방랍은 봉기할 것을 호소했다.

"우리가 팔을 걷어붙이고 무기를 가지고 일어나면 열흘이 안 되어 수만 명의 무리가 모여들 것이오. 모두가 힘을 합쳐 강남의 각 군을 공략, 함락합시다. 10년만 고생하면 분명 천하는 우리의 수중으로 돌아올 것이요, 그렇지 않으면 우리는 놈들에게 모두 죽임을 당할 뿐이오. 어떻소, 잘들 생각해 보시오."

방랍의 이야기가 끝나자 청중들 가운데서 일제히 환호와 절규가 일어났다.

"옳소! 무엇이든 명령만 내려 주시오."

방랍이 반란의 깃발을 높이 들고 일어나자 과연 열흘이 채 못 되어 10여만 명의 무리들이 모여들었다. 반란군은 대오를 정비한 후 북쪽을 향하여 진군했다. 이들은 동남 지방의 요충지 항주를 함락했다. 이러한 사태를 전후하여 절강·안휘·강서 등의 여러 주현에서도 방랍에 호응하여 반란에 가담함으로써 그들의 병력은 100만 명으로 확대됐다. 이렇게 되자 방랍은 자신의 정권을 수립하고 스스로 '성공聖公'이라 일컫고 연호를 영락永樂으로 정했다.

방랍의 반란 보고를 접한 송나라 조정에서는 즉시 요나라를 공격하기 위해 편성한 동관 휘하의 15만 대군을 출동시켜 반란을 진압했다. 한편 악명 높은 기석의 수집을 중지시키는 등 백성들의 회유책을 강구했다. 반란군은 용감히 싸웠으나 전투 경험이 없었을 뿐 아니라 조직력도 없어서 패전을 거듭하였고 이듬해 4월에는 방랍이 체포되어 8월에 개봉에서 목숨을 잃었다.

방랍의 반란과 때를 같이하여 역시 당시의 악정에 불만을 품은 호걸들이 전국 각지로부터 산둥의 양산박梁山泊에 집결했다. 두령 격인 송강宋江 등 36명이 무리를 거느리고 관군들을 크게 괴롭혔다. 이것이 중국 역사상 유명한 장회소설 《수호지水滸志》에 등장하는 양산박의 108명 영웅 호걸들 이야기의 무대이기도 하다.

방랍을 수령으로 하여 힘차게 타올랐던 농민 반란은 결국 정부군에 의해 진압되었고, 양산박의 영웅 호걸들의 반항도 백성들의 대규모 반란으로 확산되기 전에 분쇄당했다.

그러나 이러한 가운데 송왕조의 운명도 점점 위기가 심화되어 쇠퇴의 길로 치달았다.

송나라가 본격적으로 요나라를 공격하게 된 것은 방랍의 난과 송강의 난이 진압된 후인 선화 4년(1122)의 일이었다. 이보다 앞서 금나라는 이미 요의 중경을 함락했다. 요의 천조제는 운중으로 패주했다가 다시 금군의 추격을 받아 협산까지 도망쳤다.

처음 해상의 맹약에서 금나라는 장성 이남은 손대지 않기로 되어 있었다. 그러나 송나라 쪽에서 서경 공격을 제의했기 때문에 금나라는 장성을 넘어 서경 대동부를 공격하여 이를 점령했다. 송나라에 반환하기로 되어 있던 연운 16주는 대부분 금나라 군사에게 점거당한 상황이었다.

연경은 두말할 것도 없이 연운 16주 가운데 가장 중요한 곳이었으므로 송군의 공격 목표였다. 그런데 천조제가 도망쳤다는 사실을 안 연경의 백성들은 그곳에 있던 요나라 황족을 황제로 세워 천석 황제天錫皇帝라 일컬었다. 이 천석 황제를 옹립한 주동 인물은 한족 출신 이처온李處溫 등이었다.

연경에 세운 요나라 정부는 일종의 망명 정부에 불과했다. 그런데 천석 황제는 즉위한 지 얼마 안 되어 죽고 그의 처 소씨가 태후라 일컫고 정권을 잡았고 천석 황제를 옹립한 이처온을 죽여 없앴다.

연경에 세운 요의 망명 정부에서는 송나라에 대하여 150여 년간의 우의를 강조하며 함께 힘을 합하여 금나라에 대항하자고 은밀히 제의해 왔다. 동관은 이를 거부하고 당초의 목표대로 연경을 공격했으나 연경에 남아 있던 요의 잔존 부대의 강력한 저항에 부딪혀 연전연패하고 말았다.

동관은 자신에게 패전의 책임을 물어 처형하겠다는 논의가 일지도 모른다는 두려움에 비밀리에 금나라 태조 아골타에게 원병을 요청하기에 이르렀다.

금나라는 송나라와의 약속을 철석같이 지킨 셈이었다. 장성을 넘어 중경의 대동부를 공략한 것도 송나라의 요청에 의한 것이었지 그들의 자발적인 공격이 아니었다. 그들의 힘으로는 눈 깜짝할 사이에 끝낼 수 있는 연경의 공격도 약속대로 송나라에 위임하고 있었던 것이다. 그러나 송나라에서 연경 공략을 요청할 경우, 이는 약속과는 별도의 싸움이 되는 것이다.

금나라의 대군은 이미 장성 남쪽에 들어와 있었다. 동관으로부터 원병 요청이 있자 금나라 군사는 노도처럼 남하하여 삽시간에 연경을 함락했다.

요의 천조제는 그 후 5년간 각지로 도망다니다가 마침내 금나라 군사에게 체포되지만, 야율 대석耶律大石 등 요나라 귀족들은 서쪽으로 도망가 요나라를 재건하게 된다. 이 나라를 역사상 서요(西遼, 1124~1218)라 부른다.

송과 금의 항쟁

요나라가 멸망한 후 얼마 있다가 송나라와 금나라의 우호 관계에도 금이 가 항쟁이 시작되었다.

송나라와 금나라가 해상의 맹약에 따라 요나라를 멸망시켰다고는 하지만 사실상 송나라로선 이렇다 할 전공이 없었다. 금나라는 이를 이유로 만리장성을 국경선으로 정한다는 당초의 약속을 지키려 하지 않았다. 금나라의 여러 장수들도 연경은 자신들의 힘으로 얻은 것이며 연경을 공격한 것도 송나라의 요청에 의한 합법적인 것이었으므로 반환할 필요가 없다고 주장했다. 그뿐만 아니라 연경의 주민들까지도 금나라에 복속하는 것을 환영하여 송나라에 반환하는 것을 반대하는 상황이었다.

송나라와 금나라는 여러 차례 담판을 벌인 결과, 아골타는 마침내 맹약을 지키지 않으면 안 된다고 판단하고 연경을 반환하기로 했다. 그 대신 '빈성空城'으로 인도할 것과 매년 은 20만 냥, 비단 20만 필 외에 연경 특별세 1백만 관전貫錢을 지불할 것을 요구했다.

아골타, 즉 금의 태조는 1123년 연경에서 철병한 직후에 죽었다. 그의 동생 오걸매吳乞買가 그 뒤를 이으니 이 사람이 금의 태종이다.

금의 태조가 맹약에 충실했던 데 비하여 송나라는 도의가 땅에 떨어지고 있었다. 이것은 휘종과 같은 정치에 무관심한 예술가 황제 밑에 채경·동관 등 신념 없는 인물이 정권을 장악하고 있었기 때문이었다. 게다가 금나라와 약속한 세공과 특별세의 제공도 원활하지 못했다. 송나라 입장에서 본다면 연경은 돌려받았지만 서경의 대동부는 아직도 반환되지 않고 있었다. 숙원인 연운 16주를 차지하자면 그

태반을 점령하고 있는 금나라를 쓰러뜨려야 한다. 이것이 송나라가 직면한 과제였다.

이런 정세하에서 요나라 천조제는 음산에 숨어 서하와 연합할 것을 기도하고 있었다. 송나라에서는 극비리에 천조제와 연락하여 요나라와 동맹을 맺어 금나라로부터 서경을 탈환하고자 획책했다. 그러나 송의 선화 7년(1125) 천조제가 금나라 군사에게 체포되고 송나라에서 극비로 보낸 밀서가 발견됨으로써 송나라의 배신 행위에 대한 금나라의 노여움은 마침내 송나라를 유린하는 도화선이 되었다.

그해 11월 금나라는 마침내 군사를 출동시켜 송나라 수도 개봉을 향해 파죽지세로 밀고 내려왔다.

금나라 군사의 선봉 부대가 개봉에서 10일 거리의 지점에 이르렀다는 보고를 들은 휘종 황제는 대신의 손을 잡고 떨리는 목소리로 말했다.

"금나라가 설마 우리 도성을 공략할 줄은 꿈에도 생각지 못했다."

휘종은 그 순간 기절하여 쓰러졌다. 이윽고 눈을 뜬 휘종은 황태자에게 제위를 선양하고 채경·동관 등 추종자들을 데리고 수도를 떠나 박주로 갔다가 다시 건강으로 탈출했다.

이렇게 해서 황태자 조항趙恒이 흠종欽宗으로서 즉위하고 연호를 정강靖康으로 고쳤다.

수도 개봉에서는 휘종의 총신 채경·동관 등이 탈출했다는 소문을 들은 백성들이 일제히 쌓이고 쌓인 울분을 터뜨려 폭정을 규탄했다. 최고 학부인 태학에서 공부하는 학생들의 대표 진동陳東 등도 온갖 학정을 다한 채경·동관 등 6명에 대한 처형을 요구하는 상주문을 발표함으로써 수도 개봉은 분노의 함성으로 메아리쳤다.

이러한 함성에 눌린 흠종은 조서를 내려 채경 등의 처벌을 약속하기에 이르렀다. 백성들은 여기에 힘을 얻어 모두 궐기하여 멸망 일보 직전의 송왕조를 구출할 결의를 다졌으나 겁이 많은 흠종은 백성들의 선두에 서서 금나라와 싸우려고는 하지 않고, 아버지 휘종과 마찬가지로 수도에서 도망칠 생각만 했다.

흠종이 수레를 타고 도망치려는 순간 대신 이강李綱이 달려왔다. 이강은 수레를 호위하는 친위군 장병들을 향하여 큰소리로 외쳤다.

"목숨을 버려서라도 도성을 지키는 것이 옳은가, 그렇지 않으면 황제와 함께 수도를 버리는 것이 옳은가?"

친위군의 장병들은 소리를 합하여 대답했다.

"목숨을 버려서라도 도성을 사수합시다."

흠종은 어떻게 하면 좋을지 몰라 당황했다. 그러자 이강이 흠종 앞에 나아가 말했다.

"금나라 군사는 이미 도성 가까이 다가오고 있습니다. 만약 수레를 타신다 해도 적병에게 쫓기어 잡힐 것으로 생각됩니다."

이렇게 해서 흠종은 마지못해 도성에 머무르게 됐다.

이때 금나라 군사는 이미 성 둘레에 파 놓은 해자를 건너오기 시작했으나 성 둘레에는 이강이 미리 배치한 결사대가 대기하고 있었다. 결사대는 해자를 건너려는 금나라 군사의 배를 쇠갈고리가 달린 긴 장대로 걸어 공격했다. 송군 결사대의 이 같은 저항에 많은 병사를 잃은 금나라 군사는 일단 후퇴했다.

이강은 금군의 재공격에 대비하여 성의 수비를 더욱 튼튼히 했다. 장병들은 채경 등이 강남 지방에서 약탈하여 정원을 장식한 기석들을 운반하여 성문을 막는 등 방비를 튼튼히 했다.

장병들이 이렇게 항쟁을 계속하는 동안 흠종을 비롯한 강화파들은 금나라 진지에 사신을 보내 강화를 요청했다. 금나라가 제시한 터무니없는 강화 조건을 모두 수락하기로 했다. 금나라가 제시한 조건은 황금 500만 냥, 백은 5천만 냥, 비단 100만 필, 우마 1만 마리 외에 태원·중산·하간의 3진鎭을 금나라에 바칠 것과 송나라 황제는 금나라 황제를 백부로 받든다는 매우 굴욕적인 것이었다.

이렇게 강화가 진행되는 동안 송나라의 노장 종사도種師道가 하북·하동의 원군을 거느리고 달려왔다. 원군은 자칭 1백만이라 했으나 실제는 20여만 명이었다. 그래도 6만 명의 금나라 군사와 비교하면 훨씬 많은 병력이었다.

금나라 진영에서는 이강과 종사도의 존재를 두려워하여 위축되었으나 송의 흠종은 금나라의 비위를 맞추기 위해 이강을 해직시켰다.

강화파의 이 같은 행동은 조야의 거센 반발을 몰고 왔다. 태학의 학생 1천여 명은 진동을 선두로 궁성문 앞에 이르러 강화파의 간신 이방언李邦彦·장방창張邦昌을 추방하고 이강·종사도를 중용하여 성 안의 수비는 이강에게, 성 밖의 수비는 종사도에게 위임하라고 흠종에게 강요했다. 백성들도 진동 등과 동조하여 1시간도 못 되어 수만의 군중이 궁궐을 에워싸게 되었다. 일종의 시위였다.

흠종은 사태의 확대를 두려워하여 이강을 다시 기용한다고 발표했다. 군중들은 환성을 지르며 흠종의 결정을 환영했으나 다시 종사도를 만나게 해 달라고 요구했다. 흠종은 이 요구도 받아들여 수레를 보내 종사도를 맞아오도록 했다. 군중들은 종사도의 건재한 모습을 본 후에야 비로소 안심하고 해산했다.

이 같은 송나라 조야의 분노와 거센 저항 앞에 그렇게 의기충천했던 금나라도 위축되기 시작했다. 그들이 강화 조건에서 요구한 금과 은이 전량 수집되지 않았는데도 슬슬 꽁무니를 빼고 철병했다.

금나라 군사가 철수하고 각지에서 달려왔던 원군도 각각 그들의 지방으로 돌아가 평온을 되찾게 되자 이강 등 주전파의 대신과 장군들은 쫓겨났다. 대신 강화파들이 득세하여 천하태평으로 날뛰었다. 그리고 흠종은 강남으로 탈출해 있던 휘종을 도성으로 모셔왔다. 휘종이 강남에서 왕조를 세우고 복위한다는 소문이 퍼진 터라 이런 사태를 예방하기 위해서였다.

그러나 흠종을 비롯한 강화파들의 태평세월도 잠시였을 뿐, 금나라 태종은 중원 정복의 야망을 결코 버린 것이 아니었다. 수개월 후 진용을 정비한 금나라는 다시 송나라 수도를 향해 진격해 왔다. 전혀 대비책이 없었을 뿐 아니라 저항할 의사마저 없었던 흠종은 '신병(神兵, 신의 가호를 받는 군사)'에게 맡기어 금나라를 물리치겠다는 곽경郭京의 허무맹랑한 거짓말을 그대로 믿고, 성을 지키고 있던 장병들을 모두 철수시킨 후 성문을 활짝 열어 놓도록 명령했다.

이렇게 해서 금나라 군사는 피 한 방울 흘리지 않고 개봉에 입성했다. 금나라 군사를 쫓아 버리겠다고 호언한 곽경은 벌써 자취를 감추어 찾을 길이 없었다. 마침내 흠종은 항복하고 개봉은 금나라 군사에게 함락됐다.

흠종과 태상황 휘종은 친히 금나라 진영에 나아가 포로가 되었으며, 송나라가 160년에 걸쳐 모은 금은보화, 옥새, 도서, 진귀품, 의장 등을 비롯하여 황족, 고급 관료, 그들이 필요하다고 인정되는 기술자, 예술가 등 수천 명이 포로가 되어 금나라에 연행되었다.

연행된 휘종과 흠종은 금의 태종 앞에 무릎을 꿇었다. 태종은 휘종에게 혼덕공昏德公, 흠종에게 중혼후重昏侯의 칭호를 내렸다. 그 칭호에서 말하듯 이들 두 황제가 얼마나 혼미한 황제였던가를 새삼 느낄 수 있다. 어쨌든 역사상 씻을 수 없는 송왕조의 모욕이 아닐 수 없었다. 이 같은 사태의 진상이 국민에게 그대로 알려질 것을 두려워한 조정의 관리들은 황제가 북쪽으로 사냥을 나간 것이라고 백성들을 현혹시키는가 하면, 사실은 송나라가 금나라에 의해 멸망되었으면서도 이를 '정강의 난'이라는 허황된 말로 얼버무리려 했다.

이렇게 해서 요나라와 송나라는 잇따라 멸망하고 흠종의 동생 강왕康王 조구趙構가 강남의 임안을 수도로 정하고 송나라를 이으니 역사상 이를 남송南宋이라 한다. 남송이 세워지기 이전의 송나라를 북송北宋이라 한다.

남송의 탄생과 악비의 충성

송나라 수도 개봉이 금나라의 손에 떨어지고 황제 휘종·흠종이 연행되어 간 후 휘종의 아홉째 아들 강왕 조구가 남경 응천부에서 제

금나라와의 전쟁

위에 오르고 고종高宗이라 칭했다. 이렇게 해서 남송 왕조는 1127년 5월에 탄생하게 되었다.

고종은 휘종, 흠종과 마찬가지로 절조가 없는 겁쟁이로서 금나라의 비위를 맞추기에 여념이 없었다. 주전파인 재상 이강을 파직시키고 그의 주장에 동조하는 태학생들의 대표자 격인 진동마저 죽였다.

이어 고종은 이강이 금나라의 습격에 대비하여 황하 연안에 구축해 놓은 진지를 모두 철거시켰다. 그러나 고종의 이 같은 양보에 이은 양보, 타협에 이은 타협도 금나라 군사의 진격을 제지시키지는 못했다. 금나라 군사는 전진에 전진을 거듭하여 고종을 황하 이북에서, 그리고 장강(양자강) 이북에서 몰아내더니, 마침내는 바다로 몰아내기에 이르렀다. 다행히 남송군의 분전으로 승승장구하던 금나라 군사를 격퇴시키고 고종은 다시 육지로 올라올 수가 있었다.

육지로 올라와 항주로 돌아온 고종은 풍광이 아름다운 항주를 임안臨安이라 고치고 이곳을 수도로 정하여 궁전과 종묘를 세우는 데 열을 올렸다. 고종뿐 아니라 남송의 제후들도 임안에서의 안일한 생활에 만족을 느끼고 있었다.

이렇듯 임안을 수도로 하는 남송의 고종과 그의 신하들이 그저 무사안일과 향락만을 추구하는 것과는 대조적으로 금나라의 점령하에 있는 중원 백성들은 가혹한 약탈과 만행으로 도탄에 빠져 신음하는 나날을 보냈다. 억압이 있는 곳에는 반드시 저항이 있게 마련이었다. 중원의 백성들은 자신을 지키기 위해서 또는 송왕조의 부흥을 위해서 도처에서 궐기했다.

태행산 일대에서는 '팔자군八字軍'이라 불리는 10여만 명이 금나라 타도의 깃발을 높이 들고 무기를 들었다. '팔자군'의 수령은 왕언王彦

으로 그들은 모두 얼굴에 '적심보국 서살금적(赤心報國誓殺金賊, 일편단심으로 국가에 충성하고 맹세코 금나라를 무찌름)'이라는 여덟 글자를 문신했기 때문에 팔자군이라 불렀다. 팔자군의 용감하고 과감한 전투 모습은 그토록 기세등등했던 금나라 군사의 사기를 꺾어놓기에 충분했다.

중조산 일대에서는 '홍건군紅巾軍'이 금나라 타도의 깃발을 높이 들고 산서 지방을 전전하면서 금나라의 사령부를 습격하여 부사령관을 생포하는 전과를 올렸다. 홍건군은 모두 머리에 붉은 수건을 두르고 있었다. 이렇게 해서 중원 전역에서 금나라에 반대하는 정의의 깃발이 나부끼고 그 군병력은 모두 합쳐 1백만 명에 달했다고 한다.

남송의 소흥 5년(1135) 금나라에 포로로 가 있던 휘종이 죽었다. 남송에서는 연례 행사의 하나로 문안사를 금나라에 파견하여 두 황제의 송환을 요구하고 그 안부를 물었으나 금나라에서는 휘종의 사망 사실을 일체 함구했다.

소흥 7년(1137) 정월 금나라에서 돌아온 하선何蘇과 범영지范寧之가 비로소 휘종과 그의 황후의 죽음을 알렸다. 죽은 영덕 황후는 고종의 생모는 아니었다. 생모 위씨韋氏와 고종의 부인 형씨도 금나라 오국성에 아직 살아 있다는 사실을 알았다. 이 같은 소식을 전해 들은 고종은 금나라와 강화 교섭을 벌일 마음을 굳혔다. 강화파의 두목인 진회秦檜는 고종의 뜻을 받들어 강화 교섭을 벌인 결과 마침내 소흥 9년(1139) 일단 강화가 성립됐다. 죽은 휘종의 유해와 고종의 생모 위씨의 송환도 강화 조건에 포함되어 있었다.

그러나 일단 성립한 강화는 금나라 내부의 강화파와 반대파의 권력 다툼으로 폐기됐다. 1140년 금나라에서는 강화 반대파인 종필宗弼을 총사령관으로 삼아 다시 대군을 휘몰아 단숨에 개봉과 장안을 점령했다. 남송군도 금나라와 끈질긴 항쟁을 벌여 도처에서 금나라 군사를 괴롭혔다. 악비岳飛, 한세충韓世忠 등의 활약은 남송군의 사기를 크게 진작시켰다. 특히 악비를 통수로 하는 군단은 언성(하남성 남쪽)에서 금군의 주력 부대를 격파하고 금나라 사령부가 있는 개봉 20킬로미터 지점의 주선진을 계속 위협했다. 수세에 몰려 개봉으로 후퇴한 금나라 군사들은 악비 군단의 강력함에 간담이 서늘해졌다. 금군의 진영에서는 다음과 같은 말이 퍼지고 있었다.

'태산을 움직이기는 쉬울 수 있어도 악비의 군사를 움직이기는 어렵다.'

악비(1103~1141)의 자는 붕거鵬擧이고 상주 탕음의 가난한 농가에서 태어났다. 악비는 그의 교묘한 전술과 용감함으로 자주 전공을 세워 30대의 젊은 나이에 남송군의 유력한 장군이 됐다. 그는 오직 '중원 복귀, 송조 부흥'이라는 투지에 불타고 있었다.

악비군의 선전으로 패전을 거듭하자 금나라 조정의 명령은 이제 연경(북경) 이남 지역에서는 거의 미치지 않았다. 금군의 사기는 점점 떨어져 장군 가운데서도 비밀리에 악비와 내통하는 자까지 생겼다.

악비의 등에 진충보국을 새기는 어머니

악비군의 연전연승은 중원 천지를 고무시켰다. 악비군이 이르는 곳마다 백성들은 크게 환영했다. 중원 각지의 의거 부대도 '악岳' 글자를 깃발에 새겨 넣어 악비와 연합하여 금나라 군사 토벌을 약속했다.

악비는 계속하여 진격 준비를 서두르는 한편 송군의 각 부대에 총공격 명령을 내려 주기를 조정에 상주함으로써 중원 수복이 바로 눈앞에 다가온 듯했다. 악비는 그의 부장들에게 말했다.

"황룡부를 공략, 함락한 후 모두 마음껏 축배를 들고 즐겨 봅시다."

황룡부(길림성 농안현)는 금나라 수도 회령부(흑룡강 아성 남쪽)의 동북쪽 200킬로미터 지점에 있는 금나라 수도 방위의 요충지였다.

형세가 점점 불리하다고 판단한 금나라 통수 올출兀朮이 개봉을 버리고 북쪽으로 철병하려고 말에 오르자 한 문관이 급히 달려와 말고삐를 잡으며 말했다.

"철병을 잠깐 보류하는 것이 상책이라 생각합니다. 머지 않아 악비는 군사를 물리게 될 것입니다."

올출은 의아스러운 표정으로 물었다.

"아니, 철병을 보류하라니 그게 무슨 말인가. 그대는 아직도 우리 기병 부대의 언성에서의 패전을 알지 못하고 있는가? 거의 전멸되다시피 한 언성의 패전을 말이다. 거기에 이은 주선진의 싸움에서도 우리 10만 대군이 악비의 5백 기병에게 묵사발이 되고 말았다. 그런데도 철병을 보류하란 말인가?"

문관은 침착한 어조로 대답했다.

"역사책을 펼쳐 볼 것 같으면 조정 안에 권력을 휘두르는 신하가 있을 때 밖에서 장군이 공을 세웠다는 기록은 볼 수가 없습니다. 제가 보는 바로는 악비 자신의 지위가 위험한 상태에 빠져 있다고 판단

됩니다. 그런데 악비가 어떻게 개봉에 입성할 수 있겠습니까?"

올출은 이 문관의 말에도 일리가 있다고 판단하고 말에서 내려 그대로 개봉에 머물렀다.

매국노 진회의 음모

강화파의 우두머리 진회는 남송의 각 부대가 항전을 거듭하여 각지에서 금나라 군사를 격파하는 것이 큰 골칫거리였다. 아군의 승리를 고민하는 것은 이상한 일이었지만 적어도 진회의 심정은 그러했다. 진회는 어떻게 해서든 강화 교섭의 장애가 되는 일선의 장군들을 무슨 구실을 붙여서든 소환해야겠다고 생각했다.

진회는 일선의 장군들에게 논공행상을 행한다는 구실을 붙여 소환했다. 올출의 철병을 반대했던 문관의 말이 제대로 적중한 셈이었다.

어리석은 황제 고종과 진회는 악비에게도 철수 명령을 내리기에 이르렀다. 금나라 군사에게 자극을 주어서는 안 되겠다고 판단한 그들은 하루에 무려 12회에 걸쳐 '금패金牌'를 내려 악비에게 철수를 명했다. 금패란 조정의 긴급 명령을 전달하는 사자에게 내리는 특별 통과증으로 이 통과증을 소지하면 하루에 500리를 달리는 준마를 타고 명령을 전달할 수 있었다. 잇따라 전달되는 조정의 철수 명령에 악비는 비분의 눈물을 삼키며 탄식했다.

"10년 고생이 하루아침에 물거품이 되는구나!"

일선에서 돌아온 악비를 기다리고 있는 것은 감옥이었다. 고종과 진회는 이런 방법으로 악비의 손에서 병권을 빼앗았다.

진회는 금나라와의 강화를 추진하기 위하여 대신 만사설萬俟卨과 장군 장준의 무리들과 짜고 악비에게 모반죄를 뒤집어씌워 투옥했다. 악비의 아들 악운과 악비의 부장이었던 장헌張憲마저도 그와 연루시켜 가두었다.

진회는 갖가지 수단을 동원하여 악비에게 모반죄를 자백하도록 강요했으나 악비는 침묵을 지킨 채 대답하지 않고 조용히 그의 윗옷을 벗어 등을 보였다. 악비의 등에는 '정충보국精忠報國'의 네 글자가 살 속 깊이 문신되어 있었다.

악비의 모반죄를 믿는 사람은 아무도 없었다. 그러나 고종과 진회는 터무니없는 모반죄를 뒤집어씌워 악운과 장헌을 처형하여 효수하고, 악비를 옥중에서 극비리에 죽였다. 그때 악비의 나이 39세였다.

악비가 죽고 얼마 후 남송과 금 사이에 강화가 성립됐다. 이 강화의 조건은 송나라로선 매우 치욕적인 것이었다.

첫째, 송나라는 금에 대하여 신하로서의 예를 다할 것.
둘째, 금나라 왕이 송나라 왕을 황제로 책봉할 것.
셋째, 송나라는 은 25만 냥, 비단 25만 필을 세공으로 금나라에 보낼 것.
넷째, 동쪽은 회수, 서쪽은 대산관을 연결하는 선을 국경선으로 할 것.

개봉과 장안은 물론 금나라 영토에 들어가 있었다. 이 강화는 남송의 소흥 12년(1142)에 성립했기 때문에 역사상 '소흥의 강화'라고 부른다. 소흥의 강화가 성립된 후 얼마 동안 남송에서는 전쟁 없는 세월이 이어졌다.

강화가 성립된 해에 휘종의 유해와 고종의 생모 위씨가 돌아왔다.

그러나 고종의 처 형씨는 이미 3년 전에 오국성에서 죽었다는 사실이 밝혀졌다. 그리고 흠종은 끝내 돌아오지 못했다. 고종의 생모 위씨가 송환될 때 흠종은 다음에는 꼭 자신을 맞이하러 오도록 힘써줄 것을 울면서 호소했다. 흠종은 그로부터 19년 동안을 하루같이 자신을 맞으러 온다는 기쁜 소식을 기다렸지만 끝내 그 소식은 오지 않았다. 소흥 31년(1161) 흠종은 망향의 한을 안은 채 환갑을 맞이한 지 1년 후에 북녘 땅에서 쓸쓸히 죽어갔다.

한편 악비의 원통한 죽음은 그가 죽은 후 22년 만에 그 진상이 밝혀지고 억울한 죄명도 벗겨졌다. 그리고 악비의 유골도 발견되어 항주 서하령棲霞嶺 기슭에 안장되고 악비의 사당도 세워졌다.

여담이지만 악비의 유골은 22년 동안 도대체 누가 숨겨 놓고 있었단 말인가. 여기에는 다음과 같은 이야기가 전한다.

악비 묘 앞에 무릎꿇은 채 민족 반역자로 남아 있는 진회와 만사설의 철상

앞서도 언급했듯이 악비는 옥중에서 극비리에 목숨을 빼앗겼다. 그때 외순이라는 한 옥리가 있었는데 그는 매일 대하는 악비의 사람 됨에 크게 감동을 받았다. 악비가 죽는 날, 그는 밤을 틈타 옥중에서 몰래 악비의 유해를 운반하여 교외의 채소밭에 묻었다. 악비가 차고 있던 옥환玉環을 유해 위에 가로질러 놓고 흙을 덮은 다음 귤나무 두 그루를 그 위에 심었다. 외순은 임종에 앞서 그의 아들을 머리맡에 불러 놓고 악비의 혼령을 정중히 받들라는 유언을 남기고 타계했다. 이렇게 해서 악비의 유골은 소중히 보관됐다고 한다.

한편 악비를 죽인 진회와 만사설은 그들의 생전에는 가까스로 징벌을 면할 수 있었다. 후세 사람들은 이러한 무리들의 철상鐵像을 만들어 악비의 무덤 앞에 무릎을 꿇림으로써 민족 반역자에 대한 분노를 터뜨렸다. 그들의 철상은 지금도 악비의 무덤 앞에서 그 추한 모습을 드러내고 있다.

칭기즈칸의 등장

중국 속담에 '매미를 잡아먹는 사마귀 뒤에서 참새가 사마귀를 노려보고 있다.'라는 말이 있다. 이 같은 속담은 송나라를 침범하는 금나라의 상황을 단적으로 비유하는 것이라 하겠다. 금나라가 송나라를 침범하여 약탈을 자행하고 있을 무렵, 북방에서 새로 일어난 몽골족이 금나라를 호시탐탐 노리고 있었다.

몽골족의 귀족 테무친鐵木眞은 1204년 나이만부를 격파하여 몽골 초원의 유목 민족인 전 몽골 부족을 통일하고 1206년에 오논 하반河畔

칭기즈칸

에서 쿠릴타이(부족 회의)를 소집하여 칭기즈칸成吉思汗으로 추대되어 즉위했다. '칭기즈'란 '절대적인 힘'이란 뜻이고, '칸'은 '군주'를 뜻한다.

몽골족은 오랜 역사를 가진 민족으로서 당나라 시대에는 몽올蒙兀이라 일컬어지는 질위족窒韋族의 한 부족이었다. 진秦·한漢 이전에는 동호東胡에 속해 있었다고 한다. 동호와 흉노는 원래 몽골 초원의 우방

이었으나 뒤에는 서로 옥신각신 싸우는 사이가 되어 흉노에게 쫓겨났고, 동호의 일부가 대흥안령 산맥 깊숙이 도망쳐 들어갔다고 한다. 몽골족은 이 동호 계통의 한 부족으로 영주도 없고 상하의 구별도 없는 씨족제 원시 사회의 생활을 답습하고 있었다. 몽골에 국가가 탄생하고 문자·법률이 제정된 것은 테무친이 칭기즈칸으로 추대된 후이다. 몽골족은 이때에 이르러 비로소 노예제 사회에 발을 들여놓았다.

칭기즈칸이 군주의 자리에 오른 지 3년 후에 금나라 황제 장종이 죽고 그 이듬해에는 새 황제 위소왕衛紹王 영제永濟의 사자가 조서를 가지고 칭기즈칸에게 왔다. 위소왕의 사자는 지금까지의 관례에 따라 배례를 올리고 조서를 받들도록 하라고 명했다.

원래 몽골족이 통일되기 전까지는 몽골의 각 부족이 금나라의 지배하에 있었다. 몽골이 통일되어 그 세력이 강대해지면 반항할 것을

두려워한 금나라에서는 몽골족에 대하여 분할 지배 정책을 취하여 몽골족의 각 부족끼리 싸움을 하게 했다. 칭기즈칸의 아버지도 이러한 싸움 때문에 같은 몽골족에게 체포되어 금나라로 압송되어 책형을 당했다.

금나라에서는 또 3년마다 몽골에 출병하여 각 지방을 순회하며 장정들을 죽여 없앴다. 게다가 몽골족에 대한 금나라의 경제적 약탈도 가혹했다. 이런 일로 인하여 금나라에 대한 몽골족의 분노는 극에 달해 있었다. 이럴 때 금나라의 새 황제가 몽골의 군주 칭기즈칸에게 무릎을 꿇고 조서를 받들라 하니 칭기즈칸이 전례에 따라 그렇게 호락호락 굴복할 턱이 없었다. 칭기즈칸은 그 사자를 노려보며 물었다.

"금나라의 새 황제라니, 그게 도대체 누구요?"

금나라의 사자가 대답했다.

"위소왕입니다."

위소왕 완안 영제完顔永濟는 겁이 많고 우둔한 제왕으로 알려진 인물이었다. 칭기즈칸은 금나라 황제가 있는 남쪽을 향하여 침을 뱉으며 강경한 어조로 말했다.

"뭐라고? 나는 중원의 황제는 하늘에서 내려온 귀인으로만 생각하고 있었는데 위소왕이 황제라니 정말 놀랄 일이다. 그따위 어리석은 자에게 무릎을 꿇고 신하의 예를 다하라니 정말 가소로운 일이로다."

칭기즈칸은 뱉듯이 말하고 곧바로 말에 채찍을 가하여 쏜살같이 밖으로 나가 버렸다.

금나라 사자는 닭 쫓던 개 지붕 쳐다보는 격으로 그냥 돌아올 수밖에 없었다. 사자가 금나라에 돌아와 자초지종을 낱낱이 보고하자 금나라 황제는 더욱 성을 내어 테무친이 입조하는 날을 기다렸다가 그때 죽여 없애리라 생각했다. 그러나 테무친이 이 같은 사실을 모를 턱이 없었다. 그는 금나라와의 국교를 끊고 말았다.

해가 바뀌어 1211년이 되자 칭기즈칸은 대군을 거느리고 켈룰렌 강까지 남하하여 조그마한 언덕 위에 올라 금나라의 정벌을 하늘을 우러러 맹세했다.

"영원 불멸하는 하느님이시여, 금나라 황제는 우리 선조들의 목숨을 빼앗고 우리 민족을 욕되게 했습니다. 만약 하늘이 복수를 허락하신다면 우리들에게 힘을 주소서."

칭기즈칸의 이 같은 맹세의 말은 몽골족 장병들을 크게 분기시켰다. 이렇게 해서 금나라 정벌의 막이 오르게 됐다.

몽골군은 도처에서 금나라 군사를 격파하고 매년 금나라의 주·군을 공략, 함락했다.

1213년 금나라 황제 위소왕 영제永濟는 재위 5년 동안 단 한 해도 몽골의 침략을 받지 않은 일이 없었을 뿐 아니라 몽골에게 연전연패함으로써 장병들로부터 인망을 잃어 우부원수 호사호胡沙虎에게 살해됐다. 풍왕 순珣이 그 뒤를 잇게 되니 이 이가 선종宣宗이다.

칭기즈칸은 군사를 하북, 하동, 산동의 세 갈래로 나누어 연남·하북·산동의 50여 주를 점령했다. 이듬해인 1214년 칭기즈칸은 산동에서 돌아와 연경 북쪽까지 육박하여 그곳에 주둔하자 제장들은 모두 연경을 공격하자고 요청했다.

칭기즈칸은 금나라 선종에게 사자를 보냈다.

"산동·하북의 땅이 모두 나에게로 돌아왔다. 그대가 지키는 곳은 오직 연경뿐이다. 하늘은 이미 그대를 멸망시키려 하고 있다. 나 또한 그대를 궁지에 몰아넣는다면 하늘이 나를 어떻게 생각하겠는가.

나는 군사를 돌릴 생각이다. 그대는 군사를 위로하고 우리 제장들의 노여움을 풀도록 하라."

이에 금나라 선종은 기국 공주(위소왕 영제의 딸)와 동남 동녀 각각 500명, 말 3천 필, 비단 약간을 바치면서 강화를 요청했다. 칭기즈칸은 강화를 수락하고 포로로 잡았던 남녀 수십만 명을 죽이고 돌아왔다.

금나라 선종은 연경에서 자립할 힘이 없었다. 마침내 그해 5월 수도를 개봉으로 옮기고 승상 완안 복흥完顔福興에게 태자 수충守忠을 보좌하여 연경을 지키도록 명했다. 칭기즈칸은 금나라 선종이 수도를 옮긴 것은 자기를 의심했기 때문이라며 크게 노하고 대군을 출동시켜 연경을 포위했다. 연경을 지키던 태자 수충은 개봉으로 도망치고 그 후 1년 만에 연경은 함락됐다. 몽골군은 하동에서 황하를 건너 개봉에서 20리 떨어진 지점까지 점령하고 북쪽으로 돌아왔다.

중원에 갇힌 신세가 된 금나라로서는 남송과 연합하여 몽골군과 대항하는 것이 상책이었으나, 금나라 집권층은 남송을 집어삼켜 자기들의 발판을 튼튼히 하려고만 생각했다. 그래서 남송을 거듭 공격했으나 남송의 강한 저항에 부딪쳐 승산 없는 소모전만 되풀이할 뿐이었다. 결과적으로 병력과 물자의 소모가 너무 많아 그들의 국력은 쇠퇴 일로를 걷게 됐다. 이러한 기회를 노리고 있던 몽골은 금나라에 대하여 전면적인 공격을 감행하기에 이르렀다.

1232년 몽골군은 금나라의 주력 부대와 대치하여 결전의 기회를 노리고 있었다. 이 전투에서 몽골군은 금나라 군사를 피로하게 만드는 작전을 썼다. 금나라 군사가 공격해 오면 후퇴하고 또 공격을 멈추면 습격하여 휴식할 기회를 주지 않았다. 이렇게 해서 금나라 군사는 사흘 낮 사흘 밤을 꼬박 굶고 잠도 자지 못했다.

몽골군은 삼봉산에서 피로에 지친 금나라 군사를 포위했다. 때마침 폭설이 내리는 추운 날씨였지만 금군을 포위한 몽골군은 보라는 듯이 불을 피우고 고기를 구워 식사를 하면서 교대로 휴식을 취했다. 그리고 폭설에 갇혀 추위와 굶주림에 떨고 있는 금나라 군사에게 도망칠 길을 열어 유인하는 한편 미리 그곳에 정예 부대를 배치했다. 몽골군의 유인 작전에 빠져든 금나라의 장군을 포함한 주력 부대는 이곳에서 여지없이 궤멸됐다. 이 삼봉산에서의 패전은 금나라의 패망에 결정적인 계기가 됐다.

그해에 몽골군은 다시 개봉을 포위했다. 마침 개봉에서는 전염병이 만연하여 50일 사이에 수십만 명의 백성들이 잇따라 죽었고, 식량의 공급도 중단되어 인육을 먹는 참상까지 발생했다. 몽골군의 입성을 앞두고 개봉은 완전히 폐허가 되었다. 이듬해 개봉을 탈출한 금나라 애종은 우선 귀덕(강남성 상구)까지 도망쳤다가 다시 채주(하남성 여남현)로 옮겨 갔다.

막다른 궁지에 몰린 금나라는 이때서야 남송과 연합하여 몽골과 싸울 생각을 했다. 그들은 급히 사신을 남송에 보내 이렇게 제의했다.

"잔혹하기 그지없는 몽골은 이미 40여 개국을 집어삼키고 서하까지 멸망시켰소. 입술이 없으면 이가 시리듯 서하가 멸망하면 그 위험은 금나라에 미치고, 금나라가 멸망하면 그다음은 송나라의 차례입니다. 지금이야말로 금나라와 송나라가 연합하여 몽골과 대항해야 할 때입니다."

그러나 때는 이미 늦어 있었다. 남송은 이미 몽골과 연합하여 금나라를 치겠다는 밀약을 맺었다.

이듬해 11월 몽골과 송나라가 연합하여 채주를 공략했다. 송나라는 남쪽에서, 몽골은 북쪽에서 협공했으나 금군의 수비도 견고하여 쉽게 함락되지 않았다. 그러나 2년 후 1234년에 이르자 채주성에는 식량의 공급이 중단되고 성벽도 여기저기 무너져 함락 일보 직전에 빠져들었다. 금나라 애종은 이제 끝장이라 생각하고 동면 원수東面元帥 승린承麟에게 제위를 물려주고자 승린을 불러 말했다.

"짐은 이처럼 몸이 뚱뚱하여 도저히 말을 타고 도망칠 수가 없다. 경은 몸도 날쌔고 유능한 장군이다. 만약 이곳에서 탈출하게 되거든 기필코 금나라의 재건에 힘써 주기를 바란다. 이것은 짐의 진심에서 우러나오는 마지막 소원이다."

다음 날 아침 일찍 승린은 제위 계승의 의식을 거행했으나 그때 채주의 남쪽 교외에는 이미 송나라의 깃발이 나부끼고 송나라 군사의 고함 소리가 천지를 진동시키고 있었다.

이러한 사태를 보고받은 금나라 애종은 자결로써 일생을 청산하고, 제위를 이은 승린도 모반을 일으킨 부하에게 살해됐다. 또한 재상 완안 중덕完顔仲德 등 장병 5백여 명도 여수에 몸을 던져 순사했다. 이 뒤를 이어 각지의 금나라 장병과 관리가 잇따라 몽골군에 투항함으로써 금나라의 마지막 날이 다가왔다.

그러나 그로부터 3년이 지난 후에도 공주에서는 아직 금나라의 1개 부대가 여전히 싸움을 계속했다. 금나라 장군 곽하마郭蝦蟆가 거느리는 부대였다.

1236년 10월 몽골군은 대규모의 병력을 동원하여 공주 공격에 나섰다. 이를 맞아 싸우는 곽하마의 군대는 성내에 있는 금·은·동·철을 모아 포탄을 만들어 몽골군에게 포격을 가하며 끈질기게 저항했다. 그러나 중과부적으로 그들의 형세는 날이 갈수록 불리했다. 어쩔 도리가 없다고 판단한 곽하마는 성내에 있는 소를 잡아 장병들을 위한 위로연을 열고, 몽골군에게는 조그마한 물건 하나라도 넘겨줄 수 없다 하여 건물과 창고에 불을 질렀다. 그리고 최후에는 관청 주위에 섶을 수북히 쌓아 자결 장소를 만들어 만반의 준비를 갖추었다.

몽골군이 성안으로 쳐들어오자 도처에서는 격렬한 전투가 벌어졌으나 활도 다 되고 힘도 다 빠지자 금나라 군사들은 차례차례 불이 타오르는 섶 위에 몸을 던져 자결했다. 끝까지 항전하던 곽하마는 쌓아올린 섶 위에 장승처럼 버티고 서서 덧문짝을 방패로 세워 2~3백 개의 화살을 쏘았는데 그 화살 하나 하나가 보기 좋게 몽골병을 꿰뚫었다. 그렇지만 곽하마도 끝내는 힘이 다하여 훨훨 타오르는 불길 속에 몸을 던져 장렬하게 죽었다.

영웅의 거리 공주에서는 한 사람의 투항자도 없었다고 역사는 기록하고 있다. 후세 사람들은 곽하마의 충성과 용기를 추모하여 그곳에 사당을 세웠다. 금나라는 아홉 황제, 120년으로 그 역사의 막을 내리게 됐다.

남송의 멸망

'오랑캐로써 오랑캐를 제압한다'는 정책을 취한 북송은 금나라와 연합하여 요나라를 공략, 멸망시켰으나 그 결과 중원을 잃게 됐다. '입술이 없어지면 이가 시리다'는 경고를 무시한 남송은 몽골과 연합하여 금나라를 멸망시켰지만, 그 결과는 '이리를 몰아내고 호랑이를 맞아들인다'는 격이 되고 말았다. 금나라가 멸망하자 몽골군은 곧바로 남송을 공격해 왔다.

1258년 몽골의 헌종憲宗 몽케칸은 대군을 거느리고 남송의 사천 지방을 공격하고, 쿠빌라이는 호북 지방의 공격에 나섰다. 이 무렵 남송의 재상은 가사도賈似道였다. 그는 정권을 손아귀에 넣고 제멋대로 권세만 휘두르는 무능한 재상이었다. 그가 하는 일이란 돈을 받고 벼슬을 팔아 사복을 채우거나 미녀들에게 둘러싸여 별장에서 지내고, 귀뚜라미에게 씨름을 시키고는 그 모습을 보며 기뻐할 뿐 국사 따위는 도무지 돌보지 않았다.

어느 날 가사도는 증원 부대를 거느리고 몽골군과 싸우고 있는 호북 지방으로 향했지만 몽골군과 싸울 생각은 하지 않고 몽골군의 통수 쿠빌라이에게 사자를 보내 매년 은 20만 냥, 비단 20만 필을 몽골에 보내고 또 국경선을 장강 이남으로 후퇴시키는 조건으로 강화를 제의했다. 때마침 쿠빌라이에게는 몽케칸이 병사했다는 소식이 당도해 있었다. 사천 지방에서 조어산釣魚山을 공격하던 중 화살을 맞아 이것이 원인이 되어 죽었다는 소식이었다.

쿠빌라이는 몽케칸이 죽은 후의 권력을 노리고 있었다. 그는 급히 본국으로 돌아가 후계자의 권력 투쟁에 참가하기 위하여 가사도가 내놓은 강화 조건을 수락하고 철병했다. 그해가 1259년의 일이고 남송이 멸망한 것이 1279년의 일이니 그 사이 20년간은 몽골 왕실의 후계자 다툼과 하이두의 반란 등 주로 몽골 내부의 사정에 의하여 남송의 운명이 연장된 기간이었다.

쿠빌라이가 철병하여 돌아가자 가사도는 남송의 황제 이종理宗에게 그간의 자세한 경과에 대해서는 일언반구 없이 이렇게 보고했다.

"우리 남송군의 공격에 견디지 못하여 몽골군은 거미 새끼가 사방으로 흩어지듯 도망쳐 버렸습니다. 남송군의 대승입니다."

남송의 황제 이종理宗은 이 보고를 그대로 믿고 가사도의 관직을 높이고 표창했다.

한편 본국으로 돌아온 쿠빌라이는 후계자 경쟁에서 승리하여 제위에 올랐다. 그리고 즉시 가사도에게 사자를 보내 강화 때 약속한 은과 비단을 인도하라고 요구했다. 가사도는 이 사자를 포로로 한 것까지는 좋았으나 쿠빌라이칸의 공격에 대처할 방법 등에 대해서는 전혀 생각하지 않았다. 쿠빌라이칸은 크게 노하여 즉시 군대를 파견하여 남송의 요충지 양양을 포위했다. 양양을 지키고 있던 남송군과 백성들은 필사적으로 대항하여 5년간 몽골군의 공격을 버티어 냈다.

이 사이 남송군에서는 자주 위급한 사태를 알려 증원군을 요청했으나 가사도는 원군을 보내려 하지 않았다. 양양성의 수비 대장 여문환呂文煥은 성내를 순시할 때마다 남쪽을 바라보며 통곡했다. 몽골군으로부터는 항복 권고문이 날아들고 있었다.

"항복하면 목숨을 살려줄 것이나 저항하면 모두 죽음을 면치 못할 것이다."

양양에서 대치한 지 무려 6년, 정말 긴 세월이었다. 여문환은 장병들을 거느리고 끝내 투항하고 말았다.

몽골이 나라 이름을 원元이라 고친 것은 1271년의 일이고 그 2년 후인 1273년 양양이 함락됐다. 양양을 점령한 원나라는 한수를 따라 남쪽으로 진출하여 장강의 상류와 하류 사이의 왕래를 차단시켰다. 이것은 남송의 수도 임안에 대한 크나큰 위협이었다.

가사도는 공격해 오는 원군을 무호蕪湖에서 맞아 싸우다가 대패했다. 이 싸움은 1275년 2월에 일어났다. 각 주의 정병 13만 명을 동원한 일대 결전에서 패했기에 남송의 운명은 큰 타격을 받았다.

시대는 영웅을 낳는다는 말이 있다. 남송의 뜻있는 사람들은 남송의 운명이 풍전등화와 같은 위기에 처해 있는 것을 가만히 앉아서 구경만 하지 않았다. 침략자 원나라에 대항하여 싸우려는 많은 영웅이 분연히 일어났다. 그 가운데서도 강서의 문천상文天祥은 1만 명의 용맹한 의병을 이끌고 임안으로 달려가 참전했다. 문천상은 20세 때 진사시에 수석으로 합격한 수재였을 뿐만 아니라 용모도 빼어났다. 확실히 문천상은 남송의 종말을 장식하는 걸출한 무사였다. 그는 강남 각지에서 활발한 유격전을 벌여 원군을 괴롭혔다.

당시 원나라 장군 바얀伯顏은 건강(남경)까지 들어와 있었다. 그는 승세를 몰아 단숨에 임안을 밀어붙일 작정이었으나 때마침 쿠빌라이 칸으로부터 날씨가 너무 더우니 가을이 오기를 기다려 공격하라는 조서를 받았다.

가을이 되자 바얀은 공격을 시작하여 남으로 진격해 왔다. 특히 상주常州에서의 공방전은 가장 치열하고 처참했다. 바얀은 저항이 심한 곳은 학살하는 작전을 썼는데 상주가 그러했다. 쿠빌라이칸은 여러 차례 학살을 금한다는 조서를 내렸으나 그것은 한낱 쿠빌라이칸의 생각일 뿐, 바얀은 후환을 염려해서였는지 학살을 서슴지 않았다.

바얀의 군대는 마침내 임안성 동북쪽 고정산에 육박해 왔다. 남송의 조정에서는 문천상과 장세걸 등이 3궁三宮을 해상으로 옮기고 자신들은 성을 등지고 결전을 벌일 것을 주장했으나 진의중은 이를 반대했다.

결국 감찰 어사 양응규楊應奎가 황제의 상징인 '전국 옥새'를 가지고 바얀의 진중에 나아가 강화를 전제로 한 교섭을 진행하게 됐다. 그리하여 문천상이 우승상 겸 추밀사로서 바얀의 진중에 들어가 강화 절차에 대한 구체적인 교섭을 이끌었다.

문천상은 원군이 가흥까지 후퇴할 것과 강화가 결말이 날 때까지 바얀의 진중에 머물러 있겠다고 요구했다. 물론 바얀은 이 요구를 거절했지만 문천상의 논리정연한 말솜씨에 감동받았다. 문천상이 남송의 장원 급제자라는 사실도 알았음인지 바얀은 어떻게든 이 특출한 인재 문천상을 원나라의 유용한 인재로 이용하려고 항복할 것을 권했다. 문천상이 항복의 권유를 일언지하에 거절하자 바얀은 문천상을 자기 진중에 억류했다.

문천상은 연경으로 호송되던 도중 진강에서 탈출하여 다시 유격전을 벌였다. 그러나 광둥 조주에서 원나라 장군 장홍범張弘範에게 체포되어 포로가 됐다. 원나라 지원 15년(1278)의 일이었다.

한편 임안에서 탈출한 주전파의 중신 육수부陸秀夫, 장세걸張世傑 등은 남쪽 복주에서 공제의 형인 11세의 익왕 하昰를 황제로 옹립하여 망명 조정을 세웠다. 하가 죽은 후에는 위왕 병昺을 옹립했다. 망명 조정은 원나라 군사의 추격을 피하여 각지로 도망다니며 고전하다가 1279년에는 광둥성 신회의 담강과 바다의 물이 합류하는 애산厓山에서 원군의 격렬한 공격을 받게 됐다.

최후의 전투는 애산 가까이 있는 해상에서 벌어졌다. 원나라 선단이 공격해 오자 육수부는 먼저 자기의 처자를 바다에 던졌다. 그리고 자신은 의관을 정제하고 겨우 9세밖에 안 된 남송의 마지막 황제의 허리에 금으로 새긴 옥새를 묶고 황제를 등에 업은 채 때마침 태풍으로 거칠게 출렁이는 바다에 몸을 던져 자결했다.

이때 순사한 자의 수는 헤아릴 수 없이 많았다고 역사는 기록하고 있다. 그 가운데에는 궁녀들도 적지 않았다. 장세걸은 일단 도망쳐 재기를 노렸으나 배가 부서져 침몰하는 바람에 죽었다고 한다.

포로가 된 문천상은 남송 최후의 참담한 모습을 적병들의 배 안에서 지켜봐야 했다. 그는 통한의 눈물을 흘리면서 비통한 심정을 시로 읊었다. 문천상은 항복을 권하는 장홍범의 말을 단호히 거절하며 "빨리 죽여라." 하고 호통을 쳤다. 장홍범은 계속 항전하고 있는 장세걸 등 남송의 장군들에게 투항을 권하는 편지를 쓰도록 문천상에게 강요했으나 문천상은 이것도 거절했다.

장홍범이 지필묵을 가져오면 문천상은 자신의 심정을 토로하는 시를 썼다. 이 시의 마지막 두 구절은 다음과 같다.

'인생에서 그 누구도 죽음은 면할 수 없다. 어차피 죽을 바엔 차라리 일편단심으로 역사를 비추고 싶을 뿐이다.'

문천상은 그 후 원나라 수도인 대도(북경)로 연행됐다. 이곳에서 쿠빌라이칸은 문천상에게 죽이겠다고 위협도 하고 고관으로 우대하겠다고 유혹도 했으나 그는 끝내 이에 굴복하지 않았다.

원의 세조 쿠빌라이칸은 비록 중국 천지를 제압했으나 문천상의 정신만은 빼앗을 수가 없었다. 이런 의미에서 쿠빌라이칸은 결국 문천상에게 패했다고 할 수 있다. 쿠빌라이칸은 할 수 없이 1282년 문천상을 죽이고 다음과 같은 말을 했다.

"문천상은 참다운 대장부로다!"

금나라와 송나라의 멸망 과정에서 악비, 곽하마, 문천상 등 많은 충신들이 보여 준 민족의 긍지는 중국 백성들의 마음속에 면면히 이어지고 있다.

10장

원나라 시대

원나라 시대

몽골 초원의 영웅 칭기즈칸은 무력을 앞세워 유럽과 아시아를 석권하여 역사상 유례 없는 대제국을 건설했다. 세조 쿠빌라이는 후계자 싸움에서 승리하여 칸의 자리에 오른 후 나라 이름을 원나라로 고치고 수도를 연경(북경)으로 옮겨 대도라 칭했다.

쿠빌라이는 중국을 통일한 후 고려를 복속시키고 일본과 동남아시아에 원정군을 보냈다. 그의 치세 35년간은 원의 황금시대로서 동서 간의 교류가 활발해져 원의 수도 대도에는 유럽 각국에서 온 색목인色 目人이 자주 눈에 띄었고 외국 상품도 거래됐다. 인도양을 통한 해상 무역도 활발해져 천주泉州는 해양도시로 무역의 중심지가 됐다.

동서의 교류가 활발해진 데는 원나라가 장악한 광활한 영역을 지배하기 위해 대도를 중심으로 전국을 연결한 역전제도의 발달에 힘입은 바가 크다. 이렇듯 동서교류가 활발한 가운데 역사상 유명한 마르코 폴로의 원나라 체류와 그의 구술로 엮어진《동방견문록》은 유럽 사람들에게 동양을 알리는 좋은 계기가 됐다.

원나라는 말기에 제위 계승을 둘러싼 분쟁과 라마교 숭배에 따르는 퇴폐적인 악습으로 국력이 쇠진하여 명나라를 일으킨 주원장朱元璋에 의해 멸망했다. 원나라가 사상 유례 없는 대제국을 건설하고도 불과 90년 만에 멸망한 것은 그들의 정치가 거칠고 낙후된 생활에서 얻은 유목민의 사고방식에서 벗어나지 못했기 때문으로 지적된다.

몽골의 서정

일세의 영웅, 일세의 교아驕兒 등 갖가지 이름으로 불리는 몽골 초원의 영웅 테무친이 몽골족을 통일하고 칭기즈칸의 자리에 오른 후 남송을 멸망시키기까지는 약 70여 년이 걸렸다.

몽골이 남송을 멸망시키기 훨씬 전인 1219년 칭기즈칸은 친히 대군을 거느리고 서정西征길에 올랐다. 칭기즈칸이 제1차 서정을 결심하게 된 것은 다음과 같은 배경에서였다.

일찍이 요나라가 멸망할 무렵 그의 일족이었던 야율대석耶律大石이 서역으로 도망가 서요를 세웠다. 칭기즈칸과 싸우다가 패전한 나이만부의 잔당들이 그곳에 침입해 요의 왕위를 찬탈하고 칭기즈칸과의 복수전을 꾀하고 있다는 정보가 들어왔다.

이에 칭기즈칸은 중국의 공략은 다른 사람에게 일임하고 친히 서정길에 올랐다.

신하의 예를 받는 테무친

칭기즈칸이 거느린 몽골군은 일격에 나이만 세력을 완전 소탕하여 서요의 옛 땅을 평정하고 다음으로 아시아 일대를 호령하던 터키계의 호라즘 왕국을 공략했다. 이번 싸움에는 칭기즈칸의 아들 주치와 차카타이, 오고타이 등이 종군했다. 그들은 부강을 자랑하던 터키스탄의 여러 고을을 일거에 함락하고 호라즘 왕을 패사시키는 한편 그의 왕자를 추격하여 인도 북부까지 유린하는 전과를 올렸다.

이와는 별도로 몽골의 선봉군은 터키계의 킵차크 영내 깊숙이 진격하여 러시아 봉건 제후의 연합군과 싸워 격파했다. 이 싸움은 몽골군과 유럽인과의 최초의 싸움이었다.

제2차 서정은 1236년에서 1242년에 걸쳐 시행됐다. 이때는 칭기즈칸이 죽고(1227), 그의 셋째 아들 오고타이가 칸의 자리에 앉아 있을

바그다드를 포위한 몽골군

시기였다. 2차 서정군의 장령들은 모두 칭기즈칸의 손자들로 주치의 아들 바투가 총지휘를 담당했고 오고타이의 아들 구유크와 툴루이의 아들 몽케蒙哥가 참전했다. 이들이 거느린 몽골군은 우선 러시아를 유린한 다음 폴란드, 헝가리, 오스트리아를 석권하고 아드리아 해를 거쳐 이탈리아에 육박했으나 마침 태종 오고타이가 죽었다는 소식이 전해져 회군했다.

제3차 서정은 칭기즈칸의 넷째 아들인 툴루이의 아들 몽케가 칸의 자리에 있을 때인 1253년에서 1260년 사이에 감행됐다. 이 3차 서정에서 몽골군의 기병들은 메소포타미아를 휩쓸어 세계적으로 견고하기로 유명한 고성 바그다드를 불태웠고 다시 소아시아, 사이프러스까지 짓밟고 이집트를 위협했다.

몽골군의 3차에 걸친 원정으로 세계는 바야흐로 전전긍긍하게 됐다. 특히 제2차 원정 때는 유럽 전역을 공포의 도가니로 몰아넣어 기독교도들은 이것을 천벌이라 생각하고 신에게 용서와 가호를 빌었다. 이탈리아 남부의 기독교 일파는 신의 용서를 빌기 위해 순례하며 서로 피가 흐를 정도로 채찍으로 때리면서 기도하고 참회했다. 유럽에서는 몽골군의 원정을 '신의 채찍'이라고 표현했는데, 여기에서 유래한 말이다.

3차에 걸친 원정에서 차지한 광활한 영토는 칭기즈칸의 네 아들이 나누어 가졌다. 그들의 자손들은 네 개의 한국을 건설했다. 이 네 개의 한국은 킵차크 한국(카스피해 이북~다뉴브 강), 차카타이 한국(천산 부근~시르 강 유역), 오고타이 한국(알타이 산맥 일대~발하시 호), 일 한국(페르시아와 소아시아~지중해)이다.

몽골군의 제3차 서정과 때를 같이하여 몽골의 제4대 헌종 몽케칸은 남송 공략에 나서 사천 지방을 공격했다. 그러나 몽케칸은 남송군의 완강한 저항에 부딪혀 고전하던 중 병이 들어 진중에서 죽고 말았다. 이에 다음 칸의 지위를 계승해야겠다는 야망을 품고 있던 쿠빌라이는 급히 본국으로 철수했다.

원나라의 통일

남송 토벌군을 이끌고 철군한 쿠빌라이는 동몽골의 개평開平에 정착했다. 먼저 철군한 몽케칸의 직속 부대는 몽케칸의 영구를 호위하여 몽골의 근거지인 카라코룸에 도착하여 그곳을 지키고 있던 몽케칸의 동생 아리크부가와 합류했다. 이로써 몽골에는 두 개의 중심 세력이 형성되었는데, 개평의 쿠빌라이와 카라코룸의 아리크부가였다. 이들은 서로 대립하여 후계자 자리를 다투었다. 만약 서방 여러 한국汗國의 유력한 왕후들을 초청하여 쿠릴타이(몽골민족의 국회로 칸의 추대, 개전, 강화 등의 중대사를 결정하는 집회)를 개최할 경우 그 결과는 동생인 아리크부가에게 더 유리한 형편이었다.

그러나 중국 화북 지방을 장악한 쿠빌라이는 풍부한 인적·물적 자원을 바탕으로 후계자 경쟁에서 우위를 차지할 자신이 있었다. 그래서 쿠빌라이는 기선을 잡아 자기 당파로 인정되는 유력한 왕후들을 개평으로 불러 쿠릴타이를 개최하여 만장일치로 칸에 추대됐다.

칸으로 추대된 쿠빌라이는 한 걸음 더 나아가 몽골의 칸은 중국 황제를 겸한다고 해석하고 연경을 수도로 정하여 이름을 대도大都로 고치고 연호는 중통中統으로 바꿨다.

세조 쿠빌라이의 칸 즉위에 대해 아리크부가를 비롯하여 카라코룸 파의 왕후들은 일제히 반발하고 나섰다. 그들은 별도로 아리크부가를 칸으로 추대하기로 결정함으로써 양쪽의 충돌은 불가피했다. 이 두 파 간의 싸움은 중국 화북 지방의 인적·물적 자원을 배경으로 한 세조 쿠빌라이의 우세로 아리크부가가 항복함으로써 일단 화해했다. 그러나 아리크부가의 지지세력들은 여전히 반발하는 입장을 취했고 특히 오고타이칸의 자손들은 계속 불만을 품어 후세의 화근이 됐다.

후계자 싸움에서 승리하여 칸의 자리에 오른 세조 쿠빌라이는 1271

몽케칸과 왕자들

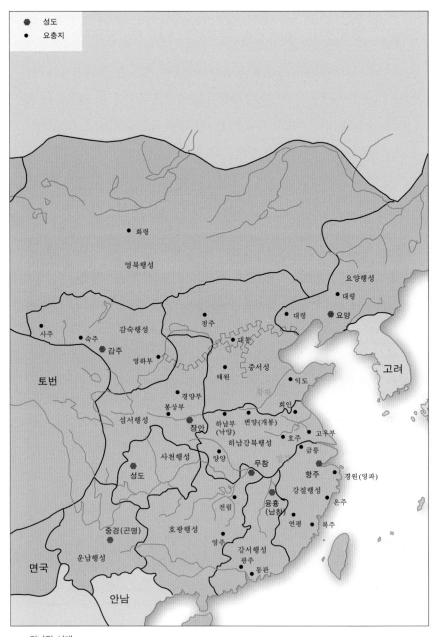

성도

요충지

화령

영북행성

요양행성

대령

대령   요양

감숙행성   정주

사주   숙주   대동

감주   중서성   고려

영하부

태원   익도

토번   경양부

봉상부   회인

섬서행성   장안   하남부   변양(개봉)

(낙양)

호주   고우부

사천행성   하남강북행성

양양   금릉

무창

성도   항주

강절행성   경원(영파)

전림   융흥

(남창)   온주

중경(곤명)   연평

호광행성   영주   복주

면국   운남행성   강서행성

광주

동관

안남

원나라 시대

년 나라 이름을 대원大元으로 고치고 1279년 남송을 멸망시켜 중국을 통일함으로써 일찍이 유례 없는 대제국을 건설했다.

몽골 제국의 창시자 칭기즈칸은 선인들이 상상조차 못했던 위대한 업적을 이룩하여 몽골 초원의 영웅으로 일컬어지지만 그는 오로지 군사력에만 의존하려는 경향이 짙었다. 군사력 이외의 덕치라든가 회유책 따위는 전혀 생각하지 않는 무력 일변도의 인물이었다.

칭기즈칸의 거듭되는 원정으로 유럽과 아시아의 백성들은 뜻하지 않은 재난을 겪었지만, 이러한 원정의 밑바탕에는 몽골족의 엄청난 희생도 따르게 마련이었다.

아버지를 잃은 아들, 남편을 잃은 아내가 몽골 초원에 널려 있었다. 몽골 제국은 타민족의 주검 위에 세워진 제국이라고 하지만 그 이면에는 수많은 몽골족의 피와 눈물이 얼룩졌다. 어느 의미에서는 몽골족이 입은 재앙이 가장 컸다고 말할 수 있다.

세조 쿠빌라이의 출행도

원나라의 취약점

몽골의 사막 지대에서 일어나 강력한 무력을 앞세워 유럽과 아시아를 정복함으로써 역사상 유례 없는 대제국을 건설한 몽골도, 세조 쿠빌라이가 원왕조의 황제로서 남송을 멸망시키고 중국을 통일한 후 불과 90여 년 만에 종말을 고했다. 한마디로 중국 통치에 실패했기 때문이다. 무력이 지나치게 강했다는 점이 중국 통치의 실패 원인으로 지적된다.

몽골 사람들은 민족적 긍지가 매우 강하여 몽골 지상주의의 신념을 가졌다. 특히 정치적으로는 책임 있는 장관을 비롯하여 각급 기관장, 다루하치의 자리는 모두 몽골인이 독점하고 색목인이 이를 보좌했을 뿐, 한인·남인은 최하위의 신분으로 괄시를 받았다. 중국을 지배하는 데도 중국의 전통을 무시하는 경향이 농후했다. 황제란 천하 만민의 복리증진을 위하여 존재한다는 중국적 이념을 무시한 채 그저 권력으로만 군림하려 했다.

몽골인은 대제국을 건설하고도 정치는 유목 생활에서 얻은 수렵자 狩獵者의 사고방식으로 추진했다. 즉 정복한 토지와 백성들을 모두 수렵에서 얻은 물건처럼 취급하여 정복자의 사유물로 인정했다. 정복당한 백성들은 사유물과 똑같아서 하등의 이의와 발언권도 가질 수 없었다. 따라서 그들의 정치는 참혹하고 가혹할 수밖에 없었다.

몽골인들의 최고 권력자인 칸은 유력한 왕공들의 집회인 쿠릴타이에서 추대하기로 되어 있었으나 여기에는 한 가지 제한 규정이 있었다. 위대한 정복자가 나타나면 새로운 칸은 반드시 그의 혈통 가운데 선출해야 한다는 규정이었다. 칭기즈칸은 위대한 정복자였기 때문에 그 후 몽골족의 칸은 반드시 칭기즈칸의 혈통 가운데서 선출됐다.

이와 마찬가지로 세조 쿠빌라이가 원제국을 세운 후 제위 계승 때마다 후계자 문제로 심한 내분이 있었으나 결국 황제로 선출된 후보자는 항상 세조의 혈통에서 나왔다. 이것은 세조가 대정복에 의해 원제국을 세웠으므로 원제국은 당연히 세조의 사유물이라는 몽골인의 사고방식에 기인하는 것이었다.

그래서 세조의 후계자들은 사유물을 지키기 위해 가치 없는 투쟁을 되풀이함으로써 결국 자멸했다. 이러한 정권 밑에서 백성들을 위한 참다운 정치를 기대할 수 없었던 것은 너무나도 당연한 일이었다.

명의 창시자 주원장

주원장은 안휘성 봉양鳳陽의 가난한 집에서 태어나 목동 생활로 생계를 유지했다. 17세 되던 해에 기근과 악질이 유행하여 부모 형제를 모두 잃게 되자 그는 황각사皇覺寺에 들어가 중이 되었다. 그러나 황각사에도 식량이 부족하였고 주원장은 탁발승이 되어 이곳저곳을 방랑하면서 그날그날 생계를 이어갔다.

그러던 어느 날 지배자들의 가렴주구에 폭발하여 한족 부흥의 기치를 높이 내건 반란군의 함성이 들려왔다. 이 함성을 들은 주원장은 승려 생활을 청산하고 반란군에 가담할 마음을 굳혔다.

한산동 · 유복통 등 백련교白蓮敎가 반란을 일으키자 이에 호응하여 곽자흥이 호주에서 반란을 일으켰다. 주원장은 곽자흥의 군대에 참가했다. 이때가 지정 12년(1352)의 일로 주원장의 나이 25세 때였다.

주원장

처음 주원장이 곽자흥 군에 참가했을 때 무슨 이유에서인지 간첩으로 오인되어 포박당한 일이 있었다. 나중에 밝혀진 일이지만 그의 생김새가 너무나도 무시무시했기 때문이었다.

곽자흥은 포박당한 주원장의 생김새가 범상하지 않은 상이라 하여 포박을 풀고 10명의 병사를 거느리는 책임자로 임명한 결과 그가 눈부신 공을 세웠기 때문에 차차 중용하게 되었다.

그 후 곽자흥의 군대도 원나라 토벌군의 공격을 받아 많은 피해를 입었다. 주원장은 병력을 보강하기 위하여 고향으로 돌아가 서달徐達, 탕화湯和 등 죽마지우 20여 명과 7백 명의 군대를 모집했다. 이들은 모두 주원장의 심복으로 나중에 명나라 군사 조직의 모체가 되었다.

주원장이 군대를 모집하여 돌아오니 곽자흥 군에서는 내분이 일어나 신세력이 구세력과 권력 다툼을 벌이고 있었다. 이에 실망한 주원장은 서달, 탕화, 비취費聚 등의 간부를 거느리고 남하하기 시작했다. 남하하는 도중에 싸워 이긴 원나라 군사를 합쳐 그의 병력은 2만 명의 대군으로 증강되었다. 이후 각지에 할거한 주요 세력들을 함락시킨 주원장은 북벌군을 편성하였고, 총병력 25만 명이 동원되었다.

북벌군을 편성한 다음 해인 지정 28년(1368) 주원장은 마침내 남경에서 황제의 위에 오르고 나라 이름을 명明, 연호를 홍무洪武로 정했다.

명나라 북벌군이 북상하는데도 원나라 조정에서는 내분에 급급할 뿐 북벌에 대처할 움직임이 없었다.

3월에는 혜성이 나타나고 6월에는 큰 지진이 일어났으며 흰 무지개가 태양을 꿰뚫는 등 미신을 깊게 믿던 당시 사람들은 불안해했다. 그러한 가운데 맥고貊高 · 관보關保 등 새로운 군벌과 쿠쿠테무르의 구세력과의 싸움이 벌어져 구세력인 쿠쿠테무르가 승리하여 새로운 군벌 세력을 제거하는 데 성공했다. 이때에 이르러 조정에서는 쿠쿠테무르를 하남왕에 봉하여 명나라 공격에 대처하려 하였으나 이미 늦었다.

순제는 3궁의 후비와 황태자, 황태자비 등을 불러 모아 북쪽으로 파천하겠다는 뜻을 밝혔다. 울면서 간청하는 자도 있었으나 순제의 결의는 돌이킬 수 없었다. 쿠쿠테무르는 진영에서 기령冀寧으로 후퇴하였고, 명나라 군사는 이미 통주通州에 육박하고 있었다. 그날 밤 순제 일행은 건덕문을 빠져 나와 북행길에 올랐다.

순제는 응창부에서 죽었다. 그의 나이 51세였다. 순제가 죽은 후 명나라 군사는 곧바로 응창부를 습격했다. 황태자 아이유시리타라愛猷識理達臘는 수십 기의 기병에게 호위되어 겨우 북쪽으로 도망칠 수 있었으나 후비들과 보물들은 모두 명나라 군사의 손에 들어갔다.

북쪽으로 도망친 황태자는 막북漠北 지방에 나라를 세웠는데 역사상 이 나라를 북원北元이라 부른다. 북원은 그 후 2백 년 동안 존속하였으나 중국 왕조로서의 원나라는 사실상 지정 28년(1368)에 완전히 멸망했다.

11장

명나라 시대

명나라 시대

명 태조 주원장은 1368년 명나라를 세워 남경에 도읍했다. 경제를 안정시키기 위해 감세와 면세를 실시하고 수리 사업과 개간 사업을 추진하여 생산 촉진에 주력했으며 주씨의 명나라를 반석 위에 놓으려 했다.

그러나 손자인 건문제 때 '정난靖難의 변'이 일어나 연왕 주체가 영락제로 제위에 올랐다. 영락제는 용맹 과감한 제왕으로서 변방을 침범하는 몽골의 잔존 세력을 완전 섬멸하기 위하여 여러 차례 친히 공격했다. 정화鄭和로 하여금 대선단을 이끌고 동남아시아 일대와 인도양 일대를 평정하게 하여 명나라의 국위를 선양했다.

영종 때에는 환관 왕진이 득세해 국정이 문란했고 몽골 오이라트부가 침입한 '토목의 변'에서 영종이 포로로 잡혀가는 치욕을 겪었다. 헌종 성화제와 효종 홍치제의 치세는 명나라의 안정 시기로 일컬어진다. 그 후 정덕제가 즉위하자 다시 환관이 득세해 정치가 부패했고, 특히 천계제 때의 환관 위충현魏忠賢의 횡포는 극에 달했다.

신종 만력제가 즉위하면서부터 동북쪽에서 여진족의 누르하치가 세력을 확장하더니 끝내 중국을 침범했고, 백성들의 가중한 세 부담과 심한 기근으로 농민 반란이 잇따라 일어났다. 농민 반란 가운데 이자성은 그 세력이 강성하여 마침내 북경성을 점령했고 숭정제가 자결함으로써 명나라는 17대 277년 만에 멸망했다.

태조 홍무제의 정치

남경에서 황제의 자리에 오른 후 태조 홍무제가 곧바로 파견한 북벌군은 출진한 지 8개월 만에 원나라 수도 대도(북경)를 공략하여 함락함으로써 홍무제는 명실공히 중국 통일의 대업을 이룩했다. 그 후 20여 년의 동정·서벌 끝에 확장된 명나라의 영토는 동쪽으로는 대만을 비롯하여 그 부속 도서를 포함한 지역과 남쪽으로는 남중국해의 도서, 서쪽으로는 바라시 호, 북쪽으로는 대막(고비 사막)에 이르는 광대한 지역에 미치고 있었다.

홍무제가 정치적으로 주력한 것은 오랫동안 전쟁에 시달린 백성들에게 휴식을 제공하여 생산을 촉진시킨 일과 황제가 최고 권력을 장악할 수 있도록 행정기구를 정비한 일이었다.

홍무제는 세금을 경감하고 면세를 실시했다. 특히 수리 사업에 주력하여 생산을 장려하고 백성들의 생활 안정에 역점을 두는 정책을 폈다.

홍무제는 또 이민에 의한 황무지의 개간에도 힘을 기울였다. 이 개간 정책은 20여 년간 끈질기게 추진한 끝에 커다란 성과를 올렸다. 기록에 의하면 홍무 원년으로부터 25년까지의 경지 면적이 5천7백만 헥타르였는데 이 가운데 거의 50퍼센트가 개간

명나라를 세운 태조 홍무제

에 의한 토지였다. 창고에 보관된 양곡도 2배 가까이 증가하여 2천2
백만 석을 상회했고, 각 주현의 곡물 창고는 모두 가득 찼다. 인구도
원나라 전성기보다 7백만 명이나 증가하여 전국 총인구가 6천만 명
에 달했다.

　홍무제의 이 같은 정책은 피폐해진 농민에게 활기를 불어넣어 명
왕조의 지배 기반을 공고히 했다. 그는 또한 법질서의 확립에 힘을
기울여 불법 행위에 대해서는 지위 고하를 막론하고 엄히 다스렸다.

정난의 변

　홍무 31년(1398) 홍무제가 71세로 타계하고 얼마 안 되어 홍무제의 아
들과 손자 사이에 피비린내 나는 골육상잔의 비극이 벌어졌다. 홍무
제의 넷째 아들인 연왕 주체朱棣와 황태손 주윤문朱允炆과의 싸움이었
는데 이를 '정난靖難의 변'이라 부른다.

　홍무제를 이어 황태손 주윤문이 즉위하니 이 이가 건문제建文帝이
다. 그는 학문을 좋아하는 청년으로 즉위 당시 22세였다. 무력의 시대
가 지나고 바야흐로 문의 시대가 개막된다는 뜻에서 연호를 건문建文
으로 정하였는데 여기에는 건문제의 의견이 많이 반영되었다.

　건문제는 제태齊泰를 병부상서兵部尙書, 한림원 수찬 황자징黃子澄을
태상경太常卿에 임명하여 국정을 담당토록 했다. 그리고 학문으로 인
망이 높은 한중부교수漢中府敎授 방효유方孝孺를 한림원시강으로 삼았
다. 제태와 황자징은 정치가라기보다는 건문제와 학문을 토론하는
상대역으로 적합한 인물들이었다.

건문제의 정치는 이 학자들에 의해 서막이 열렸다. 이들은 당시의 정치 상황을 전한 초기와 흡사하다고 판단했다. 전한 경제景帝 때 각지에 봉해진 황족들이 연합하여 이른바 오초 7국의 난을 일으킨 사실을 상기했다. 명나라도 각지에 황족을 번왕으로 봉하여 각각 군대를 거느리고 있었다.

건문제

"왕들의 권력을 약화시키고 중앙의 권력을 강화하자."

이것이 건문제 정권의 기본 방침이었다. 그러나 현실 정치를 처리할 능력이 부족해 역효과를 일으키고 말았다.

제일 먼저 표적이 된 인물은 주왕周王 주수朱樉였다. 주수는 마황후가 낳은 다섯 황자 가운데 막내였다. 건문제 정권이 가장 두려워하는 인물은 연왕 주체로 그를 제거하고 싶은 마음은 간절했으나 그럴 만한 구실이 없었다. 주왕 주수는 홍무제 생존 시에도 범법 행위가 많았기 때문에 공격의 대상으로 삼는 데는 별 어려움이 없었다. 건문제가 즉위한 지 3개월 후인 8월 국경을 경비한다는 명목으로 이경륭李景隆이 군사를 이끌고 갑자기 개봉부에 나타나 왕궁을 포위하고 불문곡직 주왕을 체포했다. 주왕은 운남으로 유배됐다.

다음 해 4월에는 제왕 주부朱傅 · 대왕 주계朱桂가 폐서인됐다. 이에 불안을 느낀 상왕 주백朱柏은 절망한 나머지 분신자살하고 민왕 주편

朱樑은 장주(복건)로 유배됐다. 이렇게 왕호를 박탈당하거나 종신금고 또는 폐서인됐다가 마침내는 사형에 처해지는 자도 있었다. 일련의 조치로 각지의 번왕들은 전전긍긍했다.

연왕 주체는 번왕들의 수난은 결국 자신을 노리기 위한 전주곡임을 잘 알고 있었다.

조정에서는 북경에 파견되어 있는 포정사布政使 장병張昞, 도사都司 사귀謝貴, 장사長史 갈성葛誠에게 연왕 주체를 체포할 것을 명했으나 연왕이 선수를 쳐 이들을 살해하고 7월 계유일癸酉日에 군사를 일으켜 수도 남경을 향해 남하하기 시작했다. 출진에 앞서 연왕은 '황실의 위난을 평정하기 위한 군사 행동'이라는 명분을 내세워 자신의 군대를 정난군靖難軍이라 칭했다.

정난군은 삽시간에 거용관을 돌파하여 회래·밀운·준화·영평 등을 잇달아 함락하니 한 달이 채 못 되어 그의 병력은 수만 명으로 증강됐다.

건문제는 경병문耿炳文을 대장군에 임명하여 연왕의 반란군을 토벌토록 했다. 그러나 경병문이 패전하고 그 후임으로 교체된 이경륭마저 패전하여 덕주가 함락됐다. 후임 성용盛庸은 동창東昌의 전투에서 연왕군을 대파했으나 이어지는 전투에서는 패전을 거듭했다. 이렇게 일진일퇴의 공방전이 4년 동안이나 이어지다가 결국 연왕이 승리를 거두었다.

건문제는 연왕군이 노도처럼 궁궐로 밀려오는 것을 보고 궁전에 불을 질렀다. 남경에 입성한 연왕은 우선 건문제를 찾기 위해 궁전의 불탄 자국을 샅샅이 뒤졌으나 불탄 황후의 시체만 확인했을 뿐 건문제의 시체는 발견할 길이 없었다.

그 후 건문제는 중으로 가장하여 어디론가 탈출했다는 소문이 떠돌았으나 종적은 찾지 못했다.

연왕 주체는 군신들의 추대를 받아 부득이 즉위한다는 형식을 취하여 제위에 오르니 이 이가 영락제永樂帝다.

영락제의 치적

막북 원정과 안남 정벌

영락제는 문무 양면에 걸쳐 재능을 발휘하여 민심의 안정과 국력의 신장에 힘을 기울였다. 영락제는 즉위 후 얼마 동안은 남경을 수도로 정했으나 그곳에 편안히 앉아 있을 수만은 없었다. 일단 막북으로 도망친 몽골의 잔존 세력이 대원 제국의 부흥을 노려 자주 국경을 침범했기 때문이었다. 그뿐 아니라 원나라를 이은 명나라의 국력이 원나라에 미치지 못하는 데 대하여 영락제는 내심 참을 수 없는 분노를 느끼고 있었다. 최소한 원나라의 판도만큼은 가져야 한다는 것이 그의 소망이었다.

그의 소망은 단순히 일시적인 욕망이나 충동에 의한 것이 아니었다. 그래서 영락제는 친히

영락제

군사를 거느리고 5차에 걸쳐 막북 지방에 원정하여 몽골족과 싸웠고 안남安南, 수마트라에도 원정군을 파견했다. 그리고 환관 정화鄭和로 하여금 대함대를 이끌고 동남아시아, 서남아시아, 중동을 거쳐 멀리 동부 아프리카까지 항로를 개척하게 하여 명나라의 국위를 해외에 과시했다.

영락제의 대외 정책은 태조 홍무제의 소극적인 쇄국주의의 범위를 훨씬 넘는 것으로 원나라 세조 쿠빌라이가 꿈꾸던 이른바 세계 제국 형의 정책과 흡사한 것이었다. 의욕적인 군주 영락제는 내심 세계 제국을 건설하겠다는 욕망에 불타고 있었음이 분명했다.

정화의 원양 항해

영락제의 제2의 대남 정책은 환관 정화에게 명하여 7회에 걸쳐 남해 제국을 항해한 일이었다. 대규모의 원정을 강행할 수 있었던 배경은 쇄국주의적 정책을 취한 태조 홍무제가 30년에 걸쳐 지출을 억제하고 국가 경제를 충실히 했기 때문이었다.

제1차 대항해는 영락 3년(1405)에 있었다. 이때 정화가 거느린 선단의 규모는 거선 62척, 승무원 2만 7천8백여 명이었다. 이 거선들은 남경의 보선창寶船廠에서 만들어진 것으로 길이 150미터, 너비 62미터에 이르렀다. 전문가의 계산에 의하면 현재의 8천 톤급에 해당하는 거선이었다.

정화는 들르는 나라마다 명나라의 취지를 들어 설득 작전을 폈다. 대부분의 나라는 정화에게 설득당해 신종 관계를 맺는 국서國書를 제출하고 교역에 찬성했다.

당시 교역된 중국의 상품은 도자기 · 비단이 주종을 이루었고, 외국물품은 후추 · 용연향龍涎香 · 진주 · 산호 등을 비롯하여 사자 · 표범 · 호마縞馬 · 타조 · 서마西馬 등등 진기한 짐승도 포함되어 있었다.

양적으로 가장 많은 것은 후추였다. 마르코 폴로의《동방견문록》에서 도시의 번영상을 설명할 때 후추의 사용량을 든 점으로 보아 당시 사람들이 얼마나 후추를 선호했는가를 알 수 있다.

이렇게 정화는 많은 나라와 우호 관계를 맺고 명나라의 국위를 선양하는 대임무를 완수했다. 영락 21년(1423) 정화가 제6차 대항해에서

정화가 해상 원정 시에 이끌었던 선박의 모형도

귀환할 때는 무려 1천2백 명이 넘는 각국의 사절과 상인들이 남경에 와서 활발하게 교역했다. 동남아 각국의 국왕과 황후도 남경을 방문하여 영락제가 주최한 성대한 환영연에 참석했다는 기록도 있다.

《영락대전》의 편찬

영락제의 업적 가운데 빼놓을 수 없는 문화적 업적으로는 《영락대전永樂大典》의 편찬을 들 수 있다. 많은 인재를 등용한 영락제는 즉위 후 곧바로 조서를 내려 학자 해진解縉을 중심으로 백과전서百科全書를 편찬하도록 명했다. 이 백과전서의 편찬 취지는 지금까지의 역사가 남긴 문화 유산을 총정리하여 학자들의 연구 자료로 삼는다는 것이었다. 영락제의 명을 받은 당시의 석학들이 1년간의 각고 끝에 《문헌대성文獻大成》이라는 유서類書를 완성했으나 영락제는 만족하지 않았다. 그는 《문헌대성》의 단점을 지적하고 요광효姚廣孝, 해진에게 재편찬을 명했다. 《문헌대성》의 편찬에 참가한 학자는 149명에 불과했으나 재편찬 때는 무려 2,169명의 학자가 참가하여 3년 후에 편찬을 완료했다.

이때 정리한 서적은 7, 8천 종류에 이르렀고 항목 배열은 운韻을 기준으로 했다. 내용은 천문天文, 지리地理, 삼교(三敎. 유·불·

《영락대전》

도교), **구류**(九流, 유가 · 도가 · 음양가 · 법가 · 명가 · 묵가 · 종횡가 · 잡가 · 농가), 역사, 정치 제도에서 의학, 연극, 기예 등을 총망라한 역사상 유례가 없는 최대 규모의 백과전서였다. 영락 연간에 편찬되었기 때문에 이를 《영락대전》이라 부른다.

《영락대전》은 2만 2천937권, 1만 109책, 3억 7천만여 자에 이르는 방대한 것이었기 때문에 명 · 청 두 시대에 걸쳐서도 판각板刻 출판은 엄두도 못 냈다. 그 후 정본은 명나라 시대에, 부본은 청나라 시대에 각각 흩어져 분실됐다. 그 경위를 더듬어 보면《영락대전》은 북경의 문연각文淵閣에 보관되어 있었는데 1900년 8개국 연합군이 북경에 침입했을 때 그 일부가 소실되고 일부는 국외로 반출됐다. 지금 여러 나라에《영락대전》이 산재해 있는 것도 이 때문이다. 현재 중국 국내에 남아 있는 것은 겨우 110여 책에 지나지 않는다. 어쨌든《영락대전》의 편찬은 중국 문화사상 손꼽히는 장거였음은 말할 나위가 없다.

누르하치의 등장

일찍이 영락제는 만주의 여진족을 복속시킨 후 그 세력을 분산 · 약화시키기 위하여 건주建州 · 해서海西 · 야인野人으로 분할하여 통치했다.

명나라 만력 20년(1592) 조선에서 임진왜란이 일어나자 명나라는 구원군을 파견하고 이에 따른 막대한 군사비와 군량의 지출 등에 국력을 기울이다 보니 여진족에 신경을 쓸 여력이 없었다. 이 틈을 노려 건주위에 소속되었던 여진족의 영걸 누르하치가 점차 세력을 확대해 나갔다.

누르하치의 등장은 여진족의 영웅 아골타가 세운 금나라(1115~1234)가 멸망한 지 약 300여 년 후의 일로 그는 여진 각부를 통일하여 만주족을 형성한 후 마침내 명나라를 멸망시키고 청왕조淸王朝를 창업하는 기반을 다졌다.

누르하치의 할아버지와 아버지는 명나라에 가담하여 명나라를 위해 활약한 것이 틀림없음에도 모두 희생당했다. 누르하치는 명나라에 대한 사무친 원한을 가슴속 깊이 새겨둔 채 후일을 위하여 명나라에 순종하는 태도를 보임으로써 철두철미하게 자신의 세력 증강에 명나라를 이용했다.

이성량 장군의 주선으로 누르하치는 명나라로부터 좌도독 용호장군의 칭호를 받았다. 뿐만 아니라 매년 은 8백 냥씩 보수도 받았다. 이 같은 명나라의 힘을 배경으로 결국 누르하치는 건주 여진을 통일하기 위한 기반을 굳히게 되었다.

누르하치는 만력 11년(1583) 군사를 일으켜 건주 여진에 속해 있는 5부部를 토벌하여 만력 17년(1589)에는 모두 항복시켜 건주 여진의 세력을 통일하는 데 성공했다.

만력 44년(1616) 1월 누르하치는 해서 여진의 대부분을 통일하고

누르하치의 갑옷

요령성 신빈현에서 왕의 자리에 오르고 나라 이름을 금金이라 칭하였는데 역사상으로는 후금後金이라 칭한다.

누르하치는 후금을 세운 다음 해에 명나라에 대한 선전포고로서 무순撫順을 공격했다. 무순의 공략과 함락에는 누르하치가 창시한 팔기군八旗軍이 맹위를 떨쳤는데 그 후 팔기 제도는 청나라 군사제도의 근간이 되었다.

누르하치가 거느리는 만주 팔기는 승승장구하여 요하를 건너 요서遼西를 공격했다. 산해관을 넘으면 바로 명나라 수도 북경이었다. 산해관은 북경의 최후 보루로서 난공불락의 요새였음은 말할 것도 없거니와 앞에는 영원성寧遠城이 버티고 있어 그렇게 용맹을 떨치던 만주 팔기도 이 성을 공략하다가 그만 지쳐 버렸고 누르하치도 사망하고 만다.

누르하치가 죽은 것은 명의 천계 6년(1626)이고 그의 여덟째 아들 홍타시가 누르하치의 뒤를 이으니 나중의 청나라 태종으로 중국을 통일한 인물이다.

수렵 단위를 전투 단위로 편제한 팔기군의 기

이자성의 반란

명나라는 청나라와의 계속된 싸움으로 막대한 군사비를 감당해야 했고 세금을 과중하게 징수하지 않을 수 없었다. 과중한 세금 부담은 일반 백성들의 생활을 압박했고 세금을 내지 못하면 도망칠 수밖에 없었다. 이로 인해 반란이 더욱 거세졌다.

반란군의 세력이 날이 갈수록 확대되자 명나라 조정은 홍승주를 총사령관으로 임명, 대군을 동원하여 반란군을 토벌토록 했다. 이때 반란군의 수는 3만 내지 4만 명에 이르렀으나 훈련이 안 된 오합지졸에 불과했다. 홍승주가 거느리는 정부군에 의해 힘없이 패배한 반란군의 수령 왕가윤은 명나라의 부총병 조문조曹文詔에게 죽임을 당하고 말았다.

이자성 반란군

반란군의 수령 왕가윤이 죽었다 해서 반란이 진압된 것은 아니었다. 왕가윤이 죽자 그의 간부였던 고영상이 다시 반란의 무리를 집결시켜 날이 갈수록 그 형세가 확대됐다.

고영상은 자신을 틈왕闖王이라 칭했다. 틈闖은 말이 거침없이 문을 뛰어나온다는 뜻의 한자이므로 용장·맹장을 상징적으로 나타낸 뜻이다. 고영상의 휘하에 들어온 이자성李自成은 일군의 장령이 되어 두각을 나타내기 시작했다.

반란군의 연합 작전이 있은 다음 해에 이르러 반란군의 형세가 점점 침체하면서 7월에는 고영상이 섬서 순무 손전정孫傳庭에게 잡혀 북경에서 주살됐다. 이자성은 고영상의 자리를 승계하여 제2대 틈왕이 되어 끝까지 정부군에 저항했다. 그는 정부군의 취약점을 노려 사천으로 들어가 총병 후양주侯良柱를 죽이고 각지를 공략했다.

그러나 그 후의 이자성은 고전의 연속이었다. 사천의 자동 싸움에서 대패하여 겨우 18기로 적의 포위망을 뚫고 도망친 일도 있었고, 동관 남원의 전투에서도 참패를 당하여 7기만을 거느리고 겨우 목숨을 보전하여 섬서 남쪽의 상락산 속으로 들어가 은신했다.

재기의 날을 기다리던 이자성은 숭정 14년(1641) 낙양을 공략하여 함락하고, 연이어 개봉, 서안을 점령하기에 이른다.

숭정 17년(1644)은 중국 역사상 중요한 해였다. 이자성은 이 해 정월 초하룻날 아침 서안에서 즉위식을 올리고 나라 이름을 대순大順, 연호를 영창永昌이라 정했다. 서안을 서경西京으로 삼아 장안長安이라 부르고 스스로 대순왕大順王이라 칭했다.

승승장구 파죽지세로 정부군을 몰아붙인 이자성의 반란군은 북경성 안으로 노도처럼 몰려들었다. 세 아들을 궁 밖으로 피난시킨 숭정제는 황후와 후비들에게 자결을 명하고 자신도 소복 차림을 하고 머리로 얼굴을 가린 채 자결했다.

산해관과 오삼계

이자성이 북경을 함락하고 자금성 하늘 높이 틈왕기가 펄럭인다는 소식은 청나라에도 즉시 전해졌다. 이때 청나라에서는 태종 홍타시가 이미 죽고 8세 난 어린 아들 푸린이 즉위해 숙부인 예친왕이 섭정으로 정무를 담당하고 있었다. 중국 통일의 야망에 불타던 예친왕은 이 기회에 꿈을 실현하고자 친히 대군을 거느리고 심양을 떠나 산해관 쪽으로 향했다.

산해관을 지키던 명나라 장군 오삼계는 가중되는 청군의 압력과 이자성 군의 동태에 어떻게 대처해야 할지 몰라 망설이고 있었다. 이때 아버지 오양으로부터 편지 한 장이 도착했다.

"나는 이자성에게 충성할 것을 맹세했다. 너도 일찌감치 항복하는 것이 좋을 것이다."

아버지의 편지를 받은 오삼계는 크게 동요하기 시작했다. 이때 이자성으로부터 군용 자금조로 백은 4만 냥이 전해졌다. 오삼계의 마음은 이자성에게 귀순하는 쪽으로 점점 기울어졌다. 그런데 이자성이 북경에 있는 오삼계의 집을 덮쳐 아버지를 연행해 갔다는 충격적인 소식이 전해졌다.

이에 오삼계의 태도는 돌변했다. 그리고 즉시 청나라 예친왕에게 구원을 요청하는 서신을 보냈다. 지금까지 대치하던 명나라의 적 청나라의 힘을 빌려 이자성을 쳐 없앨 작정이었다. 민족 반역 행위를 자행한 것이다.

예친왕이 오삼계의 서신을 받고 산해관에 들어간 4월 23일부터 바로 싸움이 시작됐다. 예친왕은 오삼계에게 산해관의 성문을 열고 나가 이자성 군의 주력 부대로 돌격하도록 명했다.

이자성 군은 산해관 북쪽 산으로부터 해안에 걸쳐 20만의 대군이 포진하고 있었다. 오삼계가 성문을 열고 출격하자 이자성 군은 길게 뻗어 있는 장사진의 양 날개를 급히 꺾어 오삼계를 포위할 태세를 보였다. 마침내 양군 사이에 격전이 벌어져 수십 번의 충돌이 되풀이되면서 혈전이 계속됐다.

오후가 되면서 갑자기 거센 바람이 일며 모래와 자갈이 어지럽게 날리고 우레 소리와 같은 굉음이 양 진영을 맹타했다. 이윽고 어지럽게 날던 모래가 서서히 걷히면서 시계가 환해지는 순간 이자성은 자신의 눈을 의심했다. 이자성의 주변에 널려 있는 군사들은 모두 만주풍의 갑옷과 투구를 갖추고 변

오삼계

발을 한 상태였다.

이자성은 소스라치게 놀라며 말을 채찍질하여 앞장서 도망쳤다. 이자성 군은 뜻하지 않은 만주 군사의 출현으로 당황했을 뿐 아니라 전의를 잃고 크게 동요하기 시작했다. 이자성 군은 여지없이 궤멸되어 서쪽으로 도망칠 수밖에 없었다. 이자성은 영평까지 도망쳐 그곳에서 숨을 돌리고 왕칙요王則堯, 장약기張若麒 두 사람을 오삼계에게 보내어 강화를 제의했다. 이자성은 오삼계의 아버지 오양을 인질로 잡고 있었기 때문에 강화를 낙관했으나 오삼계는 이미 강화를 받아들일 능력마저 없었다. 강화 제의를 일축하고 추격을 계속하자 이자성은 인질로 잡고 있던 오삼계의 아버지를 살해하고 도망쳤다.

예친왕이 거느리는 청군은 해방군처럼 당당한 모습으로 북경에 입성했다. 예친왕은 무령전에서 명나라 관료들의 조하朝賀를 받았다.

황제가 백관을 접견하던 건청궁

예친왕이 북경에 입성한 후 얼마 있다가 청나라 어린 황제 순치제
(順治帝, 푸린)가 북경에 천도함으로써 청나라는 지방 할거 정권에서 명
실공히 중국을 통일하는 왕조가 되어 2백 수십 년에 걸치는 청나라의
역사가 펼쳐지게 되었다.

12장

청나라 시대

청나라 시대

예친왕은 이자성을 몰아내고 청왕조가 명나라의 뒤를 승계한 중국의 정통 왕조임을 선언했다. 제4대 강희제로부터 옹정제를 거쳐 건륭제에 이르는 1백 년 동안은 청의 전성기로 일컬어진다. 이 기간에 청의 영토가 확대되었음은 물론 군주권이 강화되고 여러 제도가 정비되었으며 국가 재정이 충실해졌다.

청나라는 원나라처럼 이민족이 중국을 지배했으나 원나라와 달리 만주족과 한족이 협동해 정치를 수행하는 정책을 펴 나갔다.

전성기 이후 창업 당시의 청신했던 기풍이 점점 사라지고 사치풍조에 젖어들면서 정치가 부패하고 사회적 모순이 드러났다. 특히 군의 근간을 이룬 팔기군이 부패하면서 백련교의 난이 일어나 국내의 상황이 불안해졌고 1840년 아편 전쟁에서의 패배로 중국의 무력함을 드러내게 됐다.

1851년 태평천국의 난이 일어나자 청조는 궁지에 빠졌으며 1856년에 일어난 애로 호 사건으로 더욱 위기에 몰렸다. 1864년 태평천국의 난을 진압하면서 겨우 평온을 되찾아 중흥을 꾀했으나 청일전쟁에서의 패배로 좌절되고 열강이 빈번하게 들이닥쳐 중국 전토는 열강들에게 잠식되었다.

1900년에는 의화단의 난이 일어나 열강의 연합군이 북경을 점령했다. 그 후 청조는 입헌정치를 서둘러 준비했으나 1911년 신해 혁명이 일어나고 그다음 해에 선통제가 퇴위함으로써 청조는 막을 내렸다.

청의 창업 시대

청나라는 오삼계가 뜻밖의 구원 요청을 해 온 덕에 쉽게 북경에 입성했다. 예친왕 도르곤은 슬기롭고도 과감한 인물이었다. 그는 청왕조가 명왕조의 뒤를 승계한 중국 정통의 왕조라는 사실에 정책의 역점을 두었다. 그리하여 숭정제와 황후 주씨를 예로써 개장하여 능묘를 세우고 백성들에게 3일간 복상을 명했다.

청나라는 정의에 입각하여 이자성을 토벌했기 때문에 청왕조는 당연히 명나라의 뒤를 승계한 정통 왕조라는 논리였다. 예친왕은 명나라 관리가 항복하면 벼슬을 더 높여 주는 등 일련의 회유책을 써 민심 안정에 힘을 기울였다.

청나라가 심양에서 북경으로 천도했을 무렵 그들의 중국 지배 지역은 북경 일대에 제한되어 있었다. 명실공히 중국을 통일하기에는 아직 요원한 느낌마저 있었다. 예친왕은 공격의 템포를 늦추지 않고 북경에서 도망친 이자성을 추격토록 했다. 동관까지 도망친 이자성은 그곳을 발판으로 세력을 만회하려 했으나 그를 추격하는 청나라의 자친왕(예친왕의 동

예친왕

생)과 명나라의 항장 공유덕에 의해 패주했다. 청군은 두 갈래로 나뉘어 별군이 대동大同에서 북쪽으로 돌아 연안으로부터 섬서로 진출하여 이자성 군을 협공했다. 이자성 군은 서안성에 불을 지르고 무관에서 양양을 거쳐 무창으로 도망쳤다. 이자성은 이곳에서 진용을 정비하여 남경南京을 공격할 태세를 보였으나 추격하는 청군에게 자주 패하여 구강으로 쫓겨 들어갔다. 이자성은 부하들을 산기슭에 남겨둔 채 홀로 구궁산九宮山에 올라가 천제묘天帝廟에 배례를 올릴 때 농민의 습격을 받아 죽었다.

이자성 집단을 완전 평정한 청군은 계속해서 사천에 자리 잡은 장헌충 토벌에 나섰다. 청나라에 투항한 명나라 장수로서 청군의 선봉이 되어 모국 명나라 토벌에 나선 인물들은 오삼계 외에 정남왕定南王 공유덕, 평남왕平南王 상가희, 정남왕靖南王 경중명 등이 있다. 이들은 수십만의 청군을 거느리고 세 길로 나누어 반청 세력을 소탕하고 뒤이어 강남(장강 일대)으로 향했다. 이렇게 피로써 피를 씻는 민족 항쟁이 오랫동안 계속되었다.

남명 정권의 성립

명나라는 남경을 제2의 수도로 정하여 이곳에 소형 정부 기구를 두어 만일의 사태에 대비했다. 명나라 태조 홍무제는 원래 명왕조를 창업했을 때 남경을 수도로 정했고 그 후 영락제가 북경으로 천도하면서 아버지 홍무제의 능묘가 있는 곳이라 하여 남경을 특별히 취급했다. 그래서 원래부터 있던 정부 기구를 그대로 두어 축소판 정부 형태를 유지하고 있었다.

북경이 함락되고 숭정제가 자결했다는 소식이 전해지자 남경에서는 정부를 수립하기 위한 논의가 일기 시작했다. 정부를 세울 경우 누구를 황제로 옹립하느냐가 첫째 문제로 떠올랐다. 당시 북쪽의 난을 피하여 남경으로 옮겨 온 황족 가운데 황통에 가까운 두 사람의 왕이 있었는데 복왕福王 주유숭朱由崧과 노왕潞王 주상방朱常淓이었다.

황통에 가장 가까운 것은 복왕이었으나 그에게는 인격적으로 문제가 있었다. 예부 시랑 전겸익錢謙益 등은 복왕에게 7가지 불가不可한 점이 있다며 반대했으나 봉양총독 마사영馬士英 등이 군대를 배경으로 강력히 밀었기 때문에 결국 복왕의 옹립이 확정됐다.

그런데 또 한 가지 문제가 있었다. 숭정제가 죽은 후 황태자의 생사를 알 수 없다는 사실이었다. 이자성이 산해관까지 인질로 잡았다는 사실만 확인되었을 뿐 그 후의 생사는 전혀 알 길이 없었다. 만약 살아 있다면 그가 명왕조의 정통 황사이므로 다른 황족은 제위에 오를 수 없는 것이다. 그래서 복왕은 황제가 아닌 감국監國으로서 국사를 담당하게 됐다. 이것이 이른바 남명 정권으로 복왕은 그 후 홍광제弘光帝라 불리었다.

홍광제의 남명 정권은 부패와 무능으로 순치 2년(1645) 5월 15일에 막을 내렸다. 그는 공교롭게도 꼭 1년 전인 5월 15일에 즉위했었다. 일주년 기념일에 청군이 남경을 함락한 셈이다.

그 후 당왕唐王 융무제隆武帝의 정권, 계왕桂王 영력제永曆帝의 세 정권이 세워졌으나 이 세 정권의 조정에 벼슬한 대부분의 관료들은 부패하고 무능하여 청군의 공격을 막아낼 힘이 없었다. 그러나 도처에서 일어난 봉기군의 강력한 뒷받침에 힘입어 남명 정권은 18년간 명맥을 유지했다. 마지막 영력제는 멀리 미얀마까지 도망쳤으나 여기서 민족 반역자 오삼계는 군사를 보내어 미얀마 정부에 영력제의 인도를 강력히 요구했다. 미얀마 정부는 오삼계의 위협을 못 이겨 할 수 없이 영력제를 인도했고 오삼계는 영력제를 처형했다.

네르친스크 조약

러시아 제국은 원래 유럽에 속해 있는 나라였으나 명나라 말기부터 청나라 초기에 중국 내란의 틈을 타 차츰 남하하여 아시아 동부 지역의 흑룡강黑龍江 상류 지대에 진출해 네르친스크와 알바진雅克薩 등지에 진지를 구축했다. 알바진은 흑룡강 북쪽 연안에 위치한 곳으로 수상 교역의 중심지였다. 이곳을 장악한 러시아군은 제멋대로 살인과 약탈을 감행하여 다후르족이 살고 있는 목성촌木城村에서는 한꺼번에 661명의 남자가 살해되고 부녀자 350여 명이 강제로 끌려가는 참상을 빚었다. 그들은 살해한 시체를 포개어 그 위에 어린아이들을 올려놓아 불태워 죽이는 잔학 행위도 서슴지 않았다.

그러나 청나라에서는 때마침 삼번三藩의 난(오삼계. 상지신. 경정충 등이 일으킨 반란)이 일어나 이를 평정하기 위하여 많은 병력을 남쪽에 파견했기 때문에 러시아 제국의 침략을 견제할 여력이 없었다.

청나라가 이 같은 침략 행위에 제동을 걸기 시작한 것은 삼번의 난이 평정된 다음 해인 강희 21년(1682)의 일이다. 강희제康熙帝는 친히 성경(盛京. 심양)으로 가 러시아 제국의 동태를 면밀히 조사하고 대처 방안을 강구했다. 1685년 알바진을 둘러싸고 청나라와 러시아 제국

사이에 처음으로 전투가 시작됐다.

1685년 5월 청나라 군사 1만 5천 명이 알바진을 포위하자 러시아군 사령관 토르푸친은 백기를 들고 항복했다. 강희제는 이번의 전투가 러시아 제국의 침략을 저지하기 위한 싸움이라는 점을 감안하여 포로로 잡은 러시아 장병들을 모두 석방하고 다시는 침략하지 않도록 엄히 타이르고 본국으로 송환했다. 토르푸친은 감격의 눈물을 흘리며 장병들을 거느리고 일단 철수했다. 그러나 청군이 러시아 진지를 모두 파괴한 뒤 회군했다는 소식을 듣자 토르푸친은 곧바로 알바진에 다시 진지를 구축했다. 보고를 받은 강희제는 크게 노하여 이번에야말로 침략자를 엄히 응징해야겠다는 결의를 보였다.

다음 해인 1686년 2월 청나라는 다시 강대한 병력을 동원하여 알바진을 공격했다. 청군이 맹렬하게 포격하자 러시아군은 막대한 손실을 입었다. 사령관 토르푸친은 이번에는 항복할 겨를도 없이 전사했다. 알바진을 포위한 지 반년이 지나자 러시아군은 군량이 바닥나고 생존자가 겨우 150명밖에 안 되는 최악의 상태에 직면했다.

사태가 이에 이르자 고자세를 굽히지 않던 러시아 황제도 태도를 바꾸어 강화를 맺어 국경선을 정하자는 국서를 보냈다. 강희제는 이 제의를 받아들여 그해 9월 정전을 명했다.

강화 교섭은 네르친스크에서 열리기로 되어 있었다. 1688년 러시아와 청나라의 강화 교섭 사절이 네르친스크를 향해 갈 무렵 몽골 중가르부準噶爾部의 수장 가르단噶爾丹의 기병이 몽골 초원 지대를 휩쓸었기 때문에 청나라 사절이 네르친스크를 향해 가는 길이 막혀 버렸다. 보고를 받은 강희제는 사절에게 급히 귀환하라는 명을 내렸다.

강희 28년(1689)에 강희제는 러시아 제국에 사자를 보내 앞서 중지되었던 강화 교섭을 진행했다. 강희제는 네르친스크에 대한 러시아의 영유권을 사실상 인정한다는 기본 입장에서 국경선을 책정하려했다. 그리하여 이른바 네르친스크 조약을 체결하기에 이르렀다. 이 조약은 중국과 러시아가 대등한 지위에서 체결한 최초의 조약이다.

러시아와의 강화 교섭으로 양국간 국경선을 책정한 강희제는 가르단 토벌에 전력을 기울었다. 강희 35년(1696) 친히 대군을 거느리고 내몽골에 원정하여 열하 근처의 우란푸톤烏蘭布通에서 가르단의 전위 부대를 대파하고 그 후 울란바토르 동남에서 가르단의 주력 부대에 치명상을 입혔다.

가르단은 청군의 위력 앞에 완전히 고립되어 마지막에는 알타이 산에서 음독자살했다. 그 후 2백여 년 동안 외몽골은 완전히 청나라의 영토가 됐다.

네르친스크 조약을 맺은 강희제와 표트르 대제

청의 중국 지배 정책

청나라의 정책은 제3대 세조 순치제 때 대체적인 기틀이 잡히고 강희제의 오랜 재위 기간에 통치 조직이 형성됐다. 청나라는 한족이 아닌 북방민족으로서 중국을 정복한 점은 원나라와 동일하지만 한족 지배 정책에서는 원나라보다 훨씬 관대했다는 평을 받고 있다.

원왕조의 중국 지배는 순전히 몽골민족을 위한 것이었다. 중앙과 지방 공공기관의 장관이나 다루하치는 모두 몽골인이 독점했다. 정치상의 결정권도 모두 장악했기 때문에 중국인 관리는 보좌관 구실밖에 하지 못했다. 그러나 청나라는 만주족과 한족이 합동으로 정치를 수행하는 형식을 취했다.

중앙정부의 내각 대학사內閣大學士 이하 고급 관료는 대개 만주족과 한족이 반반씩 차지하여 상호 보완하는 이중 체제를 채택했다. 지방 행정은 중국인 자치에 위임한다는 방침을 세워 중국인에게 많은 지위를 할애하되 이를 감시하기 위하여 만주족을 배치했다.

지방의 방위 임무는 중국인으로 조직된 녹영병綠營兵이 담당하고 이 녹영병은 각 성省의 총독·순무·제독이 관리했다. 총독·순무는 한족·만주족을 동수 비례로 임명했다. 군사상의 요충지에는 팔기병을 주둔시켰고 그 지휘관·장군은 기인旗人 출신자로 임명했다.

청나라의 정치 조직은 교묘했다. 만주족과 한족이 협력하여 공무를 수행한다는 것은 매우 긍정적이었으나 실제로는 상호 견제하고 감시하게 되어 있었기 때문이다. 따라서 나쁜 일도 좋은 일도 못하게 되었는데, 원래 중국은 전통적으로 정치가에게 좋은 일을 하도록 권장하는 것보다는 나쁜 일을 하지 않도록 하는 경향이 강했다.

청의 쇠퇴기

강희 60년 동안이 통일·창업·흥륭의 시대였다면 옹정 13년간은 계승·보전의 시대였다. 그리고 건륭 60년 동안은 과실이 무르익는 시대였다고 표현할 수 있다.

강희·옹정·건륭에 이어지는 청나라의 황금시대가 1백여 년 동안 계속되자 황제를 비롯한 귀족·관료·지주·호족들은 엄청나게 축재하고 사치를 누렸다. 이들의 부와 사치 속에는 농민들의 피와 땀이 얼룩져 있었다. 건륭제 시대에 황제를 능가할 정도로 호사의 극치를 누린 화신이 날마다 복용했다는 영약靈藥은 한 알에 백은白銀 1만 냥의 값어치에 해당했다. 몇몇 지방의 지주와 관리들의 생활도 이에 못지 않게 사치와 호화의 극치를 이루었다.

일부 특권 계급의 사치와 호화스러운 생활의 이면에는 수백만, 수천만에 달하는 농민들이 도탄에 빠져 허덕이고 유랑 생활을 하는 참혹한 현상이 일어나고 있었다. 관중(섬서성)에서는 무려 1백만 명이 넘는 유랑민이 발생하여 많은 사람들이 유림·영하·감숙·사천·동관 등지로 이동하여 관중에 남은 백성의 수는 10명 중 3명에 불과할 정도였다.

산동 지방에서는 탐관오리들의 가렴주구를 견디지 못한 많은 농민이 살길을 찾아 바다를 건너 멀리 요동으로 도망치기도 했다. 하북에서도 해마다 많은 농민이 만리장성을 넘어 고비 사막 등의 변경 지방으로 도망쳤고 산해관 동쪽으로 이동하기도 했다.

강남 지방도 마찬가지였다. 토지를 잃은 유랑민은 산속 깊숙이 들어가 오두막집을 짓고 황폐한 땅에 씨를 뿌려 연명하는가 하면 사천 · 섬서 · 호북 경계의 산간 지대와 광둥 · 광서의 남령南嶺 일대, 강서의 나소산 등지에는 수십만 명의 유랑민이 집결해 있었다.

감옥은 세금을 내지 못한 농민들로 꽉 차 있었고 농민들 사이에서는 다음과 같은 애절한 노래가 번졌다.

"한 치의 벼는 한 치의 피이다. 피가 마르면 사람은 죽고 벼가 마르면 한 집안은 끊긴다."

역사적으로 한 왕조의 번영이 한계점에 다다르면 농민들의 토지가 일부 권력자에게 집중되는 현상이 나타나고 이에 따라 자연히 토지를 잃은 유랑민이 많이 발생하게 마련이다. 유랑민이 나타나는 현상은 번영에서 쇠퇴의 시대로 접어드는 조짐인 동시에 농민 반란의 전

갑옷을 입은 옹정제와 건륭제

조라고도 볼 수 있다. 청나라도 이러한 테두리에서 벗어날 수 없었다. 건륭 39년(1774)경부터 각지에서 농민의 반항이 일기 시작하더니 가경 원년(1796)에는 급기야 백련교白蓮敎의 반란이 일어났다. 이 반란은 호북·사천·하남·섬서·감숙 지방으로 파급되어 9년간 계속되었다. 결국 반란은 평정되었지만, 청나라 조정은 백은 2억냥이라는 막대한 군사비를 지출했다. 이 같은 지출은 청나라의 국력 쇠퇴를 부채질했다.

태평천국의 난

영국과 중국의 무역은 1689년에 시작되었다. 영국은 수입 초과를 방지하고 무역의 불균형을 깨뜨릴 상품으로 아편阿片을 중국 시장에 등장시킨다. 아편 수요는 폭발적으로 증가했고, 한번 중독되면 쉽게 끊을 수 없어 죽을 때까지 피울 수밖에 없었다. 이에 청나라가 강경하게 아편무역 금지조치를 내리자 영국은 함대를 파견하여 청나라를 위협했다. 이로써 아편 전쟁이 발발했고 전세가 불리해진 청나라는 타협할 수밖에 없었다. 결국 영국과 청나라 사이에 불평등 조약인 '남경 조약'이 체결되었다.

아편 전쟁에서의 패배와 5개 항구의 개항 등으로 광동 지방의 실업자가 급격히 늘어나자 정부에 대한 불만도 노골적으로 드러났다. 이러한 불만이 터져 아편 전쟁이 끝난 후 10년째인 1851년에 마침내 태평천국의 난이 일어났다.

태평천국의 난을 일으킨 홍수전洪秀全은 광동성 화현花縣에서 농업에 종사하는 객가客家 출신이었다.

홍수전이 '태평천국'이라는 이름을 내걸고 군사를 일으킨 것은 1851
년 1월 11일의 일이었다. 무려 1만 명의 병력이 집결하였고 그들은 청
국군과 싸우면서 북쪽으로 거슬러 올라갔다.

태평천국군과 청국군은 엎치락뒤치락하며 치열한 전투를 벌였다.
마침내 함풍咸豊 3년(1853) 남경이 태평천국군에 함락되었다.

홍수전은 3월 29일 남경에 입성하여 양강총독 관저를 천왕부天王府,
남경을 천경天京이라 개칭했다. 이렇게 해서 천경을 수도로 하는 태평
천국의 새로운 역사가 시작되었다.

태평천국은 만주족의 중국 지배를 반대했으며 평등한 이상사회를
실현하고자 했다. 그러나 점차 이념도 빛이 바래고 내분이 일어나기
시작했으며 마침내 1864년 7월 19일 증국번이 거느리는 군이 총공격을
감행해 수도 남경이 함락되었다. 홍수전은 남경이 함락되기 전에 병

태평천국의 난

사했다고도 하고 혹은 음독자살했다고도 전해진다.

제2차 아편 전쟁

태평천국의 난이 한창이던 1856년에 애로 호 사건이 발생했다. 이 사건은 영국 · 프랑스 · 미국 · 러시아 등 세계 열강이 15년 전에 있었던 아편 전쟁의 성과를 한층 더 충족시키기 위해 일으킨 싸움으로 아편 밀수선 수색 문제를 둘러싸고 일어났기 때문에 제2차 아편 전쟁이라고도 부른다.

사건은 중국인 소유 아편 밀수선인 애로 호를 중국 관헌이 부당하게 수색했다는 데서 발생했다. 당시의 아편 밀수는 홍콩에서 영국 선적에 등록을 하고 영국 국기의 보호 아래 공공연히 이루어지고 있었

아편전쟁의 발단이 된 애로 호

다. 1856년 10월 8일 광주 앞바다에 정박 중인 애로 호를 청국 관헌이 수색하여 해적 용의자 이명태李明太를 체포하고 그 밖에 11명을 연행한 사건이 있었다. 광주 주재 영국 영사는 양광총독 섭명침葉名琛에게 이 사건과 관련하여 다음과 같은 항의 각서를 전달했다.

"영국 국기를 단 영국 선적의 배를 청국 관헌이 수색하여 선원을 체포하는 것은 명백한 조약 위반이다. 하물며 청국 군사가 영국의 국기를 끌어내린 것은 영국에 대한 중대한 모욕이다. 체포해 간 선원을 즉시 석방하고 보상과 아울러 적절한 사죄를 해야 할 것이다."

이 문제를 둘러싸고 여러 가지 말이 오갔으나 사실은 영국을 비롯한 열강들이 다시 한 번 청국을 두들겨 더 유리한 조약을 체결해 보겠다는 의도에 지나지 않았다.

결국 영불 연합군은 청국 원정을 감행했다. 프랑스는 가톨릭 신부 샤프들레이네A. Chapdeleines가 중국인 신도를 선동하여 모반을 꾀했다는 죄로 사형에 처한 책임을 묻는다는 구실로 영국과 함께 참전했다.

1857년 12월 영불 연합군 5천6백 명은 광주 공격을 개시하여 29일에 광주를 함락했다. 광주를 점령한 영불 연합군은 약탈과 폭행을 자행하여 주민들의 반발을 불러일으켰다. 대영 투쟁의 경험이 있는 삼원리 주민들은 화염병과 함정 작전 등 여러 가지 방법으로 영불군과 대항했다.

영불군은 북경을 위협하기 위하여 북상했다. 영불 연합군이 요구하는 조약 개정은 전투에 직접 참가하지 않은 미국과 러시아도 똑같이 희망했으므로 그들도 참관인의 자격으로 참가했다.

4개국 사절은 영국 군함 10여 척, 프랑스 군함 6척 외에 러시아군함 1척을 앞세워 계속 북상했다. 1858년 4월 이들 함대는 천진의 백하구에 도달했다. 그리고 북경 조정에 대하여 전권대사를 대고(大沽, 천친의 외항)에 파견할 것과 만약 요구가 충족되지 않으면 단호한 행동을 취하겠다고 위협했다.

북경 조정은 담정양(譚廷襄)을 흠차대신에 임명했으나 그에게 부여된 임무는 "정리(情理)를 참작하여 법으로써 회유하라."라는 것이었다.

협상에 임한 담정양은 다음 조건을 제시했다.

"광둥·푸젠에서 2개 소항구를 개항하고 세액의 경감을 인정한다."

영불의 전권대사는 담정양의 제의를 일축했다.

"이 이상 담판을 해 봤자 아무런 소득이 없음을 알았소. 따라서 백하를 거슬러 올라가 천진으로 진출할 것이오. 대고의 포대를 연합군에게 인도하도록 하시오."

청불전쟁

청국 측이 대고의 포대를 인도할 턱이 없었다. 역시 이 통고는 '공격하겠다'는 뜻을 내포했다. 결국 2시간의 공방전 끝에 대고 포대는 영불군에 함락되고 말았다. 포대를 점령한 영불 연합군은 백하를 거슬러 올라가 5월 30일에 천진에 도착했다. 영불 연합군이라고 하지만 미국 · 러시아의 전권 사절도 동행하고 있었기 때문에 4개국 전권이 천진에 들어온 셈이었다.

북경 조정은 할 수 없이 대학사 계량桂良과 이부상서 화사납花沙納을 흠차대신에 임명하여 6월 4일 천진성 밖에 있는 해광사海光寺에서 영국의 전권대사 엘긴E. Elgin과 프랑스의 그로스J.B.L.Gros 대사와 회견했다. 영국 측은 다음 7개항을 요구했다.

    1. 사신을 북경에 상주시킬 것.

    2. 원정비 및 광주 양관洋館 방화에 대한 손해 배상.

    3. 중국 내지의 통상 · 여행, 장강의 통상 개방.

    4. 그리스도교 선교사, 신도의 보호, 포교, 신교를 금지시키지 않겠다는 서약.

    5. 세율표 개정을 위한 위원의 임명.

    6. 해적 진압을 위한 협력과 원조.

    7. 공문서에 영문을 채용하고 조약은 영문을 정문正文으로 할 것.

결국 청국 정부는 영불의 요구 사항을 모두 받아들여 1858년 6월 26일 영국과 조인하고 그다음 날 프랑스와 조인했다. 이것이 이른바 천진 조약이다.

천진 조약의 제5항은 사무적인 것으로 그냥 넘기기 쉬우나 세율표 개정에는 중요한 의미가 포함되어 있었다. 여기에는 지금까지 없었던 '양약洋藥'이라는 품명이 새로 추가되었는데 이 양약은 사실 아편을 가리켰다.

영국은 이 천진 조약에서 아편을 공인시킬 목적이 있었다는 사실에 주목해야 될 것이다.

천진 조약 체결 1년 후인 1859년 6월 17일 영불 함대는 또다시 대고 앞바다에 모습을 나타냈다. 이미 조인된 천진 조약의 비준서를 교환하기 위해서였다. 조약의 비준을 위해서 함대가 왜 나타났는지 그들의 속셈은 뻔한 것이다.

영불 함대의 출현 소식에 북경 조정에서는 직례총독 항복恒福을 파견하여 영불 대표를 맞아 협상을 진행토록 했다. 그런데 백하의 하구에는 뗏목과 철조망 등 지난해에 없었던 장애물이 매설되어 있었고 포대砲臺의 수도 많이 늘어나 있었다. 이 같은 사실을 확인한 영불 대

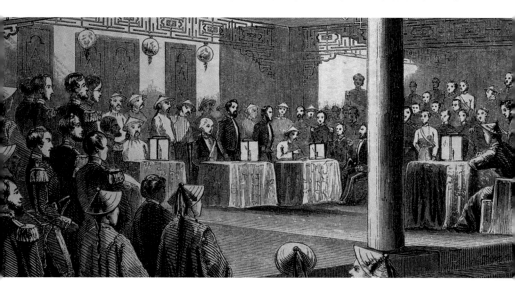

청나라가 영국의 요구를 모두 받아들인 천진 조약

표들은 청나라 정부가 이 같은 장애물을 매설한 것은 천진 조약을 비준할 의사가 없는 증거라는 등 비약적인 논리를 펴 생떼를 썼다.

영국 함대는 마침내 백하 하구에 매설된 장애물을 제거하기 시작했다. 타국의 영토 내에서 허가 없이 이런 행위를 한다는 것은 분명히 침략 행위였다. 6월 25일 오후 2시부터 포격전이 시작되어 꼬박 24시간 동안 계속됐다. 포격전은 영국 함대의 참패로 끝났다. 청군이 승리를 거둔 주요 원인은 민간 의용군이 분전했기 때문이었다. 영국 군함 4척이 격침되고 2척이 나포되었으며 5백 명에 가까운 사상자가 생겼다. 영국 함대는 항해 불능한 군함과 포탄 등을 모두 버린 채 상하이 쪽으로 도망쳤다.

처음 당한 참패에 그들이 그대로 있을 턱이 없었다. 영불 양국은 세 번째 원정군을 보내기로 결정했다. 다음 해인 1860년 영국 군함 73척에 병력 1만 8천 명, 프랑스 군함 33척에 병력 6천3백 명이 7월 말에 또다시 백하 하구에 모습을 나타냈다.

영불 함대는 4월에 주산 열도를 점령하고 6월 말에 상하이에 도착하여 북상을 계속했다. 7월 30일 북당 앞바다에 도달하여 8월 1일에 상륙을 개시했다. 영불 연합군의 압도적인 무력 앞에 청국 최강을 자랑하는 승격림심僧格林沁의 몽골 철기가 궤멸되자 청국 조정은 굴복을 각오했다. 그런데 '국서 친정國書親呈' 문제가 분쟁거리로 대두됐다.

국서는 빅토리아 여왕의 대표인 엘긴이 청국 황제에게 직접 건네주어야 한다는 영국 측 주장에 대하여 청국 측은 삼궤구고두(三跪九叩頭, 세 번 무릎을 꿇고 아홉 번 머리를 조아림)의 예를 다하지 않는 한 황제를 배알할 수 없다고 맞섰다. 결국 교섭은 결렬되고 함풍제는 친정할 결의를 보이는 조서를 내렸다.

"짐은 전군을 통솔하고 통주(북경 동쪽의 도시)로 직행하여 하늘의 위엄을 보여 그들을 응징하겠노라."

그러나 함풍제는 이 말을 한 입의 침이 마르기도 전에 동생 공친왕恭親王 혁흔奕訢에게 뒷일을 부탁하고 열하로 도망치기에 바빴다. 공친왕은 평소 대외 강경론을 제창했으나 실제로 적이 나타나자 슬금슬금 뒤를 사리는 추태를 보였다. 함풍제가 후비들을 거느리고 열하로 도망친 것은 9월 22일이었고 영불 연합군이 북경의 안정문安定門을 점령한 것은 10월 13일이었다. 그런데 이보다 며칠 전인 10월 6일에서 9일에 걸쳐 영불 연합군이 원명원圓明園을 노략질하고 방화했다.

원명원은 북경성 밖 10킬로미터 지점에 있던 이궁이었다. 건륭제 이후의 황제들은 자금성을 공식 집무 장소로, 원명원을 사생활을 주

원명원을 그린 풍경

로 하는 장소로 이용했다. 원명원에는 일반에게 공개되지 않은 진귀한 서화·골동품을 비롯하여 희귀본·진본·금은 재보 등 역대 황제의 수집품이 소장되어 있었다. 이 당시 세계 최대의 미술관이며 도서관이라 일컬어도 손색이 없을 정도였다.

영불 연합군은 그러한 원명원을 깨끗이 청소했다. 물건 하나 남기지 않고 움직이지 못할 물건은 마구 부숴 버렸다. 현재까지 보존되어 있다면 세계의 보물이라고 일컬을 도자기들이 여지없이 수난을 당하여 박살나고 말았다. 영불 연합군의 북경 입성이 늦어진 것은 약탈에 정신이 빠져 전쟁을 잊었기 때문이었다. 하루아침에 백만장자가 된 자들도 수두룩했다.

영불 연합군은 상륙 이래 약탈·살인·방화·강간 등 만행을 서슴지 않았으며 그들의 포로들이 죽임을 당했다는 소식을 듣자 철저하게 보복 작전으로 나왔다.

일련의 소용돌이 속에서 러시아 공사 에그나치프가 조정해 영불과 청국 사이에 '북경 조약'이 체결됐다. 이 북경 조약의 내용은 천진 조약을 추인하는 것이었으나 천진항의 개항과 홍콩의 대안에 있는 구룡九龍을 영국에 할양한다는 조항이 추가됐다. 이것이 1943년까지 중국을 억압했던 불평등 조약의 효시라 할 수 있겠다.

러시아와 미국은 영불 연합군에 편승하여 어부지리의 성과를 얻었다. 1858년 6월 13일 미국은 '천진 조약'과 거의 같은 내용의 조약을 체결했다. 이보다 16일 전에 청나라와 러시아 사이에는 '아이훈 조약愛琿條約'이 체결됐다. 아이훈 조약에 의해 청국은 흑룡강의 북쪽 땅을 러시아에 할양했다.

무술변법

아편 전쟁과 청일전쟁에서의 패배로 크나큰 치욕을 맛본 청국 백성들은 총이나 군함 등의 무기가 서양보다 뒤떨어졌기 때문이 아니라 오히려 누적된 정치 부패에 그 원인이 있다는 사실을 깨달았다. 이에 따라 하루속히 정치를 개혁해야 한다는 움직임이 강력히 대두되었다.

그 운동의 지도자는 캉유웨이康有為였다. 그는 광서 14년(1888) 당시의 황제 광서제에게 퇴폐한 정치를 개혁하여 새로운 정치를 실현해야 한다는 이른바 변법變法을 주장하는 상소를 올렸다. 캉유웨이는 광둥성 남해현 출신으로 유럽의 새로운 사조를 받아들여 사학史學·불교학·공양학公羊學 등을 배워 독자적인 유교 학설을 펴기도 했다.

캉유웨이는 청일전쟁이 끝난 후인 1895년 제자 량치차오梁啓超와 함께 과거를 보기 위해 북경에 올라갔다가 천진 조약에서 체결한 요동·대만의 할양과 2억 냥의 배상금 지불 문제로 북경이 들끓고 있는 사실을 목격하고 분개한 나머지 "강화 조약의 거부, 천도 항전遷都抗戰, 변법의 실행"을 주장하는 내용의 상소문을 작성하여 과거를 보기 위해 모여든 선비들에게 서명하도록 설득했다. 1천여 명의 선비들이 앞다투어 서명했고 캉유웨이는 그 상소문을 올렸다. 이것이 이른바 '공거상서公車上書'이다. 공거란 고대 중국에서 아래로부터 올라오는 상소문을 임금에게 전하는 직무를 담당하는 관아로서 청조에서는 도찰원都察院이 이 직무를 담당했다. 그러나 도찰원에서는 이 상소문의 수리를 거부했다. 그 이유는 서명자들이 모두 과거를 보러 온 선비들일 뿐이므로 관직이 없는 사람은 정치에 간섭할 수 없기 때문이라는 것이다. 그러나 그 상소의 내용은 교육의 보급과 인재의 등용, 부국강병의 도모 등 극히 애국적이고 온당한 것이라 하여 청국의 조야에 크게 경각심을 불러일으켰다. 얼마 후 캉유웨이는 진사시에 급제하여 공부工部의 관리에 등용됨으로써 정치적 의견을 제시할 수 있는 자격을 확보했다.

그 후 캉유웨이는 여러 차례에 걸쳐 변법을 주장하는 상소를 올렸고 광서 24년(1898)의 무술년에는 《일본변정고日本變政考》라는 저서와 함께 상소를 올렸다.

이때 광서제는 이미 성년이 되어 있었으나 정치적 실권은 사실상 서태후가 장악하고 있었다. 광서제는 서태후의 지나친 간섭과 지극히 보수적인 정치에 불만을 가졌다. 광서제는 이미 캉유웨이의 존재를 알고 있었으며 변법에 대해서도 매우 의욕적이었다. 그러나 서태

광서제와 캉유웨이

후가 있는 한 제약을 받지 않을 수 없었다.

캉유웨이의 상소는 광서제의 자립 의욕을 북돋우기에 충분했다. 그는 또 일곱 번째 상소를 올려 만국의 좋은 법을 채용하여 변법유신變法維新해야 한다고 주장했다. 캉유웨이의 끈질긴 상소는 마침내 광서제의 마음을 움직이는 데 성공했다. 광서제는 서태후로부터 자립하여 변법을 단행할 결심을 하게 됐다.

광서제는 국시國是를 정하는 조서를 발표하고 캉유웨이를 입궐토록 하여 변법에 관한 이야기를 나누고 그를 총리아문 장경章京에 임명했다. 장경이란 대신을 보좌하는 직책이었다. 총리아문에는 리훙장李鴻章을 비롯하여 십여 명의 대신이 있었다. 캉유웨이의 지위는 이들 대신보다 훨씬 낮았으나 황제로부터 직접 변법의 명을 받았으므로 대권을 부여받았음에 틀림이 없었다.

캉유웨이는 지원 조직이 있어야겠다고 판단하여 '공거상서' 때 서명했던 동지들을 중심으로 보국회保國會라는 정치 단체를 조직했다. 캉유웨이는 잇따라 변법 추진에 필요한 건의를 했다. 헌법 · 국회 · 철도 · 학교 · 군사 등 30년 전의 일본의 제도를 본떠 부국 강병을 실현해야 한다는 것이었다.

서태후를 중심으로 하는 보수파들은 변법파들의 움직임을 예의주시했다. 변법파들은 국정 개혁을 추진하면서 광서제의 친정도 실현하려 했다. 이것은 서태후가 가장 경계하는 일이었다.

광서제의 변법 조서가 발표된 며칠 후 캉유웨이를 광서제에게 추천한 호부상서 옹동화翁同龢가 파면됐다. 이것은 서태후가 변법파에 가한 일대 타격임에 틀림없었다.

광서제는 변법에 소극적인 인물을 파면하고 변법파의 강경한 인물인 양루이楊銳, 류광디劉光第, 린쉬林旭, 탄쓰통譚嗣同 등 네 사람을 군기대신軍機大臣 장경에 임명했는데, 이들은 재상과 대등한 권한을 가졌다.

이 소식은 즉시 서태후에게 전해졌다. 조용히 기회를 노리던 서태후는 비로소 변법파에 일격을 가할 움직임을 보이기 시작했다. 이를 알아차린 변법파는 기선을 잡아 쿠데타를 일으켜 서태후를 서산西山의 이궁離宮에 유폐시키고 광서제의 친정을 실현시킬 계획을 세웠다.

쿠데타를 일으키자면 무엇보다도 군대가 필요했다. 변법파들은 신식 육군을 쿠데타에 끌어들이기 위해 공작에 착수했다. 당시 신식 육군의 통솔자는 위안스카이袁世凱로 리훙장의 자식과 같은 존재임을 변법파도 익히 알고 있었다. 리훙장은 비록 청일전쟁에서의 패배 책임을 지고 일시적으로 요직에서 물러나기는 했으나 서태후의 신임이

무술변법을 진압하고 광서제를 유폐시킨 서태후

가장 두터운 인물이었다. 이 같은 관계에서 비추어 볼 때 위안스카이의 신식 육군을 이용하려는 계획이 얼마나 위험한 일인가를 모르는 바는 아니었지만 변법파로선 다른 방법이 없었다.

탄쓰퉁은 9월 18일 위안스카이를 쿠데타에 끌어들이기 위해 천진의 법화사로 위안스카이를 방문했다. 이보다 이틀 전인 9월 16일 광서제는 위안스카이를 자금성으로 불러 시랑후보侍郞候補의 관작을 수여했다.

탄쓰퉁은 위안스카이에게 직예총독 영록을 주살하고 이화원을 포위할 것을 요청했다. 탄쓰퉁의 허리 부분과 목덜미 부분이 불룩 솟아 있어 틀림없이 흉기를 숨긴 것처럼 보였기 때문에 생명의 위협을 느낀 위안스카이는 일단 승낙하는 대답을 했다.

탄쓰퉁과 헤어진 위안스카이는 이해득실을 계산한 끝에 탄쓰퉁과

리훙장과 위안스카이

의 약속을 저버리기로 결심하고 이 같은 사실을 즉시 직예총독 영록에게 밀고했고 영록은 이화원으로 달려갈 준비를 서둘렀다.

드디어 변법파와 보수파 사이에 치열한 혈투가 벌어졌다. 탄쓰퉁이 위안스카이를 방문한 다음 날인 9월 19일 영록과 위안스카이는 비밀리에 북경으로 올라왔다. 보고를 받은 서태후는 9월 20일 새벽 이화원에서 자금성으로 복귀하여 광서제의 방을 수색하고 변법에 관한 서류를 모두 압수했다. 다만 이 날은 광서제가 일본의 이토 히로부미를 접견하기로 되어 있었기 때문에 서태후는 장막 뒤에 숨어서 감시하는 정도에서 그치고 밤이 되자 광서제를 불러 음독 자결할 것을 강요했다. 군기대신 왕문소主文韶와 황족들이 간청하여 겨우 자결은 면하고 유폐 처분으로 종결됐다.

9월 21일 서태후의 수렴청정이 시작되고 변법 운동은 실패로 막을 내렸다. 변법 운동은 시작한 지 103일 만에 막을 내렸기 때문에 '백일유신百日維新'이라고도 부르고 '무술정변戊戌政變'이라고도 부른다.

9월 18일 탄쓰퉁이 위안스카이를 만나기 위해 천진으로 떠난 후 캉유웨이는 아무래도 위안스카이의 가담이 어려울 것이라는 육감이 들었다. 캉유웨이는 9월 20일 새벽 남몰래 북경을 떠나 저녁 무렵에 당고에 도착하여 초상국招商局의 신제호新濟號에 탑승했다. 그러나 이 배가 21일에 출범한다는 것을 알고 그는 태고양행의 중경호重慶號로 갈아탔다. 이 배는 그날 오전 10시에 출항하기로 되어 있었다. 마침내 캉유웨이와 북경 정부 사이에 숨 막히는 숨바꼭질이 시작됐다.

그 사이 출항한 배를 점검한 끝에 캉유웨이가 이미 출항했음을 확인한 영록은 군함 비응호飛鷹號에 즉시 추격을 명했으나 비응호는 석탄의 부족으로 도중에서 돌아오고 말았다. 영록은 즉시 연대도煙臺道

의 장관에게 전보를 쳤다. 캉유웨이가 탄 중경호도 연대도에 기항했으나 전보가 도착했을 때는 이미 출항한 후였다. 중경호는 상하이에 기항했지만 상하이의 영국 총영사가 캉유웨이와 친교가 있는 영국인 리처드의 요청을 받아들여 위해위에 있던 영국의 순양함 보나벤처호를 불러 오송 항구 밖에서 캉유웨이를 옮겨 태워 홍콩까지 호송했다. 이렇게 해서 캉유웨이는 위기일발의 탈출에 성공했다. 그 후 이토 히로부미의 도움으로 일본으로 망명했다.

량치차오는 일본 공사관으로 피난했다. 공사관은 치외법권 지역이었으므로 일본의 대리공사 하야시林權助는 그를 대고에 정박 중인 일본군함 오지마大島에 태워 그대로 일본으로 회항回航했다.

탄쓰퉁은 일단 일본 공사관으로 도망쳐 왔으나 그것은 망명 때문이 아니라 자신의 시문과 가서家書를 먼저 피난한 량치차오에게 전하기 위해서였다. 량치차오가 망명을 권했으나 탄쓰퉁은 권유를 뿌리

량치차오와 탄쓰퉁

쳤고 체포되어 일주일 후인 9월 28일 북경의 형장에서 참수됐다. 량치차오에게 미리 전한 그의 '절명서絶命書'에는 이렇게 쓰여 있었다.

"이를 악물고 이 글을 써 우리 중화국민에게 고한다. 다 함께 의롭게 일어나 국적國賊을 섬멸하고 우리 성상을 보전하라."

러일전쟁의 발발

배외적排外的 농민투쟁인 의화단 사건이 일단락되고 8개 연합국(영국·프랑스·미국·러시아·이탈리아·일본·독일·오스트리아)의 대표와 청나라 사이에 강화교섭이 한창 진행되고 있을 때 오직 러시아만은 동북 3성三省에서의 철군을 거부하면서 별도의 협정을 체결해야 한다고 주장했다. 동북 3성은 봉천성奉天省·길림성吉林省·흑룡강성黑龍江省의 3성으로 러시아의 이 같은 주장은 국제적인 물의를 빚어 영국·미국·독일·일본 등의 강력한 항의를 받았다. 그 결과 '동3성東三省 조약'이 체결되어 러시아의 단계적 철군이 결정됐다.

그러나 러시아는 제1단계 철군만을 조약대로 이행하고 제2단계에 들어가서는 또 다른 조건을 내세워 청나라를 위협했다. 청나라는 러시아의 요구를 단호히 거부했으나 러시아는 일방적으로 봉천·영구에 병력을 증강하는 한편 제1단계에서 철수한 병력을 압록강 방면에 집결시키고 조선 영토인 용암포에 병영을 세운 후 조선 정부에 용암포의 조차租借를 요구했다. 뿐만 아니라 러시아의 태평양 함대를 여순에 집결시켜 서해상에서 공공연히 군사훈련을 실시하는 등 시위를 벌이기도 했다. 1899년에는 조선 남부의 마산포를 러시아 태평양 함대의 석탄 공급기지로 사용해 일본 정부의 신경을 극도로 자극했다.

일본은 조선과 만주를 지배하기 위해서는 러시아와의 일전이 불가피하다는 판단 아래 꾸준히 군사력을 증강했다. 또한 영국과 공수동맹을 체결하여 다른 열강의 간섭을 사전에 봉쇄하는 데 성공했다.

러시아와의 전쟁을 결심한 일본은 1904년 2월 6일 러시아에 국교 단절을 선언하고, 8일에는 인천에서, 9일에는 여순에서 러시아 함대에 기습을 가함으로써 전쟁 상태에 돌입했다. 10일에는 마침내 러시아와 일본이 동시에 상대국에 대하여 선전포고를 하기에 이르렀다.

러일전쟁 승패의 분수령은 봉천에서의 대회전이었다. 1905년 3월 10일에 끝난 봉천의 대회전에는 일본군 25만 명, 러시아군 36만 명이 2주일에 걸쳐 격전을 벌인 끝에 일본군이 승리를 거두었으나 7만여 명의 희생자를 내었다.

만주 남부의 사하 강에서 러시아군과 일본군이 치른 사하 전투

한편 해전에서는 1905년 5월 27, 28 양일간에 걸친 대한 해협의 해전에서 일본의 연합함대 사령관 도고 헤이하치로東鄕平八郎 제독이 러시아의 발틱 함대 38척 가운데 33척을 격침 혹은 나포함으로써 전쟁의 향방을 결정짓기에 이르렀다.

때마침 러시아에서는 제1차 혁명이 일어나 노동자들의 파업이 전국적으로 확산되면서 전쟁 수행이 어렵게 되었고 일본 또한 더 이상 전쟁을 끌고나갈 여력이 없는 실정이었다. 때문에 양국은 강화를 희망하게 됐다.

강화는 미국 제26대 대통령 루스벨트가 중재했다. 8월에 미국의 포츠머스에서 양국 대표들이 대좌한 가운데 1905년 9월 5일 포츠머스 조약(러일 강화 조약)이 체결되었다.

1. 러시아 정부는 일본이 한국에 대해 정치 · 경제 · 군사상 우선적인 이익을 가진다는 것을 승인한다.
2. 조차권 지역을 제외하고 러 · 일 양국 군대는 18개월 이내에 철수한다.
3. 러시아 정부는 청국 정부의 승인을 받아 여순 · 대련만의 조차권 및 이에 관련된 일체의 특권을 일본에 양도한다.
4. 러시아 정부는 장춘 – 여순 간의 철도와 지선, 이에 부속되는 일체의 권리와 재산 및 동 철도의 이익을 위해 경영되는 탄광을 청국 정부의 승낙을 받아 일본 정부에 양도한다.
5. 러시아 정부는 북위 50도 이남의 사할린 남부를 일본에 양도한다.
6. 러 · 일 양국은 만주에서의 철도 보호를 위하여 수비병을 배치할 권리를 가진다.

결과적으로 보아 일본이 전승국으로서 얻은 보수는 러시아로부터 받은 것이 아니라 중국에서 탈취한 것이라 할 수 있다. 일본은 또 조선에 대한 독점 지배권을 얻어냄으로써 어떠한 외국의 간섭도 받지 않고 조선의 완전 식민지화 정책을 독자적으로 추진할 수 있게 됐다.

신해혁명

우창 봉기

1911년 10월 10일 우창에서 신군(위안스카이가 새로 편성한 신식 육군을 가리킴)과 쑨원孫文이 조직한 중국동맹회가 봉기했다. 이 봉기는 신해혁명의 도화선이 됐다. 1910년 2월에 광주 봉기가 실패한 데 이어 여러 차례의 혁명 봉기가 실패로 돌아가고 황화강에서의 무장 봉기마저 불발에 그치자 동맹회 내부에서는 봉기 장소를 장강으로 옮기자는 주장이 강력히 대두되었고 그 계획이 급속도로 구체화되었다. 탄런펑譚人鳳·쑹자오런宋敎仁·천치메이陳其美 등은 1911년 7월 31일 상하이에서 동맹회 중부총회를 결성한 데 이어 우한 지방에도 호북분회를 설립하여 장강 유역을 중심으로 하는 봉기 준비를 서둘렀다.

그해 9월 24일에는 우창에서 봉기하기 위한 본격적인 작전회의가 열렸다. 혁명의 주동 역할을 담당하던 문학사와 공진회는 이날 오전 10시 공진회 사무실에서 주요 간부 60명이 모임을 갖고 봉기에 대한 구체적인 작전계획을 숙의한 끝에 다음과 같이 결정했다.

1. 봉기 날짜는 한가위(음력 8월 15일)인 10월 6일로 한다.

2. 초기 작전의 중점을 대포 진지와 무기고 점령에 둔다.

위 작전의 구체적 실천 계획으로서 우선 전망이 좋은 우창성 밖 공정(공병) 제11영에서 방화하는 것을 신호로 일제히 봉기하여 성내의 사산蛇山과 봉황산의 대포 진지 및 무기고를 탈취하기로 했다. 이와 때를 같이하여 우창의 맞은편에 있는 한양漢陽에서도 제42연대가 호응하여 우한 삼진武漢三鎭을 일거에 장악하기로 했다.

이어서 각 작전 부대의 지휘 책임자와 공격 장소도 상세하게 결정한 후 산회했다. 그러나 이 봉기 계획은 1시간 후에 하마터면 탄로날 위기를 맞았다. 우창성 밖에 있던 포병 제8연대 소속 혁명 동지가 취중에 대포를 끌어내어 세 발의 공포를 쏘았기 때문이었다. 다행히 혁명 계획은 누설되지 않았고 공포를 쏜 자만이 처벌받는 것으로 사건은 일단락됐다.

그러나 공포 사건 이후로 우창 일대에는 곧 혁명 봉기가 있을 거라

우창 봉기를 일으킨 신군의 포병

는 소문이 암암리에 퍼졌고 일부 언론에서는 혁명 봉기가 일어날 것이라는 보도까지 나왔다. 우창 일대의 방위를 담당한 호광총독 서징瑞澂은 9월 30일 다음과 같은 내용의 전문을 청국 조정에 보냈다.

"호북의 신군은 사천의 폭동 진압을 위해 출동했으므로 호북 지방의 방위를 위해 원군을 보내주기 바람."

이어 10월 3일에는 군사회의를 열어 주요 기관의 경비를 강화하고 장강 일대에 군함에 의한 순찰도 아울러 실시했다. 이렇듯 청조의 경계가 강화되는 가운데 혁명군의 주요 간부들이 자리를 비우는 등 봉기 준비에 차질이 일었다. 임시 사령부는 이러한 상태로는 예정된 날짜에 봉기가 불가능하다고 판단하여 봉기 날짜를 11일 전후로 연기하고 9일에 다시 회의를 열기로 했다. 그런데 회의가 열리고 있던 그날 뜻밖의 사고가 발생하여 혁명군 간부들의 가슴을 철렁하게 했다. 혁명군 참모장 손무孫武가 러시아 조계에 있는 총기관부에서 폭탄을 만들기 위하여 화약을 섞고 있을 때 혁명군 동지 한 사람이 피우던 담뱃불이 공교롭게도 화약에 떨어지는 바람에 화약이 폭발하면서 굉음이 일어나고 손무가 중상을 입었다.

굉음을 듣고 급히 달려온 러시아 조계 경찰은 혁명회 동지 30여 명을 일망타진했다.

한편 강을 사이에 둔 우창에서는 아침부터 임시 총사령관 장이우蔣翊武의 주재 아래 청군 내부의 동지들이 모여 협의하던 중 폭발사고에 대한 소식을 들었다. 혁명 동지들의 얼굴은 새파랗게 질릴 수밖에 없었다. 더욱이 혁명 봉기 가담자 명부까지 압수됐다는 소식을 들은 동지들은 이제는 서둘러 봉기할 수밖에 없다는 데 의견을 같이했다.

"앉아서 죽을 수는 없다. 혁명의 성공 여부는 하늘에 맡기고 전원

궐기하자."

함성이 가슴속에서 메아리쳤다.

임시 총사령관 장이우는 동지들을 돌아보며 비장한 각오로 다음과 같은 명령을 내렸다.

1. 오늘밤 12시를 기하여 일제히 봉기하여 만주족을 몰아내고 한족을 부흥시킨다.

2. 전투·수비를 막론하고 기율을 엄수할 것이며 동족이나 외국 군인에 대하여는 철저한 보호를 가한다.

3. 각 군은 중화문 밖에서 일어나는 포성을 신호로 하여 각자의 임무를 수행한다.

이 명령을 즉시 각 진영의 대표에게 전달하기 위하여 전령이 출발했다. 그러나 한구에서 있었던 폭발사고로 봉기계획을 탐지한 호광 총독 서징은 우한 삼진의 성문을 폐쇄하고 성내의 교통을 차단한 채 검문검색을 강화하는 등 삼엄한 경계를 폈다. 이로 인하여 임시 총사령관의 명령이 제대로 전달되지 않았고 중화문 밖에서의 신호 포성 또한 울리지 않았다. 사태의 심각성을 알아차린 서징은 더욱 경계를 강화하고 본보기로 혁명회 인사들을 참수하는 등 우한 삼진의 거리는 바야흐로 긴장이 감돌았다.

마침내 10월 10일 아침이 밝았다. 그러나 우창의 거리는 온통 혁명파를 수색하는 군경들로 꽉 차 있었다. 동지 간의 연락도 두절되어 경계병이 교대하는 틈을 타거나 상점으로 물건을 사는 것처럼 가장하여 동지들의 눈치를 살피는 정도였다. 그러나 이러한 가운데에서도 혁명의 기운은 식을 줄 몰랐다.

우창 시내의 공병 제8영에 임시 총사령부로부터 봉기 명령이 전달된 것은 10일 아침이었다. 전날 오후 5시경에 장이우가 보낸 전이 그제야 도착한 것이었다. 공병 제8영의 책임자 슝빙쿤熊秉坤은 동지들에게 이 같은 사실을 알리고 회의를 열었다. 개중에는 얼굴이 새파랗게 질린 자도 있었으나 "죽음 속에서 삶을 찾자."라는 슝빙쿤의 용감한 부르짖음에 모두들 용기를 되찾았다.

작전 순서는 지난 9월 24일의 회의에서 정해졌으나 각 부대와의 연락이 문제였다. 특히 혁명군의 주력부대로 인정되었던 우창 밖의 포병 부대에 대한 정보가 없어 애를 태웠으나 연락이 된 부대만이라도 봉기하자는 데 의견이 모아졌다.

봉기 시간은 오후 3시로 정했지만 연락에 시간이 걸려 오후 7시 이후로 연기됐다. 연락이 된 부대는 2개 소대와 1개 중대뿐이었다. 약속 시간인 7시가 되자 마침내 혁명을 알리는 슝빙쿤의 신호 포탄이 우창의 거리를 뒤흔들었다. 혁명군의 기민한 움직임 앞에 청군은 하나둘 쓰러졌다. 슝빙쿤은 앞서의 작전 지시대로 무기 탈취를 위해 40명의 동지들과 함께 초망대의 무기고로 돌진했다.

이와 때를 같이하여 우창성 밖 당각塘角에 있던 21혼성여단의 제11영도 봉기에 호응하여 이붕승李鵬昇의 지휘 아래 사료로 쓰는 건초 더미에 불을 질러 궐기의 봉화를 올렸다.

성안에서는 제29표의 채제민蔡濟民이 봉기에 가담하여 슝빙쿤과 거의 동시에 초망대의 무기고로 향하고 있었다. 초망대를 지키던 청군 가운데도 혁명에 호응하는 자가 속속 증가하여 혁명군은 손쉽게 무기고를 탈취했다.

초망대의 무기고에는 독일제 7.9밀리미터 쌍구모젤 1만여 정, 일본제 6.5밀리미터 보병소총 1만 5천 정, 한양병공창 제조 6.5밀리미터 단구총 수만 정, 탄환, 포탄 등이 다량 격납되어 있었다.

무기·탄약이 없어 맨주먹으로 달려오다시피 한 혁명군들은 졸지에 완전 무장을 갖춘 부대로 탈바꿈했다.

최신 장비로 무장한 혁명군은 사산의 초망대에 포병 진지를 구축하고 성 밖 남호에 있는 포병 제8표에 연락하여 급히 성내로 진격하도록 했다. 그러나 이들 혁명군 중에는 실력 있는 지휘관이 없어 작전에 어려움이 많았다. 슝빙쿤이 있기는 했으나 그도 많은 병력을 지휘하기에는 역부족이었다. 그들은 초망대의 좌대대관左隊隊官이었던 오조린吳兆麟을 지휘관으로 추대했다.

오조린의 작전 명령을 받은 혁명군은 제 30표 헌병영을 공격한 지 30분도 채 못 되어 손쉽게 그곳을 점령했다. 기회를 보고 있던 청군의 병사들이 속속 초망대로 모여들어 혁명군에 가담함으로써 혁명군은 삽시간에 약 2천 명으로 불어났다. 이 같은 상황을 파악하지 못한 청군의 수뇌들은 참모장 오조기吳兆麒 등을 초망대로 파견하여 시찰토록 했다. 그런데 오조기는 혁명군의 임시 총지휘를 맡고 있는 오조린의 형이었다. 오조기는 상황을 판단한 끝에 동생 오조린을 돕기 위해 청군의 수뇌들에게는 정확한 상황을 숨기고 오히려 청군의 방위태세를 알려줌으로써 혁명군에게 도움을 주었다. 혁명군은 오조기의 정보를 토대로 헌병영을 점령한 데 이어 제30표를 돌파하고 오후 10시 30분경에는 호광총독 서징의 관저를 공격하기 시작했다. 치열한 공방전 끝에 혁명군은 보안문을 탈취하는 데 성공함으로써 유리한 고지를 확보했다.

호광총독은 전세가 불리하다고 판단하여 은밀히 탈출을 시도하고 있었다. 그는 일찍이 영국 영사 하버트 코페와 혁명 봉기가 있을 경우 영국 군함이 원조해 주겠다는 약속을 받아 놓은 적이 있었다. 그는 이 약속을 믿고 몇몇 측근들만을 데리고 관저 뒷문을 빠져나와 성 밖으로 탈출, 장강에 정박 중이던 초예楚豫호에 올랐다. 서징을 태운 초예호는 한구로 도주하여 장강에 정박 중이던 영국 군함 뒤에 선체를 숨겼다. 서징은 영국 영사와의 약속을 믿고 영국 군함에게 지원사격을 요청했으나 영국 영사는 국제적인 분쟁을 일으킬 염려가 있다는 이유를 들어 지원을 거부했다.

혁명군에게 완강하게 저항하던 청군도 총독 서징이 탈출했다는 사실을 알자 완전히 전의를 상실하여 도망치기 시작했다. 혁명군 결사대가 총독관저 건물에 불을 지르자 거세게 타오르는 불꽃은 우창의 밤하늘을 붉게 물들였고 이를 본 청군들은 앞다투어 도망치기에 바빴다.

10월 11일 새벽까지는 우창 시내의 주요 지대가 거의 혁명군에 의해 장악되었고 최후까지 저항했던 사산 북쪽의 번서藩署도 포병의 지원을 얻은 혁명군에 의해 박살나고 말았다.

우창 시내의 청국 관리들은 모두 도망쳐 그림자조차 찾아볼 수 없었고 모든 관공서가 혁명군의 수중에 들어왔다. 하룻밤 사이에 우창 봉기가 성공한 것이다.

우창의 봉기 전투에서 전사한 혁명군은 결사대 소속 10여 명이었고, 부상자는 20여 명에 불과했다. 우창 혁명은 일단 성공했으나 혁명군을 통솔할 만한 지도자가 없는 것이 혁명군의 큰 약점이었다. 채제민 등 혁명군의 간부들은 우선 군정부를 구성하려 했으나 도독이 될 만한 인물이 없었다. 그들은 토의 끝에 제21혼성여단장인 리위안 홍黎元洪을 찾아내 위협을 가해서라도 도독에 추대하기로 결정했다.

리위안홍은 이때 48세였다. 천진 수사학당에서 신식 군사교육을 받은 인물로서 청일전쟁 때는 기함 정원호의 포술장砲術長으로 있었 다. 그러나 혁명에 대해서는 전혀 관심도 없고 이해도 없는 인물이었 다. 말하자면 반혁명적 사상을 가진 인물임에는 틀림없었다. 그러나 청군의 반격에 시급히 대비하지 않으면 어렵게 성공한 우창 혁명이 어떻게 될지 알 길이 없었으므로 비록 혁명에 찬동하지 않는 인물일 지라도 국민에게 신망이 두터운 그를 도독으로 추대할 수밖에 없었 던 것이 혁명군의 실정이었다.

이때 리위안홍은 혁명군의 추격이 두려워 초망대 가까이 있는 한 참모의 집에 숨어 있다가 혁명군에게 곧 발각됐다. 임시 총지휘관 오 조린이 리위안홍을 영접하여 자의국으로 안내하자 혁명군은 정렬하 여 나팔을 불어대고 환호성을 지르며 그를 환영했다. 그러나 리위안 홍은 좀처럼 굳은 표정을 누그러뜨리지 않았다.

이때 혁명군은 미리 '중화민국 호북군 도독'의 이름으로 된 포고문 을 작성해 놓았다. 혁명 간부 이익동李翊東이 그 사본을 가지고 리위 안홍에게 서명할 것을 요구하자 리위안홍은 벌벌 떨면서 서명을 주 저했다. 리위안홍의 태도에 울화가 치민 혁명군의 한 사람이 권총을 들이댔으나 리위안홍은 입을 꼭 다문 채 아무 말이 없었다. 할 수 없 이 권총을 들이댔던 혁명군이 대신 서명했다.

리위안홍은 마음속으로 자신의 거취 문제를 신중하게 저울질했음 이 분명했다. 얼마 후 그는 혁명군이 다량의 무기와 은화를 소유하고 있음을 확인하고 비로소 마음을 바꾸었다. 그는 즉시 만주 풍속의 변

발을 자르고 한인으로 돌아가 도독으로서의 업무를 개시했다. 그러
나 리위안훙은 나중에 위안스카이와 협력하여 혁명 세력에 대항했다
는 사실을 여기서 밝혀둔다.

리위안훙을 도독으로 추대한 혁명군은 마침내 역사적인 포고문을
발표했다.

1. 자의국을 군정부로 한다.

2. 중국을 중화민국이라고 칭한다.

3. 한구에 주재하는 각국 영사에 대하여 군정부가 외국인 보호의 책
   임을 질 것을 밝히는 바이며 동시에 군정부를 교전 단체로서 승인
   할 것을 요구한다.

이렇게 해서 중화민국中華民國은 그 첫걸음을 내딛었다.

우창 봉기 후 수립된 호북군 정부

우한 삼진의 함락

우창 혁명의 성공 소식이 한구·한양에 전해진 것은 11일 오후 4시경이었다. 청조는 우창 혁명을 은폐하기 위하여 우창과의 교통을 차단하는 등 물샐틈없는 보안 조치를 취했으나 혁명 동지의 한 사람이 우창성 밖에 내붙인 포고문을 보고 즉시 장강을 건너 한구·한양의 혁명군에게 그 소식을 알렸던 것이다. 한구·한양의 혁명군들은 한구에 모여 작전회의를 열고 오후 8시 30분을 기해 일제히 봉기하기로 결정했다.

약속 시간이 되자 혁명군은 한양 병기창을 기습 점령한 데 이어 가까운 산마루에 대포를 배치하여 위협 포격을 가함으로써 혁명은 손쉽게 성공했다. 혁명군은 한양 병기창에서 다량의 무기를 노획함으로써 그 후의 혁명 봉기에 크게 위력을 발휘했다.

한구는 12일 새벽에 이르러 혁명에 성공했다. 그곳에서는 폭도들의 약탈과 방화 등의 사건이 있었으나 우창으로부터 원군이 투입되어 질서 회복에 성공했다. 이렇게 해서 장강의 요충지 우한 삼진은 마침내 혁명군의 수중에 들어갔다.

우창 봉기 2일 후인 1911년 10월 12일 오전 6시경 우창의 전화선이 복구되자 군정부는 즉시 도독 리위안홍의 이름으로 전국에 우창 혁명의 성공을 선포하고 각지에서도 이에 호응하여 봉기할 것을 촉구했다. 때를 같이하여 청조에 대하여 공화국의 수립을 선언하고 청군에 소속되어 있는 한족 출신 장병들에게 투항을 요구하는 권고문을 발표했다.

우한 삼진의 혁명 성공은 청조의 무능함과 무력함을 여실히 드러내어 혁명의 기운을 더욱 부채질했다. 그 결과 혁명의 불길은 요원처럼 타올라 우창 봉기 후 불과 한 달 사이에 15성이 청조의 지배에서 벗어나 독립을 선언했다. 이들 각 성을 하나의 구심점으로 흡수하여 통일된 정부를 수립하는 것이 신해혁명의 어려운 숙제로 남겨졌다.

우창 혁명의 소식이 북경 조정에 전해진 것은 10월 11일 오후였다. 당황한 청나라 조정은 그 이튿날인 12일 우창에서 도망친 총독 서징을 파면하고 육군부 대신 음창蔭昌과 해군부 부대신 살진빙薩鎭氷으로 하여금 육해군을 거느리고 혁명군을 제압하도록 했다. 그리고 패전의 책임을 전적으로 서징 한 사람에게 돌림으로써 군의 위신을 회복하고 아울러 철도국유화 정책을 제청해 추진하던 우전부郵傳部 대신 성쉬안화이盛宣懷를 민란 발생의 책임자로 몰아 민심을 수습하려 했다.

철도국유화는 당초 장쯔동張之洞이 추진한 정책으로 민간들의 강한 반발을 사고 있었다. 철도를 국가 소유로 하여 그 이익을 국고로 충당하기 위한 목적이었으나 철도 건설비를 조달할 능력이 없는 조정으로서는 외국 차관에 의존할 수밖에 없었던 데에 문제가 있었다. 결국 이 문제는 국내 자본가들의 강한 반발과 이에 동조하는 민간들이 파업과 소요 사태를 일으킴으로써 큰 실정失政으로 지탄을 받았다. 우창 봉기도 따지고 보면 이러한 일련의 소란 사태의 하나라고 지적하는 사람도 없지 않다. 1909년 장쯔동이 죽자 성쉬안화이가 그 직무를 이어 추진했다. 청나라 조정은 민심을 수습하기 위하여 그 실정의 책임을 성쉬안화이에게 지워 그를 파면했다.

뒤이어 백성들의 원한의 대상이 된 고관들을 숙청하여 민심 수습을 꾀하는 한편 일찍이 발의 병을 이유로 파면했던 위안스카이를 다시 기용하려 했다. 청나라 조정이 위안스카이를 다시 생각하게 된 것은 혁명군 토벌 명령을 받은 음창과 살진빙이 청군을 제대로 통솔하지 못했기 때문이었다.

위안스카이의 신식 육군을 모체로 리훙장의 회군까지 흡수한 북양군은 위안스카이가 편성한 군대로 개인의 군대라고 해도 과언이 아닐 정도로 그 영향력이 컸다. 청나라 조정은 북양군을 제대로 움직이기 위해서는 위안스카이의 명예를 회복시켜 그가 전군을 통솔해야 한다는 데 의견을 모았다.

청조는 위안스카이를 호광총독에 임명하여 혁명군을 토벌하도록 명했으나 그런 정도에서 쉽게 응할 위안스카이가 아니었다. 그는 일찍이 섭정왕인 순친왕이 자객을 보내 암살하려는 음모를 사전에 알아차리고 수염을 깎고 노동자로 변장하여 3등 열차로 어렵게 북경을 탈출하여 하남 땅 고향에서 권토중래의 기회를 노리고 있었다.

호광총독에 임명한다는 소식을 들은 그는 청조가 자기를 파면할 때의 이유였던 '발의 병'이 아직 낫지 않았다는 핑계를 대면서 꿈쩍도 하지 않았다. 청조의 다급한 사정을 이용하여 최대한 수확을 거두

혁명이 일어나자 도망치는 청국 고관들

자는 속셈이었다. 다급해진 청나라 조정은 당초 예정했던 호광총독에서 흠차대신으로 격상시키고 육군부 대신 음창을 소환하는 한편 위안스카이의 부하였던 펑궈장馮國璋과 돤치루이段祺瑞를 각각 제1, 2군 총사령관에 임명했다. 그리고 청국의 육해군 및 장강수사라는 직책까지 겸하여 모든 군권을 위안스카이에게 위임했다.

선통제는 10월 30일 '스스로를 죄하는 조서'를 발표했다. 그 내용은 선통제가 나이가 어리고 정사에 어두웠던 탓으로 정치를 그르쳐 고관들이 사리사욕에 빠져 백성들에게 피해가 막심했다는 자기비판으로서 국민의 노여움을 풀어보자는 것으로 청나라 조정으로서는 매우 과감한 행동이었다.

위안스카이는 10월 30일에야 겨우 하남성 신양에 도착하여 음창으로부터 모든 군권을 인수하고 혁명군에 대한 회유공작에 착수했다. 2차에 걸쳐 혁명군과의 사이에 서신 왕래가 있었으나 혁명군이 거부

위안스카이의 북양군 훈련 모습

하자 펑궈장에게 한구를 공격토록 하여 손쉽게 한구를 수복했다.

11월 16일 위안스카이는 경친왕의 후임으로 내각 총리대신이 되어 내각을 조직했다. 그는 자신의 심복인 조병균을 민정대신에, 탕샤오이唐紹儀를 우정대신에 임명하고 입헌파의 중진 장젠張騫을 농공상부 대신, 보황파保皇派인 량치차오를 사법부 대신에 기용하여 연립내각을 구성하려 했으나 장젠과 량치차오가 입각을 거절함으로써 연립내각의 구성은 실패했다.

위안스카이는 화평을 내세우는 한편 혁명군을 무력으로 제압하려 했다. 그는 한구를 수복한 데 이어 한양에 대하여 총공세를 취했다. 혁명군도 즉각 항전에 나서 격렬한 전투를 벌였으나 압도적으로 우세한 위안스카이의 무력 앞에 격퇴당해 27일에는 한양마저 빼앗기고 말았다. 한구·한양을 모두 빼앗긴 혁명군은 황싱黃興의 지휘 아래 우창에서 끝까지 버티고 있었다. 이처럼 불리한 가운데에서도 혁명의 불길은 전국적으로 확산됐다. 혁명군은 전국적인 통일정부를 수립하여 하나의 구심점으로 집결할 움직임을 보였다. 이미 15성이 청조의 지배로부터 벗어나 독립을 선포했으나 통일정부가 수립되지 않아 외국과의 교섭에 불편이 많은 것이 사실이었다. 통일정부 수립의 움직임이 구체화되어 마침내 11월 30일 제1차 각 성 대표회의가 한구의 영국 조계에서 열렸다. 회의 결과 대다수의 의견은 다음과 같았다.

"청나라는 이름만 남아 있을 뿐 멸망한 것이나 마찬가지이다. 따라서 오늘 이후의 문제는 혁명군과 청조 사이의 문제가 아니라, 혁명군과 위안스카이 사이의 문제로 보는 것이 타당한 것이다. 더 이상 한족끼리의 유혈 사태를 피하기 위해서는 위안스카이를 임시 대총통으로 추대하는 것이 최선책이다."

위안스카이는 혁명군과 교전 상태에 있는 적인데도 혁명군의 대표 회의에서 이 같은 결론이 나오게 된 것은 위안스카이의 사주를 받은 동맹회의 중진 왕징웨이汪兆銘의 책략에 의한 것이었다.

그해 12월 2일 남경이 혁명군의 수중으로 들어오자 우창의 대표들은 회의를 소집하여 임시정부의 소재지를 남경으로 옮긴 후 7일 이내에 각 성 대표회의를 열어 10성 이상이 참석하면 임시 대총통을 선출하기로 결의했다. 그러나 여기서 문제가 발생했다. 우창에서 대표회의가 열리고 있을 때 상하이에 남은 천치메이 · 청더취안程德全 등은 우창의 결의와는 달리 황싱을 대원수, 리위안훙을 부원수로 선출했다. 그리고 대원수는 중화민국 임시정부를 수립하는 대권을 가진다고 결정함으로써 우창과 상하이 사이에 마찰이 일어났다.

당시 외국의 일부 신문에서는 중화민국 초대 원수로 쑨원이 가장 유력하다는 내용의 보도가 나오고 있었다. 혁명파 중에는 쑨원을 지지하는 사람도 있었으나 반대하는 사람도 있었다. 혁명파 내부의 동정을 예의 주시하던 위안스카이는 실력을 기르는 한편 혁명군 회유 공작을 폈다. 당시 장강 이남 지역은 거의 혁명군이 장악하고 있었다. 위안스카이가 청국 주재 영국 공사인 존 조르단을 통하여 혁명군과의 강화를 모색하자 조르단은 한구 주재 영국 영사 하버트 코페에게 혁명군과의 접촉을 의뢰했다. 12월 1일 청군은 우창에 대하여 맹렬한 포격을 가한 후 오후 6시쯤 코페의 지시를 받은 영국 민간인 밴이 군정부에 찾아와 정전을 제의했다. 정전 기간은 당초 12월 2일부터 3일간으로 되어 있었으나 위안스카이의 요청으로 2번이나 연장되어 정전 기간은 무려 15일간에 이르렀다.

정전에 이어 강화교섭이 시작되어 혁명군 측에서는 우팅팡伍廷芳,

청조 측에서는 탕샤오이가 각각 대표로 선출됐다. 두 사람은 모두 리홍장의 인맥에 속하는 사람으로 특히 우팅팡은 외교면에서 리홍장의 후계자로 손꼽히는 인물이었다. 나중에 주미공사까지 지낸 외교통이었는데 당시 상하이에 거주하고 있어 혁명군의 설득으로 강화교섭의 책임자가 된 것이었다.

12월 18일의 1차 교섭에서 혁명군 측의 대표 우팅팡은 4가지 조건을 제시했다.

    1. 만청 정부의 폐지
    2. 공화정부의 수립
    3. 청국 황제의 우대
    4. 가난한 만주인의 후대

그러나 1차 교섭은 잠정적인 정전에만 합의하고 20일에 다시 2차 교섭에 들어갔다. 2차 교섭의 관건은 국체에 관한 문제였다. 우팅팡은 1차 교섭에서 주장한 대로 "청조를 폐지하고 공화정부를 수립한다."라는 조건을 제시했다. 이에 대하여 탕샤오이는 국민대회를 열어 정체 문제를 결정한다는 선까지 양보했다. 탕샤오이가 이같이 양보하게 된 것은 위안스카이의 조종이 있었기 때문이었다.

위안스카이는 대총통의 자리를 꿈꾸고 있음이 분명했다. 그는 혁명파의 우창 대표회의에서 자기를 임시 대총통으로 추대한다는 결의를 현실화시키려 했다. 그는 입헌군주파를 설득, 무마하여 자기편으로 끌어들이고 혁명파와의 강화교섭만 성공한다면 대총통 자리는 따놓은 당상이라고 계산했다.

쑨원의 귀국

이러한 상태에서 1911년 12월 25일 혁명파의 원로인 쑨원이 상하이로 돌아왔다. 혁명파는 열광적으로 쑨원을 환영했다. 우창 혁명이 성공했을 무렵 미국에 있던 그는 곧바로 귀국하지 않고 유럽을 거쳐 귀국했다. 그것은 청조에 대한 4개국 차관을 중지시키고 새로운 공화정권에 대한 경제 원조를 요청하기 위해서였다. 4개국 차관의 중심국이었던 영국은 쑨원의 요청에 따라 진행 중인 차관을 중지하고 새로운 은행단을 신정권에 파견한다는 데 동의했다.

쑨원의 귀국은 임시정부 수립의 교착상태를 해결하는 계기가 됐다. 12월 25일 쑨원이 상하이에 도착하자 각 성 대표들은 임시 대총통 선거 준비를 서둘러 12월 29일 정식으로 선거가 실시됐다. 이 선거에 참가한 성은 호북·강소·절강·호남·사천·운남·산서山西·섬서陝西·안휘·강서·복건·광둥·광서·봉천·직례·하남·산둥의 17성으로 선거권은 각 성 1표씩이었다. 개표 결과 쑨원 16표, 황싱 1표로 쑨원이 압도적 다수의 득표로 초대 임시 대총통에 선출됐다.

1912년 1월 1일 중화민국 임시 대총통 취임 선서에서 쑨원은 "민의 공의를 취하고 중衆을 위해 복무한다."라고 서약했다. 새로운 공화국은 연호를 쓰지 않고 1912년을 민국 원년으로 정했다. 이로써 유사 이래 중국을 지배했던 전제 군주 체제에 종지부를 찍고 민의에 의한 정치와 민중을 위한 정치를 목적으로 하는 공화정치가 실현되게 됐다.

1월 3일 쑨원은 각 성 대표회의에 내각 명단을 제출해 승인받았다. 여기서 주목할 것은 육군, 외교, 교육의 3총장만이 동맹회 회원일 뿐 나머지는 모두 청조의 구관료와 입헌파가 차지한 사실이다. 그러나 실제 실무는 혁명파가 장악했다.

1월 28일 임시정부 조직대강의 규정에 의거 18성의 대표에 의해 임시참의원을 구성하고 각 성 대표회의는 해산했다. 참의원의 최대 임무는 '중화민국의 임시약법'을 심의하는 일이었다. 2월 7일에 기초위원회가 구성되고 1개월간의 토의 끝에 3월 11일에 마침내 임시약법을 공포했다.

제1조 "중화민국은 중화인민이 이를 조직한다."
제2조 "중화민국의 주권은 국민 전체에 속한다."

이렇게 시작되는 임시약법은 주권재민, 내각제도, 국민의 기본권을 정한 것으로 쑨원의 삼민주의에 입각해 중화민국의 골격을 이루었다. 그러나 중화민국은 탄생과 동시에 세계 열강에 대한 대책에 부심해야 했고 위안스카이의 동정에 신경을 곤두세워야 했다. 남경에 중화민국 정부가 수립되기는 했으나 북경에는 여전히 청조가 존재했

쑨원과 중국동맹회

고 실권자 위안스카이가 청국군의 전권을 배경으로 버티는 가운데 강화회담이 진행됐다.

이 무렵 세계 열강은 위안스카이를 지지하는 쪽으로 기울었다. 열강들은 위안스카이에 의해 남북의 통일이 실현된다면 중화민국을 승인하지만 남경 임시정부는 승인하지 않겠다는 내용의 성명을 냈다. 경제적으로도 임시정부가 지배한 지역의 세관은 열강의 억제 정책으로 인하여 임시정부의 재정이 매우 곤란한 상태였다. 이 같은 사태는 모두 위안스카이의 책동이나 조종에 의한 결과였다.

쑨원은 임시 대총통에 취임하기 전부터 대총통의 자리를 둘러싸고 중국이 분열되어서는 안 된다는 굳은 신념 아래 대총통의 지위를 위안스카이에게 양도할 의사가 있음을 밝힌 적이 있었다. 그러나 위안스카이는 격동하는 정국을 무대로 자신의 야심을 키우는 데 급급했다. 그는 혁명정부에 대해서 뿐만 아니라 청조에 대해서도 황제 퇴위를 요구하는 내용의 상주문을 국무대신 연명으로 제출했다.

"…만약 내전이 장기화되면 외국의 간섭을 면하기 어려울 뿐 아니라, 혁명군의 조정에 대한 감정 또한 악화되어 어떠한 유혈 사태가 발생할지 모르니 하루속히 민의에 따르는 것이 좋을 것입니다. 혁명군이 목적하는 정치체제는 군주제가 아니고 공화제입니다. 하루속히 대세를 살피시어 민심에 따르시기 바라옵니다."

청국 황제는 믿었던 도끼에 발등을 찍힌 격이 됐다. 가장 믿고 의지했던 위안스카이로부터 결정적인 배반을 당한 셈이다.

청조의 최후

위안스카이의 내각으로부터 황제의 퇴위를 강요당한 청국 조정은

1월 17일부터 매일 어전회의를 열었다. 위안스카이에게 설득당한 경친왕 등은 공화제가 불가피하다고 주장했으나 푸웨이溥偉 · 짜이쩌載澤 등 만주 귀족들은 군주제를 고수하여 좀처럼 합의하지 못했다.

청조의 귀족인 량비良弼는 종사당宗社黨을 결성하여 청조의 붕괴를 끝까지 저지하려 했다. 종사당은 위안스카이의 내각을 무너뜨리고 종실 내각을 구성하여 철량鐵良을 군정대신으로 삼아 최후까지 청조를 지킬 것을 맹세했다. 그러나 1월 26일 종사당의 영수 량비가 암살됐다. 암살자는 경진동맹회암살단 소속의 펑가진彭家珍이었다. 량비는 폭탄을 맞아 왼발에 부상을 입고 다리를 절단했지만 끝내 숨졌고 펑가진은 파편을 맞고 그 자리에서 죽었다. 량비는 죽으면서 "이제 청조는 마지막이다!"라고 중얼거렸다고 한다. 량비가 죽자 귀족들은 재산을 외국에 도피시키고 천진 · 대련 등지로 빠져나가 외국인의 보호하에 들어감으로써 청나라 황실은 완전히 고립됐다.

이 무렵 임시정부는 강화 책임자인 우팅팡 · 탕샤오이를 통하여 위안스카이와 황제 퇴위에 관한 구체적 문제를 논의했다. 대총통 쑨원은 "청제가 퇴위하고 위안스카이가 공화정에 찬동한다면 위안스카이에게 임시 대총통의 지위를 양보할 것임"을 선언하고 5개 조항의 최종안을 위안스카이에게 제시했다.

1. 황제는 퇴위하고 위안스카이는 청국 황제가 퇴위했음을 북경 주재 외국공사에게 통지한다.
2. 위안스카이는 공화주의를 절대적으로 찬성한다는 뜻을 표명한다.
3. 쑨원은 외교단外交團에 대하여 청국 황제의 퇴위를 포고한 후 사직한다.

4. 참의원은 위안스카이를 임시 대총통으로 선출한다.

5. 위안스카이는 임시 대총통으로 선출된 후 참의원이 정한 약법을 수호할 것임을 선서한다.

위안스카이는 이 5개 조항을 받아들였으나 청국 황제의 퇴위를 직접 요구하지 않고 호광총독 돤치루이로 하여금 장군 42명의 연명으로 된 상주문을 올려 '공화제'를 요청하게 했다. 군대를 지휘하는 장군들로부터 압력을 받은 청조는 이제 퇴위하는 길밖에 없었다.

융유 황태후隆裕皇太后는 마침내 퇴위를 결심하고 2월 3일 위안스카이에게 전권을 양도하여 임시정부와 퇴위 후의 청국 황실에 대한 처우 문제를 논의케 했다.

2월 11일 위안스카이와 임시정부 사이에 청국 황실에 대한 처우 문제가 결정됐다.

1. 청국 황제의 존호를 폐지하지 않고 외국 군주에 대한 예로써 대우한다.

2. 세비 8백만 냥을 신화폐로 환산하여 4백만 원을 중화민국에서 지

선통제의 퇴위 조서

급한다.

3. 황실의 사유재산은 중화민국이 특별히 보호한다.

4. 미완성된 광서제의 능묘 공사는 중화민국의 경비 지출로 계속 공사를 진행한다.

5. 청국의 황족도 중화민국의 국권·사권私權에 대하여는 일반 국민과 동등하다.

청조는 이튿날인 12일 이를 수락했고 위안스카이는 퇴위 조서를 정서하여 융유 황태후에게 바쳤다. 황태후는 조서를 읽기도 전에 눈물이 비 오듯 쏟아졌고 옆에 있던 7세의 어린 황제 선통제는 황태후의 가슴에 얼굴을 파묻고 울었다. 대신들은 황태후를 위로했고 시종들도 슬픔에 잠겨 넋을 잃었다. 쉬스창徐世昌이 조서에 옥새를 찍었고 퇴위 조서는 곧 선포됐다. 이로써 청조는 1912년 종지부를 찍었다.

나중에 밝혀진 일이지만 이 퇴위 조서의 기초자는 임시정부 측의 장젠이었다고 한다. 그런데 이 조서의 원고가 위안스카이에게 전해지자 위안스카이는 원문에 "위안스카이가 전권으로서 공화정부를 조직하여"라는 구절을 삽입했다. 때문에 단순한 '퇴위선언'이었던 조서가 위안스카이에게 '양위'한다는 뜻을 포함하는 내용으로 탈바꿈해버린 것이다. 이런 일에서도 후일 황제의 자리에 오르려던 위안스카이의 야심의 일단을 엿볼 수 있다. 위안스카이의 정치 프로그램은 우선 공화국의 대총통이 된 다음 공화제가 중국에는 타당하지 않다는 구실을 내세워 자신이 황제의 자리에 오르는 것이었다.

13장

중화민국

중화민국

북양군벌을 배경으로 당시의 실권을 장악하고 있던 위안스카이는 자신이 황제가 되기 위해 황제 제도의 부활을 꾀하는 등 정권욕을 채우려다가 실패했다.

그 후 돤치루이·우페이푸·장쭤린·펑위샹 등의 군벌이 권력 다툼을 되풀이하는 가운데 제1차 세계대전이 일어났고, 1923년 이후 세계 열강은 다투어 중국에서의 이권 쟁탈에 주력했다. 이에 중국의 지식인·학생·노동자들은 5·4 운동, 5·30사건 같은 외세 배척 운동을 벌였다.

1924년 국민당 제1회 전국대표대회가 열려 제1차 국공합작이 성립되었고 1925년 쑨원이 죽은 후 국민당은 광둥에 국민정부를 수립했다. 그다음 해에 북벌을 개시하여 상하이·난징을 점령했고, 북벌군 사령관 장제스는 상하이에서 쿠데타를 일으켜 난징 정부를 수립하고 우한 정부와 대립했으나 얼마 후 우한 정부도 난징 정부와 합류했다. 그 후 북벌이 재개되고 난징을 수도로 하는 국민정부가 정식으로 수립됐다.

국민정부는 공산당 타도에 중점을 두는 정책을 폈으나 서안사건을 계기로 제2차 국공합작이 성립되어 항일 민족 통일전선이 결성됐다. 그러나 중일전쟁 동안 국공 간의 반목이 일어나고 태평양 전쟁 종결과 함께 국공합작은 완전히 무너져 버렸다. 국공 양측은 미국 특사의 중재로 정치협상 회의를 열어 해결의 실마리를 찾으려 했으나, 결국 국공 내전으로 번져 국민당 세력은 대만으로 이동하고 공산당은 1949년 10월 마오쩌둥을 주석으로 하는 중화인민공화국을 수립했다.

중화민국의 시련

위안스카이의 야망

쑨원으로부터 임시 대총통의 자리를 물려받은 위안스카이가 그의 권력을 강화하기 위한 수단으로 취한 최초의 공작은 내각의 경질이었다. 위안스카이의 대총통 취임은 1912년 3월 10일이었고 3월 25일에 성립한 제1차 내각은 총리대신 탕샤오이를 포함한 각료 10명 중 육군·해군·외교·내무를 위안스카이의 참모들이 차지했다. 동맹회 측은 이 내각이 실질적인 동맹회 중심의 내각이라고 평했지만 그것은 지나친 아전인수격의 환상일 뿐 권력의 핵심 부서는 위안스카이파가 장악함으로써 혁명파로선 위안스카이의 독주를 견제하는 정도의 힘밖에 없었다.

제1차 내각이 발족한 지 채 열흘도 못 되어 직례도독의 자리를 둘러싸고 위안스카이와 내각이 대립한 끝에 내각이 해산하는 사태가 발생했다. 위안스카이는 자신의 권력 기반인 직례성을 자기 권력의 지배하에 놓아야겠다는 생각에서 직례성 의회가 선출한 직례도독 왕지상王之祥을 난징 주둔군에서 근무하도록 명하자 탕샤오이는 임시약법을 어기는 위안스카이의 행위 밑에서는 총리 역할을 수행할 수 없다고 선언하고 6월 16일 내각을 해산했다.

위안스카이의 위법 행위는 한 번에 그친 것이 아니고 그 후에도 내각에 압력을 가함은 물론 자기의 정책에 반대하는 참의원들에게 위협과 공갈도 서슴지 않았다.

위안스카이의 독단에 동맹회는 몹시 당황했다. 동맹회의 쑹자오런宋敎仁 등은 의회에서 압도적 다수 의석을 차지하는 정당내각을 구성하여 위안스카이의 약법 위반 행위를 제지해야 한다고 주장했다. 그는 앞으로 있을 선거에 대비하여 입헌파와 동맹회 우파의 포섭공작을 벌인 끝에 8월 25일에는 의회 최다수 정당인 국민당 창당대회를 베이징에서 열게 됐다.

이러한 움직임에도 쑨원은 위안스카이를 돕기 위하여 철도건설 계획 작성에 골몰했고, 황싱은 위안스카이에게 국민당 가입을 설득하는 등 쑹자오런의 의회주의 노선에 따른 활동을 적극적으로 추진했다.

이제 국민당은 내용적으로 혁명정당이 아니었고 지난날의 혁명당인 동맹회는 거의가 국민당에 흡수됐다. 그 결과 1912년에서 1913년 봄에 걸쳐 실시된 국회의원 선거에서 상하 양원인 중·참의원 870명 가운데 국민당이 329명을 차지하여 제1당의 자리를 확보했다.

위안스카이는 의회 기능을 말살해야만 자기 권력을 행사할 수 있다는 생각에서 3월 20일 의회주의 노선의 제일 유력자인 쑹자오런을

임시 대총통이 된 위안스카이와 그의 막료들

상하이역에서 암살토록 했다. 쑹자오런 암살의 주범이 위안스카이라는 사실은 이 사건을 수사한 강소도독이 위안스카이와 그의 비서 홍술조洪述祖와 주고받은 전보에 의해 판명됐다.

이때부터 위안스카이는 혁명파에 대한 무력 탄압에 들어갔고 그 비용을 마련하기 위하여 영국·프랑스·독일·일본·러시아 등 5개국 은행에서 2천5백만 파운드의 선후善後 차관을 계약했다. 더욱이 일본은 중립을 지켜오던 지금까지의 자세를 바꾸어 위안스카이를 통한 중국 침략 정책으로 전환했다.

쑹자오런 암살 사건과 국회를 무시한 선후 차관 체결 문제는 위안스카이를 비판하는 대중 운동으로 번져갔다. 그런데 국민당 내부에서는 그 해결책을 둘러싸고 여러 가지 주장이 엇갈려 의견이 통일되지 않았다. 쑨원 등은 무력 타도를 주장했고, 국민당 대리이사 우징리안吳景濂은 쑨원·황싱·리례쥔李烈鈞 등이 국민당의 영수임에는 틀림없으나 무력 타도는 국민당 본부와는 무관한 것이라고 주장했다. 또 옌시산閻錫山과 일부 국민당 도독들은 위안스카이의 정책을 지지하는 등 의견의 대립을 보였다. 위안스카이는 이 같은 국민당 내부의 갈등을 이용하여 자신을 비판하던 리례쥔·후한민胡漢民·보원위柏文蔚 등 3명의 도독을 파면했다.

그러자 1913년 7월 12일 강서도독 리례쥔은 쑨원의 지령에 따라 상하이로부터 강서의 호구로 가서 토원討袁 사령부를 설치했다. 7월 15일에는 강소도독 청더취안程德全이, 18일에는 광둥의 천중밍陳炯明이, 이어 안휘·호남·사천의 각성이 차례차례 토원 제의에 호응하여 독립을 선언하니 이것이 이른바 제2혁명이다.

그러나 위안스카이는 돤치루이를 제1군, 펑궈장을 제2군으로 편성하여 7월 25일 호구를 함락하고 8월 18일에는 난창南昌을 함락함으로써 강서의 토원군을 궤멸시켰다. 8월 17일에는 강소도독 청더취안이 독립을 취소했고 8월 29일 황싱도 난징에서 탈출했다.

9월 1일 마침내 난징이 무너지고 상하이의 천치메이가 지도하던 토원군도 8월 중순 무너지고 말았다. 이렇게 해서 제2혁명은 2개월도 채 못 되어 혁명군 측의 패배로 끝났다.

제2혁명을 일단 진압한 위안스카이는 국민당을 억누르기 위하여 좌파를 체포, 살해하는 한편 중간파와 우파에 대한 매수공작을 전개하여 국민당과 대항하는 '진보당'을 결성시켜 지지 세력으로 흡수했다. 위안스카이는 임시가 아닌 정식 대총통이 되기 위해 공작을 펴 여론을 조작하고 우선 정식 대총통을 정한 뒤 1913년 10월 6일 정식 대총통 선거를 실시하기로 결정했다.

선거 당일인 10월 6일 평복 차림의 군경 수천 명이 '공민단公民團'이라는 깃발을 들고 국회를 에워싼 다음 "공민이 바라는 대총통을 뽑지 않으면 의원들은 한 발짝도 밖에 못 나간다."라고 협박했다. 이렇게 아침 8시부터 밤 10시까지 의원들을 가두어 둔 채 위안스카이의 대총통 선거를 마쳤다.

이어 위안스카이는 국회를 해산하기 위한 정치회의를 구성하여 1914년 1월 10일의 정치회의에서 국회 해산 및 지방의회 폐지를 결의토록 했다. 또 위안스카이는 제1차 약법회의를 열었다.

1. 외교 대권을 총통의 전권으로 한다.
2. 선전포고 및 강화 조약의 체결도 참의원의 동의 없이 할 수 있다.
3. 관제 · 관규 및 국무원 · 대사 · 공사의 임명도 총통의 전권으로 한다.

그는 독재 체제를 강화하기 위해 '임시약법'의 가장 중요 부분을 모두 뜯어 고쳤다. 이렇게 해서 위안스카이의 독재권력 체제가 구축되기에 이르렀다.

쑨원 다시 망명길에

1913년 9월 1일 난징이 함락되고 제2혁명이 실패로 돌아가자 쑨원은 위안스카이가 끝내는 민국을 폐지하고 스스로 황제의 위에 오를 것이라고 예견했다. 그는 역적 위안스카이를 타도하고 민국을 수호하겠다는 결의를 다지고 타이완을 거쳐 일본으로 향했다. 쑨원을 태운 배가 일본 고베항神戶港에 도착할 무렵에 이미 위안스카이가 일본 정부에 쑨원의 체포를 의뢰한 후였으므로 배가 항구에 도착하자 즉시 수색이 시작됐다. 그러나 선장이 재빨리 쑨원을 선장실에 숨기고 수색 경찰을 따돌림으로써 아슬아슬하게 위기를 모면했다. 쑨원은 그날 밤 야음을 틈타 거룻배로 옮겨탄 후 암벽을 기어올라 어렵게 일본에 들어갈 수 있었다. 그 후 쑨원은 일찍이 친교가 있던 전 일본수상 이누가이犬養毅의 도움으로 일본 체류를 허용받아 도쿄東京로 갔다.

쑨원은 도쿄에서 '중화혁명당'의 조직에 착수했다. 그는 혁명당을 조직함에 있어 신해혁명 이래 제2차 혁명의 실패에 이르기까지의 과정을 거울삼아 다음과 같은 세 가지 원칙을 기본 이념으로 삼았다.

1. 지도자에 대한 절대 복종
2. 엄격한 조직
3. 당내 불순분자의 배제

쑨원이 도쿄에 왔다는 소식이 비밀리에 전해지자 천치메이·거정居正 등 혁명 동지들이 속속 합류했다. 그들의 망명생활은 매우 곤란했지만 사기는 충천했다. 쑨원은 그들과 협의하여 중화혁명당의 규약과 입당 서약서를 직접 작성했다.

중화혁명당은 절강성 출신 왕통王統을 비롯한 5명의 입당자를 필두로 하여 일본과 상하이 등지에서 입당자가 잇따랐다. 장제스는 상하이에서 입당했는데 중국 본토 거주자로서는 최초의 입당자가 됐다. 장제스는 1887년에 절강성 봉화현에서 출생했다. 1906년 보정군관학교를 졸업하고 다음 해인 1907년 일본육군사관학교에 입학했다. 그는 일찍부터 쑨원의 혁명 운동에 찬동하고 있었다.

입당 후 장제스는 일본으로 건너가 쑨원과 단독으로 만났다. 장제스는 이 자리에서 앞으로의 활동 계획과 젊은 혁명가가 지녀야 할 정신자세 등에 대하여 많은 지도를 받았다. 모든 창당 준비를 마친 쑨

1914년 7월 결성된 중화혁명당

원은 7월 8일 성립대회를 열었으며 약 3백 명이 참가한 이 대회에서 39개조로 된 '중화혁명당 규약'을 공표했다.

1. 우리 당은 민권·민생주의를 실행함을 종지로 삼는다.
2. 우리 당은 전제정치를 배제하고 완전한 민국을 건설함을 목적으로 한다.
3. 혁명군이 봉기하는 날부터 헌법이 반포되는 날까지를 혁명의 시기로 정하고 그 시기에 있어서 군·국가의 책임을 우리 당원이 진다.

쑨원은 9월 1일 '중화혁명당 선언문'을 발표하여 위안스카이 토벌에 분투할 것을 천명했다. 그 후 중화혁명당은 굳은 결의로써 상하이에서 봉기했으나 공격 직전에 상하이 진수사鎭守使 정여성鄭汝成에게 정보가 누설되어 실패하고 말았다. 중화혁명당은 1914년 9월 중화혁명군을 창설하여 쑨원을 대원수로 추대하고 각 성에 사령장관을 두었다. 1914년 10월 25일 쑨원은 도쿄에서 쑹칭링宋慶齡과 결혼식을 올렸다. 그리고 동북 3성과 강소, 절강에서 봉기를 꾀했으나 다시 계획을 바꾸었다. 그 후 중화혁명군은 위안스카이의 심복인 정여성을 암살하고 수륙양면작전을 계획했으나 작전 미숙과 중과부적으로 아깝게 실패하고 말았다.

제1차 세계대전과 위안스카이의 황제 등극

1914년 8월 4일 영국과 독일 사이에 선전이 포고되고 제1차 세계대전이 발발하자 일본은 1902년에 맺은 영일 동맹을 구실로 독일에 대하여 선전포고했다. 영국은 산둥 반도에 있는 독일의 해군을 격멸해 줄 것이라는 기대로 일본의 참전을 일단 수긍했으나 일본의 중국에 대한 부당한 무력행사를 염려한 나머지 일본에 참전하지 않아도 좋다고 통고까지 했다. 그러나 일본은 물러날 생각이 추호도 없었다. 그들은 1차 세계대전을 천우의 기회로 삼아 중국 및 남태평양에서 세력을 뻗치기 위해 혈안이 되어 있었다.

9월 2일 일본의 혼성 1개 여단이 산둥 반도 북쪽 용구龍口에 상륙했다. 위안스카이 정부는 세계대전에 즈음하여 중립을 선언하고 교주만膠州灣 부근의 범위를 넘어선 작전을 삼갈 것을 일본과 독일에 요구했다. 그러나 일본은 중국의 요구를 묵살한 채 교주만에서 제남濟南에 이르는 지역을 점령하고, 중국에 되돌려 주겠다는 명목으로 독일에 그 권익의 전부를 일본에 넘기라고 선언했다. 그러나 일본의 요구는 한낱 겉치레일 뿐이었고 그 저의는 침략전쟁을 위한 포석이었음이 분명했다.

즉 다음 해인 1915년 1월 18일 일본은 위안스카이 정부에 대하여 세계가 경악할 만큼 악명 높은 21개 요구조항을 제시했다. 그 골자를 요약하면 다음과 같다.

1. 산둥성의 독일 권익을 일본이 승계할 뿐만 아니라, 다시 산둥성에서 새 철도의 부설권을 갖는다.
2. 여순·대련의 조차권, 남만주 철도의 권리 기한을 다시 99년간 연장하고 동부 내몽골, 남만주 일대의 권익을 갖는다.
3. 한양, 대야大冶, 평향萍鄕의 철·석탄광의 경영 독점권을 갖는다.
4. 중국 연안과 섬을 외국에게 빌려주지 않는다.
5. 중국 정부의 군사·재정기관에 일본인 고문을 두되 다른 외국인

고문보다 일본인을 더 많이 둔다.

나중에 밝혀진 일이지만 일본 공사는 이 21개조의 요구를 제시할 때 위안스카이에게 "만약 성의를 가지고 교섭에 응한다면 일본 정부는 귀대총통이 다시 1단계 격상하는 것을 희망합니다."라고 하여 황제 제도의 부활을 승인하는 조건으로 21개조의 요구를 수락할 것을 요구했다.

일본의 무리한 요구에 대해 중국 각계에서 비난의 여론이 들끓는 가운데 위안스카이 정부는 일본과 구체적인 교섭에 들어갔다. 일본과의 교섭에서 황제 즉위에 대한 일본의 양해를 얻어낸 위안스카이는 영국·미국·프랑스·러시아 등에 대하여도 양해공작을 폈다. 위안스카이는 일본이 약속대로 황제 제도의 실현에 협력해 줄 것으로 믿었으나 일본은 21개조를 받아들이게 하기 위한 일시적인 술책을 쓴 것에 불과했다. 또한 위안스카이가 황제 제도 부활의 준비로써 조직한 양탁楊度의 주안회籌安會가 지나친 행동을 하는 것을 보자 일본도 위안스카이의 세력에 불안을 느낀 나머지 태도를 바꾸어 황제 제도의 부활을 반대하는 쪽으로 기울었다.

위안스카이는 10월 18일 황제 제도의 부활을 위한 '국민대표대회 조직법'을 공포했다. 이것은 국민의 이름으로 위안스카이를 황제로 추대하겠다는 관제 국민대회를 열기 위한 사전 공작이었다.

10월 28일 일본·영국·러시아의 중국 주재공사들은 합동으로, "중국에는 지금 황제 제도의 부활을 반대하는 소리가 높아지고 있으니 이를 무시하고 급속히 추진할 경우 뜻밖의 사태가 발생할 위험이 크다."라는 요지의 권고문을 보냈다.

그러나 위안스카이는 민의에 따른다는 대의명분을 내세워 3국의 권고를 거부하고 계속 추진했다. 황제 제도 부활에 제동을 건 외국 세력은 위 3국 외에 프랑스·이탈리아가 가담함으로써 5개국으로 늘어났다.

위안스카이는 반대하는 외국과 외교적 절충을 벌여오다가 1915년 12월 11일 참정원으로 하여금 '국민대표대회'의 투표를 실시토록 했다. 투표 결과 총 1천9백93표 가운데 반대 1표도 없는 만장일치로써 참정원에 전권 위임의 결정이 내려졌다.

이렇게 해서 참정원은 '국민대표 대합의大合意대표'의 자격으로 위안스카이에게 황제 즉위 추대서를 제출했다. 위안스카이는 일단 사양하는 척하다가 다음 날인 12일 이를 수락하고 장관將官·문관에 대한 봉작과 서훈을 했다. 그리고 1916년(중화민국 5년) 1월 1일을 중화민국 홍헌 원년洪憲元年으로 고쳤다. 위안스카이가 황제의 자리에 오르기 위한 일련의 연극에 쓴 돈은 6천만 원에 달했다. 현재의 화폐 단위로 환산하면 무려 3억 달러에 이른다. 한 가지 실례를 들어보면 황제의 옥좌를 장식하는 데 45만 달러, 집무실에 온수식 난방장치를 설치하는 비용이 2천5백만 달러에 달했다.

그러나 위안스카이의 황제 등극은 토원討袁의 불길에 기름을 끼얹는 결과가 되고 말았다. 황제 제도의 반대와 위안스카이 정권에 반대하는 강력한 여론을 배경으로 호국 전쟁이라 불리는 제3혁명이 일어나 위안스카이의 홍헌제국은 단기간 내에 막을 내리고 말았다.

위안스카이의 최후와 군벌의 등장

국법을 무시하고 황제의 자리에 오른 위안스카이에 대한 국민의 분노는 마침내 토원의 함성에 불꽃을 일으켜 그 불길이 중국 전국으로 파급됐다.

토원의 주체 세력은 호국군護國軍이었으며 호국군의 중심인물 중 한 사람은 차이어蔡鍔였다. 차이어는 신해혁명 당시 신군을 이끌고 운남성을 해방시킨 사람으로 그 후 운남도독이 됐다. 위안스카이는 차이어의 세력이 확대되는 것을 두려워한 나머지 그를 베이징으로 소환하여 감금했다. 그러나 차이어는 감금 상태에 있으면서도 비밀리에 운남과 연락을 취하면서 교묘히 베이징에서 탈출하여 일본인으로 가장, 일본으로 갔다가 타이완 · 홍콩 · 하노이 등지를 거쳐 운남성에 도착했다.

그곳에는 2차 혁명 때 활약했던 리례쥔이 쑨원의 명을 받고 먼저 와 있었다. 차이어 · 리례쥔의 도착으로 토원의 준비는 급속도로 진전됐다. 12월 25일 운남성은 마침내 독립을 선언하고 토원의 깃발을 높이 들었다. 그리고 이 토원군을 '호국군'으로 명명했다. 호국군은 3군으로 편성하여 제1군은 차이어가 지휘하고, 제2군은 리례쥔, 제3군은 차이어의 후임으로 운남도독이 된 탕지야오唐繼堯가 지휘했다. 호국군은 다음과 같은 슬로건을 내걸고 각 성이 동시에 봉기하자고 호소했다.

1. 국민이 합심하여 공화국을 옹호하고 황제 제도를 저지한다.
2. 중앙과 지방의 권한을 정하고 각 성의 자유로운 발전을 도모한다.

이어 제1군은 사천을 공략하고, 제2군은 광서를, 제3군은 운남을 지키기로 했다.

이에 위안스카이는 운남 원정군을 급파했지만 호국군의 기세를 꺾지는 못했다. 호국군의 기세가 날로 강화되어 가자 광서·귀주·호남·광둥 등 남서부의 각 성이 호국군에 호응하여 독립을 선언함으로써 토원 운동은 전국적으로 확산됐다. 이처럼 토원 운동의 기세가 날로 고조되자 위안스카이가 가장 신뢰하고 수족처럼 여겨왔던 펑궈장·장쉰張勳·이순李純·주서朱瑞·근운붕靳雲鵬 등 5명의 장군이 위안스카이에게 "조속히 황제 제도를 취소하고 민중들의 노여움을 진정시켜야 한다."라는 내용의 비밀전보를 보냈다.

위안스카이가 호국군을 토멸하기 위해서는 이들 장군의 힘을 이용할 수밖에 없었다. 그런데 이제 이들마저 자신을 배반하니 위안스카이로서도 최후의 결단을 내리지 않을 수 없게 되었다.

3월 21일 위안스카이는 정부 요인들을 모아 긴급회의를 열었다. 위안스카이는 침울한 표정으로 황제 제도 취소의 뜻을 밝혔다. 참석자의 대부분은 이에 찬성했으나 몇몇 측근들이 반대하자 위안스카이는 5명의 장군들이 보내온 전보문을 그들에게 내보였다. 전보문을 본 측근들은 입을 다문 채 허공만 쳐다볼 뿐이었다.

3월 23일 위안스카이는 정식으로 황제 제도의 취소를 발표했다. 연호를 홍헌으로 고치고 정식으로 황제의 자리에 오른 지 83일 만에 위안스카이의 연극은 막을 내렸다. 그러나 그는 여전히 대총통으로서 권좌를 지켰다. 쉬스창徐世昌을 국무경, 돤치루이를 참모총장으로 임명하는 등 황제 반대파들을 그의 세력권에 영입하여 재기를 꾀했다. 위안스카이의 이 같은 움직임으로 인하여 위안스카이 타도의 불길은 가라앉지 않고 더욱 타올랐다.

이러한 가운데 1916년 5월 초순 쑨원이 상하이로 돌아왔다. 쑨원은

"위안스카이는 아직도 그의 잘못을 깨닫지 못하고 사태를 관망하면서 집권욕을 불태우고 있다. 우리는 일치단결하여 무력으로써 흉적을 제거하고 헌법에 입각하여 사태를 해결하자."라는 요지의 선언문을 발표하여 위안스카이 토벌의 고삐를 바짝 당겼다.

한편 위안스카이는 비열한 수단으로 혁명군에게 보복을 감행하여 5월 18일에 천치메이를 암살했다. 천치메이는 일찍이 도쿄에 있을 때 위안스카이로부터 유혹을 받은 적이 있었다.

"50만 원(약 250만 달러)을 그대에게 줄 테니 혁명 운동에서 손을 떼고 유럽과 미국으로 시찰이나 다녀오시오."

그러나 천치메이는 이 같은 유혹에 넘어갈 위인이 아니었다. 천치메이가 상하이로 돌아오자 이번에는 70만 원을 주겠다고 유혹했다. 천치메이는 이 유혹도 일축했다. 위안스카이는 마침내 혁명당원 이해추李海秋를 매수했고 이해추의 소개로 만나게 된 중국인 3명과 일본

국무경 쉬스창과 참모총장 돤치루이

인 2명이 권총을 난사하는 바람에 천치메이는 즉사했다. 그때 천치메이의 나이 40세였다.

천치메이를 잃은 쑨원은 장제스로 하여금 천치메이가 하던 일을 대신토록 했다. 천치메이가 죽은 지 얼마 후인 1916년 6월 쑨원은 장제스에게 산둥성으로 가서 중화혁명군 동북군을 도우라는 명령을 내렸다. 동북군은 앞서 5월 4일부터 공격을 개시하여 5월 26일 유현성에 입성했다. 6월 26일에는 산둥성의 요지인 제남을 공격했으나 실패했다. 그러나 제남을 제외한 산둥성 전역은 혁명군의 손에 들어갔다.

위안스카이는 남방의 호국군과 산둥의 혁명군의 양면작전으로 더욱 궁지에 몰렸다. 이런 정세 속에서 호국군과 위안스카이 사이를 중재하여 제3세력을 노리는 자가 나타났다. 그것은 바로 펑궈장이었다.

펑궈장은 서주에 있는 장쉰과 안휘성 성장 예사충倪嗣沖과 협의하여 5월 17일 아직 독립을 선포하지 않은 17성의 대표와 중앙의 대표를

천치메이

난징에 모아 난징 회의를 열고 "위안스카이를 잠시 대총통의 자리에 두되 가능한 조속히 국회를 열어 대총통을 선출하자." 라고 제의했다. 펑궈장은 자신의 제안이 통과될 것으로 확신했으나 산둥성 대표가 위안스카이의 즉각 사직을 요구하자 각성 대표들도 이에 찬동함으로써 펑궈장의 난징 회의는 무산될 지경에 이르렀다.

이에 당황한 위안스카이는 자신의 호위군 3개 대대를 투입하여 각성 대표를 위협한 끝에 다시 회의를 속개했다. 회의 결과 '위안스카이의 즉시 사임 요구'는 철회되었으나 다른 결의는 하나도 없었다.

난징 회의가 흐지부지 끝난 후인 5월 22일 위안스카이는 또 한 번 놀라운 전보를 받았다. 그가 가장 신뢰하는 사천 장군 진이陳宦가 "사천성은 위안스카이와의 결별을 선언한다."라고 한 것이다.

위안스카이는 전보를 보는 순간 졸도했고 잠시 후 정신을 차렸으나 병석에 눕는 신세가 됐다. 천부적으로 강철 같은 체질을 타고난 그는 15명의 첩을 거느렸으며 인삼·녹용으로 담근 술을 밤낮으로 복용하면서 정력을 길렀으나 명약도 실의에 빠진 그를 구해내지는 못했다. 마침내 1916년 6월 5일 밤 집권욕의 화신인 위안스카이는 58세로 세상을 떠났다. 그는 마지막 숨을 몰아쉬면서도 권력의 환상을 버리지 못했음인지, "그놈이 나를 죽였지!"라고 중얼거렸다. 사람이 죽을 때는 한없이 선한 것이라 했는데 위안스카이가 죽을 때의 마음은 그렇지 못했던 모양이다.

위안스카이의 죽음을 고비로 그가 총괄하던 북양군벌은 '직례파'와 '안휘파'의 두 파로 갈라져 이른바 군벌 할거 시대가 열리게 됐다. 직례파는 펑궈장을 영수로 하는 차오쿤曹錕·우페이푸·쑨촨팡孫傳芳 등으로 미국과 영국을 배후로 했고, 안휘파는 돤치루이를 영수로 하여 쉬수정徐樹錚·예사충 등이 일본을 배후 세력으로 삼았다. 또한 북양군벌 외에 북방에서는 동북을 근거지로 하는 봉천파奉天派의 장쮜린이 신흥군벌을 형성하고 있었다. 이들 3파는 북양군벌의 패권을 장악하기 위하여 다투게 되었고 남부에서는 운남의 탕지야오, 광서의 루룽팅陸榮廷 등이 군벌을 형성하여 자파의 세력 확장에 힘을 쏟았다.

위안스카이가 죽은 다음 날인 6월 7일 부총통인 리위안훙이 대총통의 자리에 올랐다. 그러나 리위안훙은 자신의 군사도 갖지 못한 인물로 국무총리 겸 육군총장 돤치루이의 꼭두각시에 불과했다. 북양 군벌의 안휘파 영수인 돤치루이는 실질적인 권력을 장악하여 위안스카이가 제정한 신약법을 그대로 답습하려 했다. 신약법은 모든 권리를 대총통에게 집중시킨 것으로 돤치루이는 리위안훙만 조종하면 제멋대로 권력을 행사할 수 있었던 것이다.

쑨원은 이 같은 군벌들의 횡포를 염려한 나머지 대총통 리위안훙에게 "구약법(임시헌법)을 회복하고 국회를 존중하며 국민의 공복으로서 국민과 함께 국가 건설에 헌신해야 한다."라는 요지의 전보를 보내고 구약법의 회복을 선언했다.

쑨원의 선언에 호응한 해군 총사령 이정신李鼎新이 예하 함대사령관과 함께 구약법을 준수하여 국회를 열지 않으면 해군은 독립을 선언하겠다고 발표하자 정세가 불리하다고 판단한 돤치루이는 6월 29일 리위안훙의 이름으로 구약법을 회복하고 국회를 소집한다는 성명을 발표했다.

구약법이 회복되자 8월 1일에는 베이징에서 정식으로 국회가 열려 지방으로 뿔뿔이 흩어졌던 국회의원들이 모두 모여들었다. 1914년 위안스카이에 의해 해산되었던 국회가 2년 만에 열리게 된 것이다.

리위안훙은 국회에서 정식으로 대총통 선서를 했고 국회는 펑궈장을 부총통으로 선출했다. 그러나 돤치루이는 국회의 의사를 존중하기보다는 자신의 권력에 대한 야심만 있을 뿐이었다. 돤치루이는 먼저 각 성의 군사력을 장악하는 독군단督軍團을 만들어 그들을 자신이 장악함으로써 궁극적으로는 중국의 실권을 잡을 생각이었다. 이렇게 어수선한 가운데 또 하나의 문제가 파문을 일으켰다. 1차 세계대전에 중국이 참전해야 하느냐 중립을 지켜야 하느냐 하는 문제였다.

대총통 리위안훙, 부총통 펑궈장, 외교총장 우팅팡伍廷芳 등은 참전에 반대했으나 국무총리 돤치루이는 참전을 강력히 주장했다. 돤치루이가 참전을 주장하고 나선 속셈은 참전을 미끼로 일본에서 차관과 무기를 들여와 그것으로 자파 세력을 강화하여 끝내는 전국을 장악하려는 야망 때문이었다.

5월 7일 참전안이 국회에 제출되자 돤치루이는 지난날 위안스카이가 대총통 선거 때 저질렀던 횡포를 되풀이함으로써 역효과를 낳고 말았다. 즉 어용단체인 공민단公民團 3천 명을 동원하여 참전안의 통과를 협박했다. 협박하는 과정에서 20여 명의 의원이 몰매를 맞자 국회는 심의를 중단했고 내각은 모두 사퇴하고 국무총리인 돤치루이 한 사람만 남게 됐다. 이에 의회는 내각불신임을 의결하고 참전 문제도 새 내각이 들어선 뒤에 표결하기로 했다. 궁지에 몰린 돤치루이는 독군을 움직여 총통 리위안훙에게 국회 해산 선언을 하도록 할 예정이었으나 리위안훙은 도리어 돤치루이를 면직한다고 공표했다. 당황한 돤치루이는 곧바로 전 독군에게 리위안훙 타도를 호소했다. 그러나 산둥·복건·하남·절강·섬서·직례·동삼성의 각 독군이 독립을 선언하고 돤치루이의 호소를 거부하고 나왔다.

이렇듯 혼란한 상황을 지켜보고 있던 장쉰은 6월 2일 조정역을 자처하고 나섰다. 장쉰은 종사당의 한 사람으로 청조의 부활을 꾀하던 자였다. 그는 이 혼란한 틈을 타 청조의 부활을 실현할 속셈이었다. 속수무책이던 리위안훙이 장쉰의 조정 제의를 응낙하자, 장쉰은 돤치루이의 의사를 타진했다. 돤치루이는 국회를 해산하고 리위안훙을 내쫓는다는 조건이라면 그 제의를 받아들이겠노라고 했다.

이에 장쉰은 군졸을 이끌고 베이징에 입성하여 리위안훙에게 국회 해산을 강요했다. 힘이 없는 리위안훙은 할 수 없이 6월 13일 국회를 해산시켰다. 장쉰은 곧바로 청조 복위 행동에 들어갔으며 28일에는 캉유웨이가 베이징에 들어와 리위안훙에게 대정(大政, 천하의 정치)을 청조에 봉환奉還하라고 강요했다. 리위안훙은 일본 공사관에 피신했고 대총통의 관인은 부총통 펑궈장에게 전했다.

장쉰은 7월 1일 폐제 부의(선통제)와 4명의 전 왕비를 방문하여 무릎을 꿇고 당시 겨우 12세의 폐제에게 "대정을 회복하여 주옵소서." 하고 청조의 회복을 상주했다. 어린 폐제는 어리둥절하여 고개를 끄덕일 뿐이었다.

장쉰은 캉유웨이·왕사진 등과 함께 청조의 복장을 하고 고궁으로 들어가 폐제 부의 앞에 머리를 조아리고 캉유웨이가 복위 조서를 낭

중화민국 제3대 총통 리위안훙과 제4대 총통 펑궈장

독하자 만세 삼창을 했다. 이로써 청조의 회복이 실현된 셈이었다.

그러나 이 같은 청조 회복의 연극은 장쉰의 오산에서 나온 작품임이 곧 증명됐다. 장쉰은 서주에서 청조 회복을 위한 대회를 개최했을 때 돤치루이·펑궈장 등 군벌의 거두들이 대표를 파견해 주었기 때문에 당연히 그들도 청조 회복에 찬동할 것으로 생각했으나 그것은 일시적으로 장쉰의 세력을 이용하기 위한 계략에 불과한 것이었다. 일본의 세력을 등에 업고 있는 돤치루이는 7월 5일 일본으로부터 1백만 원의 군사비를 공급받고 베이징을 공략해서 12일에는 장쉰의 군대를 완전히 무찔렀다. 이로써 장쉰의 청조 복위 연극은 12일 만에 막을 내렸다.

7월 14일 돤치루이는 다시 국무총리로 복직하고 리위안훙은 이번 사건의 책임을 지고 사임했다. 펑궈장이 리위안훙의 뒤를 이어 대총통이 되었으나 실권은 돤치루이의 손으로 넘어갔다.

돤치루이가 실권을 장악하자 프랑스 공사는 연합국 측의 공사회의에서 결의한 바에 따라 돤치루이에게 독일 및 오스트리아에 선전포고하도록 촉구했다. 일본은 세계의 대세가 중국의 참전을 요구하는 쪽으로 기울었음을 간파하고 일본이 참전 요구에 앞장서는 것처럼 영향력을 행사하면서 돤치루이를 최대한으로 이용하려 했다.

일본을 배후로 해서 중국의 패권을 잡으려는 돤치루이의 야망과 중국에 자신들의 괴뢰정권을 만들어 마음대로 조종하려는 일본의 야심은 서로 완전히 일치하여 중국의 앞날에는 먹구름이 드리웠다.

일본의 데라우치寺內 내각이 1916년 10월부터 1918년 9월까지의 약 2년 동안에 3억 원이 넘는 차관을 돤치루이에게 제공했으며 돤치루이는 이 자금으로 자신의 군대를 강화했지만 그것은 자신이 중국의 패권을 장악하기 위해 군벌간의 혼전을 조장하는 결과를 가져왔을 뿐이었다.

5 · 4운동

중국에 새 역사를 열자는 쑨원의 삼민주의 이상이 군벌들의 세력 다툼으로 혼란을 거듭하던 베이징의 거리에서는 커다란 소용돌이가 일었다. 1919년 5월 4일 이날 따라 베이징의 하늘은 티 없이 맑았으며 바람조차 일지 않아 고요하기만 했다.

오후 1시 베이징의 중심 거리 천안문 앞에는 베이징의 각 대학생, 고등전문학생 3천여 명이 손에 손에 백기를 들고 속속 모여들고 있었다. 그들의 깃발에서는 다음과 같은 표어들이 눈에 띄었다.

"21개조를 취소하라."

"청도(青島, 칭다오)를 반환하라."

"청도를 사수하자."

역사적으로 유명한 5 · 4운동 최초의 광경이었다.

1차 대전이 독일의 패배로 종식되고 파리에서 강화회의가 열린 것은 1919년 1월 18일부터였다. 중국은 전승국의 일원으로서 52명으로 된 남북 통일 대표단을 파견했다. 이 가운데 전권위원은 외교총장 육징상陸徵祥을 비롯하여 주미공사 구웨이쥔顧維釣 및 광둥군 정부 대표 왕정정王正廷과 스자오지施肇基 · 위신조魏宸祖 등이었다. 왕정정을 전권위원으로 임명한 것은 외교 문제에 있어서는 남북이 통일된 의견을 가지고 있다는 사실을 대외적으로 표시하려는 정치적 의도에서였다.

강화회의에 참석한 중국 대표단은 다음의 요구사항을 제시했다.

1. 1차 대전 이전에 독일이 산둥성(청도를 포함한 지역)에서 가졌던 일체의 권리를 중국에 반환해야 한다.
2. 1915년의 '21개조 요구'에 근거한 중·일간의 조약의 일부 또는 전부를 취소해야 한다.
3. 영사재판권·관세 협정·군경의 주둔 및 조차지·조계·세력 범위 등 외국이 중국에서 소유하고 있던 일체의 특수권익을 취소해야 한다.

5·4운동 당시 베이징 대학 시위대

그러나 이 같은 사태를 예상한 일본은 이미 치밀한 대책을 강구해 놓고 있었다. 즉 중국의 1차 대전 참전에 앞서 일본은 영국·프랑스·러시아·이탈리아와 "강화회의에서는 독일이 소유했던 모든 권익을 일본이 승계한다."라는 비밀 약속을 해 놓았고 다시 중국이 참전한 후인 1918년 9월 돤치루이 정부와 '산둥성에서의 모든 문제 처리에 관한 교환공문'을 체결한 것이다.

이와 같은 일본 측의 사전 대비책으로 인하여 강화회의에서의 중국 측 요구는 거부되어 산둥 권익의 반환은 절망적인 상태에 이르렀다. 이 같은 상황이 5월 1일 베이징에 알려지자 국민 각계각층에서는 분노의 함성이 높아졌다. 그중에서도 가장 격분했던 것은 학생층이었다. 그렇잖아도 임박한 5월 7일은 바로 4년 전 정부가 '21개조 요구'에 굴복한 날로서 이 날을 민중 속에서 자발적으로 국치일로 정하고

민중에게 연설하는 학생

있는 터에 이 같은 절망적인 소식은 국민의 분노를 더욱 가중시켰다.

목전에 임박한 5월 7일의 '국치의 날'을 기하여 대규모적인 항의집회를 열자는 방향으로 여론이 기울었다. "밖으로 주권을 쟁취하고 안으로 매국노를 징벌하자."라는 것이 공통의 목표였다. 그러나 학생들은 7일까지 기다릴 수 없었다. 5월 3일 밤 베이징 대학에서 임시 학생대회가 열리자 베이징의 각 학교 대표들도 참가했다.

한 학생이 "청도를 반환하라."라고 혈서를 쓰자 분노가 더욱 고조에 달했다. 그리고 다음 날인 4일 12시 반을 기하여 천안문 앞에 모여 데모를 벌일 것과 영국 · 미국 · 프랑스 · 이탈리아의 각 공사관에 대표를 파견하여 민중의 뜻을 전하기로 했다.

마침내 5월 4일의 새 아침이 밝았다. 그날은 일요일이었고 날씨 또한 쾌청했다. 오후 1시 반 3천 명의 학생들은 대열을 편성하여 각국 공사관이 모여 있는 동교민항을 향해 시위를 벌였다. 학생들의 시위행렬은 공사관 입구까지 도달했으나 군경에 저지당했다. 결국 수명의 대표가 각국 공사관에 진정서를 전달하는 방법밖에 없었다.

데모대 사이에서는 흥분된 열기가 넘쳐흘렀다. 데모 학생들 사이에서 "차오루린曹汝霖의 집으로 가자!"라는 고함소리가 터져 나왔다. 차오루린은 21개조 요구 당시 외교차장으로서 돤치루이 내각의 친일정책을 주도했던 핵심 인물이었다. 데모대는 이 외침에 호응하여 차오루린의 집으로 향했으나 그의 저택에는 2백 명의 경찰이 엄중 경계를 펴고 있었다.

데모대는 "매국노 차오루린!"이라고 외치면서 차오루린의 저택에 접근했다. 한 학생이 담 위로 뛰어올랐고 이어 수명이 잇따라 담을 뛰어넘어 들어가 안쪽에서 문을 열어젖혔다. 그러자 데모 학생들이 물밀듯 들이닥쳐 차오루린을 찾았으나 이미 도망치고 없었다. 또 한 사람의 매국노 장종상이 마침 그곳에서 발견되자 데모 군중은 그를 구타했다. 그곳 응접실에 일본 다이쇼 천황大正天皇의 사진이 걸려 있는 것을 본 데모 학생들은 한층 더 흥분하여 기물을 부수고 집에 불을 질렀다.

경찰은 32명의 학생을 체포했고 이 소식이 베이징 시내에 전해지자 시민들은 심각한 충격을 받았다. 다음 날인 5일 베이징의 각 학교 학생들은 체포 학생의 석방을 요구했고 베이징 시민도 이에 호응하여 학생 석방과 매국노 처벌을 요구했다.

이어 5월 7일 국치일을 맞자 베이징의 천단天壇 광장에서는 일본 상품 배척집회가 열렸고, 제남·태원·장사 등 전국적으로 데모가 확산됐다. 도쿄에서는 중국 유학생이 각국 공사관에 항의하려다 일본 경찰에 의해 23명이 체포되고 27명이 부상을 입었다. 같은 날 중국 정부는 분노에 찬 항의 여론에 굴복하여 체포 학생 전원을 석방했으나 일주일 후인 5월 14일에는 강경 방침으로 돌변하여 학생운동 금지령을 내리는 한편 파리 강화 조약에 조인한다는 방침을 세웠다.

이 같은 정부의 방침에 격분한 학생연합회는 18일 긴급회의를 열고 다음 날인 19일부터 동맹휴교에 들어갈 것을 결의했다. 이 동맹휴교의 바람은 전국적으로 파급되어 일본 상품 배척, 국산품 장려 운동으로까지 전개됐다.

당황한 정부는 동맹휴교의 해제를 명령하고 탄압을 가하기 시작했다. 6월 3일 정부는 베이징시장에서 국산품 애용을 부르짖으며 가두연설을 하는 학생 7명을 체포했다. 그러나 이것은 학생들의 반정부 운동에 기름을 끼얹는 결과가 되고 말았다.

그다음 날 학생들은 다시 길거리에 나가 데모를 벌였다. 이날 178명이 체포되었고 다시 그다음 날에는 8백여 명이 체포되었으나 가두로 진출한 학생은 수천 명에 이르렀다. 이 같은 사태 앞에 경찰은 기력을 상실하여 더 이상 체포할 여력이 없었다. 그런데 7명의 학생이 체포된 6월 3일의 사건 소식이 베이징 시내에 전해지자 운동의 불길은 한층 높아져 학생만이 아니고 상인·노동자들까지도 파업에 들어가 상하이에서는 6일부터 9일까지 대중음식점을 제외한 전 시가지가 휴업에 들어갔다.

이는 순식간에 전국적으로 파급되어 위기를 알리는 보고가 베이징 정부에 속속 이르렀다.

정부는 6월 10일 마침내 민중들 앞에 손을 들었다. 친일 매국노 차오루린·장종상·유종려의 처벌을 결정하고 파리 강화회의에서의 조인을 거부했다. 그리고 구속된 학생들을 모두 석방했다.

이와 같은 5·4운동은 중국의 민중이 처음으로 정부의 정책을 변경한, 말하자면 민중의 힘이 현실의 정치를 움직이는 큰 요인이 될 수 있음을 보여준 사례라 할 수 있다.

중국의 5·4운동이나 조선의 3·1운동, 인도의 비폭력·불복종 운동, 이집트의 대중적인 반영 운동은 모두 파리 강화회의의 결과에 대응하여 일어난 민족운동으로서 당시의 역사적·사회적 조건에서는 창조적·선구적인 투쟁이라 할 수 있다.

중국 국민당의 발족

광둥을 떠나 상하이로 온 쑨원은 1919년 10월 10일 중화혁명당을 중국 국민당으로 개편하여 새로운 국가를 재건하려 했다. 쑨원이 만든 조직을 역사적으로 살펴보면 1894년 하와이에서 탄생한 흥중회가 1905년에는 동맹회로 개편되었고, 1912년에는 국민당, 1914년에는 중화혁명당으로 개조되었다가 이제 중국 국민당으로 개조되는 시련과 곡절을 겪었다. 제1차 세계대전이 독일의 패배로 막을 내리고 5·4운동이라는 커다란 소용돌이를 겪으면서 중국은 차츰 자각 의식이 높아져 쑨원이 부르짖은 삼민주의의 이상이 중국 국민의 의식 속에 뚜렷이 부각되기 시작했다.

1920년 4월 2일 광주에서 열린 비상회의에서는 군정부를 폐지하고 새로 정식 정부를 수립하자고 결의했다. 이어 7일에는 중화민국 조직 대강을 결의한 데 이어 쑨원을 비상 대총통으로 선출했다.

쑨원을 구심점으로 새로운 진용을 갖춘 혁명군은 전국 통일을 위한 북벌北伐의 꿈에 부풀었다.

1921년 10월 북벌안이 국회에서 통과되자 쑨원은 구이린(桂林, 계림)에 대본영을 설치하고 천중밍으로 하여금 광둥에 머물러 식량과 무기 공급을 담당토록 했다. 북벌의 제1선에 나서야 할 천중밍이 광둥에 머무르게 된 데는 그가 북벌을 반대하고 정부에 경제적 압박을 가하는 등 복잡한 사정이 있었기 때문이었다.

장제스가 대본영이 있는 구이린에 도착한 1922년 1월 19일 쑨원을 비롯하여 참모총장 리례쥔, 군장 쉬충즈許崇智 등이 북벌에 대한 구체적인 계획을 협의, 결정했다. 이 무렵 북방의 군벌 사이에는 내분이 일어나 안휘파의 돤치루이가 패퇴하고 봉천파인 장쭤린을 배경으로 국무총리가 된 량스이梁士詒와 직례파의 우페이푸 사이에 분열이 일어나 전쟁 직전의 상태라 북벌에는 더없이 좋은 기회였다.

2월 3일 쑨원은 리례쥔에게 강서 공격을 명하고, 쉬충즈에게 호남 공격을 명했다. 리례쥔은 강서 진격에 나서 길안을 위협하고 남창에 육박했으나 이때 천중밍이 뜻하지 않게 방해 공작을 노골적으로 폈다. 광둥에서 보급을 담당했던 천중밍이 북벌군의 공격 목표인 우페이푸와 내통하여 참모장 겸 1사단장인 등갱을 암살함으로써 북벌군은 큰 타격을 받게 됐다. 쑨원은 작전 계획을 바꾸어 호남 공격을 단념하고 사령부를 광둥 북쪽의 소관韶關으로 옮겨 강서성으로 진격하기로 했다.

한때는 동지였으나 사이가 멀어진 천중밍과 쑨원

북벌군은 6월 11일부터 강서 공격을 시작하여 6월 30일에는 강서의 요지 공주赣州를 함락했다. 북벌군이 북진하면서 후방이 텅 비자 천중밍은 마침내 반란을 일으켰다. 그는 광주 주변의 요새를 점령하고 북군의 우페이푸와 연락하면서 남북에서 쑨원을 협공하려 했다.

쑨원은 천중밍을 설득하기 위해 한 사람의 호위병도 거느리지 않은 채 광주로 갔다. 그러나 천중밍은 쑨원을 만나주지 않았다. 이보다 조금 앞서 베이징에서는 4월 24일 봉천파 장쥐린과 직례파 우페이푸와의 사이에 충돌이 벌어져 장쥐린이 패하고 우페이푸가 압승함으로써 우페이푸와 내통하던 천중밍에게는 더없이 좋은 기회가 됐다.

천중밍은 6월 16일 오전 2시 마침내 쑨원을 습격하라는 명령을 내렸다. 이것이 이른바 '영풍함 사건永豊艦事件'으로 쑨원은 그때 총통부에서 잠을 자고 있었다. 사실 쑨원은 6월 15일 밤 전화로 습격의 염려가 있으니 다른 곳으로 피하는 것이 좋겠다는 연락을 받았으나 천중밍이 그렇게까지 타락한 인간이 아니라고 말하고 자기 방으로 들어가 잠이 들었다.

16일 새벽 2시 밤의 정적을 깨뜨리는 총성이 멀리서 들려오더니 그 소리가 점점 가까워졌다. 쑨원은 비로소 반란이 일어났음을 알아차리고 호위대에게 방위 태세를 취하도록 명했다. 쑨원은 있는 힘을 다해 총통부에서 저항할 작정이었으나 측근들

우페이푸

에게 강제로 떠밀려 밖으로 나왔다. 쑨원이 평상복 차림으로 반란군 속으로 잠입해 들어가자 반란군은 자기들의 고관으로 착각하고 수하誰何도 하지 않았다. 쑨원은 무사히 포위망을 뚫고 나와 군함 초예楚豫에 몸을 실었다. 쑨원은 함장들을 소집하여 반란을 평정할 계책을 정했다.

반란군은 쑨원이 아직도 총통부에 있을 것으로 여기고 총통부에 집중 공격을 가했다. 총통부에서는 50명의 호위병이 반란군을 상대로 항전했으나 끝내는 투항함으로써 총통부와 광주가 모두 반란군의 수중으로 들어갔다.

쑨원은 군함을 황포에 집결시키고 북벌군에게 즉시 회군하여 반란군을 진압하라는 명령을 내렸다. 6월 17일 아침 외교부장 우팅팡, 위수총사령 위방펑이 쑨원이 있는 군함 초예로 달려오고 영파에 있던 장제스와 강서성에서 전투를 벌이고 있던 리례쥔·쉬충즈 등 북벌군도 급보를 듣고 천중밍을 토벌하기 위해 광주로 향했다. 그러나 천중밍이 이미 사령부가 있는 소관을 장악했기 때문에 이들은 쉽게 광주로 남하할 수가 없었다.

북벌군이 해군과 육군을 정비하여 남하하고 있다는 소식을 들은 천중밍은 쑨원에게 화해를 요청했으나 쑨원은 이를 거절했다. 천중밍은 겉으로는 화평을 내세우면서도 돈으로 북벌군의 해군을 매수하여 순양함 3척이 천중밍 쪽으로 넘어갔다.

7월 9일과 7월 10일 해상에서 전투가 벌어져 쑨원이 탄 기함 영풍호가 많은 포격을 받았으나 위기를 모면했다. 백아담으로 이동한 후에도 반란군의 끈질긴 공격을 받는 가운데 식량과 식수의 부족으로 장병들의 사기가 떨어지고 있었다. 쑨원의 함대는 바다 위에서 오래도록 고립되어 있었고 유일하게 믿었던 북벌군도 천중밍의 반란군에게 고전하고 있었다.

8월 9일에는 반갑지 않은 소식이 또 전해졌다. 천중밍이 영풍함의 장병을 매수하여 영풍함을 집중 공격하여 쑨원을 죽이려 한다는 정보였다. 같은 날 광주로 향하여 진격하던 북벌군이 천중밍의 반란군에 패하여 후퇴했다는 소식도 들어왔다.

사태가 이에 이르자 쑨원은 각 함장들을 소집하여 회의를 열었다. 참석자의 대부분이 "이런 상태로는 광둥을 지킬 수 없으니 총통께서는 잠시 광둥을 떠나 상하이로 가는 것이 좋겠습니다."라는 의견을 냈다. 쑨원은 해상에서 55일의 외로운 생활 끝에 홍콩을 거쳐 상하이로 향했다. 함상에서의 그의 분투 정신은 중국 국민에게 커다란 감명을 주었다.

이때 천중밍에 패하여 강서성으로 후퇴했던 쉬충즈 등의 북벌군이 북양군과 손을 잡고 복주福州를 제압하자 쑨원은 북벌군의 쉬충즈를 총사령으로 하는 '동로토적군東路討賊軍'을 편성했다. 동로토적군은 12월 9일 천주를 함락한 데 이어 복건성을 정복하고 광주를 향해 진격했다.

해가 바뀌어 1923년 1월 1일 쑨원은 '중국 국민당 선언'을 발표하여 최후의 승리를 거둘 때까지 호법護法의 싸움을 중지하지 않겠다는 결의를 밝혔다.

이때에 이르러 토적군의 전투에 호응하는 자가 잇따라 9일에는 조경肇慶을 점령하고 10일에는 삼수三水를 점령했다. 이처럼 쑨원의 토적군이 파죽지세로 진격을 계속하자 천중밍은 광주를 버리고 옛 근거지인 혜주惠州로 후퇴했다.

1923년 2월 21일 쑨원은 8개월 만에 광주로 돌아왔다. 그는 통일을 실현하기 위하여 총통을 폐지하여 대원수라 칭하고 정부의 이름 대신 광둥대원수부라 칭했다. 그리고 3월 2일에는 사령부를 발족했다.

　　쑨원은 광주에서 대원수라는 직위에 있는 동안에도 여전히 크고 작은 군벌들의 반란에 부딪혀 몹시 괴로움을 당했다. 당시 각지의 군벌들은 자신의 세력을 강화하기 위해 경우에 따라서는 쑨원을 떠받들기도 했고 쑨원 또한 스스로 무력을 가지지 않았기 때문에 이들 군벌의 힘을 빌리지 않을 수 없는 형편이었다. 물론 이러한 오월동주吳越同舟나 동상이몽同床異夢의 세력으로 진실한 민국을 건설하기란 그리 쉬운 일이 아니었다. 그동안의 호법전쟁에서 쑨원은 이러한 군벌들이 혁명에 방해가 된다는 사실을 뼈저리게 느꼈다. 혁명은 오직 투철한 혁명정신에 의해 통솔되는 것이라야 하고 이에 통솔되는 강력한 직할군이 필요하다는 것을 통감한 쑨원은 이러한 군대를 양성할 사관학교를 설립해야겠다고 생각했다. 그래서 이 업무를 장제스에게 맡겨 소련의 군사 제도를 시찰하라고 그를 소련에 보냈다.

　　이어 쑨원은 새로운 정세에 대응하기 위해 국민당 개편에 착수하여 후한민胡漢民·등택여·린썬林森·랴오중카이廖仲愷 등 9명을 임시 중앙집행위원으로 정했다. 당 조직은 위로부터 성당부省黨部, 현시 당부縣市黨部, 구당부區黨部, 구분부區分部로 조직하고 당원의 등록에 엄격을 기하기로 했다.

　　중국 국민당은 1924년 1월 20일 제1회 전국대회를 광주에서 개최했는데 해외 대표를 합하여 모두 165명이 참가했다. 국민당 전국대회에서는 갖가지 안이 나왔지만 국민정부 조직안이 가장 중요한 문제로 토의됐다. 그 결과 국가 건설을 위해서 대원수부를 국민정부로 바꾸기로 하여 1925년 7월에 국민정부가 창립됐고 1월 23일 대회 선언이 채택되었다.

이 대회의 결정에 따라 당의 주체가 되는 중앙당부가 성립되고 비서처 · 조직부 · 선전부 · 공인부工人部 등 1처 9부가 조직되어 쑨원이 총리로서 일체를 통괄하게 됐다.

중국 국민당 1차대회에서 주목할 일은 '연소용공聯蘇容共' 정책이 채택됐다는 점이다. 이 같은 사실은 중앙집행위원 24명의 명단 가운데 리다자오李大釗, 중앙집행위원 후보 17명의 명단 가운데 마오쩌둥毛澤東 · 장궈타오張國燾 등 중국 공산당원들의 이름이 있다는 사실에서 알 수 있다. 이것은 '제1차 국공합작國共合作'을 의미하는 것이기도 했다. 마오쩌둥은 1893년 호남에서 태어나 공산당 창립에 적극 참여했다.

또 한 가지 특기할 것은 황포 군관학교의 창설이다. 1924년 1월 24일 쑨원은 장제스를 육군군관학교 설립준비위원장에 임명하여 황포

1924년 광저우에서 열린 중국 국민당 제1회 전국대회

에 군관학교를 설립하고 제1기 학생 324명을 모집했다. 5월 3일에는 장제스를 육군군관학교 교장으로 임명하여 개교했다. 교수 진용을 살펴보면 랴오중카이가 학교 주재 중국 국민당 대표로 취임했고 교련부 주임에 리지선李濟深, 교수부주임 왕백령王柏齡, 정치부주임 다이치타오戴季陶 등이었고, 관리·군수·군의의 각부 책임자도 결정되었는데 이들 임원 중에는 예젠잉葉劍英·저우언라이周恩來 등 공산당원도 포함되어 있었다.

군관학교의 설립 목적은 국가의 장래를 짊어질 간부를 가장 빠른 기간에 육성하는 데 있었다. 발족 당시의 군관학교는 모든 면에서 난관이 많았으나 그 후 중국 현대사를 짊어질 수많은 인재를 배출하여 혁명가의 산실 역할을 성실히 담당했다.

중국 공산당의 창립

1917년 '10월 혁명'에서 제정 러시아를 무너뜨리고 공산 정권을 수립한 레닌은 즉시 공산주의의 새로운 국제 조직의 설립에 착수했다. 이 같은 레닌의 꿈은 1919년 현실화되어 모스크바에서 코민테른 창립대회가 열렸고, 이어 1920년에 제2회 대회가 열려 소련의 세계 적화 공작은 한층 더 조직적으로 추진됐다. 그리고 이 제2회 대회에는 인도의 로이와 인도네시아의 혁명 활동에 종사해 온 마링馬林 등이 유럽 공산주의자들 틈에 끼어 모습을 나타냈다.

소련이 표방하는 '피압박 계급의 해방', '피압박 민족의 해방'은 이론적으로는 중국 국민혁명의 이상과 일맥상통하는 점이 많았다. 쑨원은 레닌에게 러시아 혁명의 성공을 축하하는 전문을 보냈는데 그 것은 소련이 표방하는 사상이 중국 국민혁명의 이상과 통하는 점이 있었기 때문으로 보인다.

코민테른을 배경으로 1920년에는 인도네시아 공산당 및 이란 공산 당이 창설되고, 1922년에는 일본 공산당이 결성됐다. 중국에는 1920 년 봄 코민테른에서 파견된 보이딘스키가 베이징에 나타나면서 공산 당 조직의 활동이 본격화되기 시작했다.

보이딘스키는 먼저 베이징 대학의 리다자오와 접촉한 끝에 그의 소개로 상하이에서 천두슈陳獨秀와 만나게 됐다. 천두슈는 5 · 4운동 당시 군벌정부에 의해 체포 · 투옥된 사건이 있었기 때문에 베이징 대학 교수직에서 물러나 상하이에서 문필생활을 하고 있었다. 보이 딘스키와 천두슈와의 만남은 중국에 공산당의 씨를 뿌리는 계기가 됐다. 천두슈는 마르크스주의 이론에 큰 관심을 보였기 때문에 보이

천두슈와 리다자오

딘스키의 권유를 받고 그해 8월에 공산당 창립 발기인대회를 열었다. 이 발기인대회에 참석한 사람은 7명의 지식인에 불과했지만 이것을 계기로 공산주의 조직이 중국 각지에 확대됐다.

1921년 3월 보이딘스키의 뒤를 이어 마링이 코민테른 극동 담당 책임자로 중국을 방문했다. 그는 네덜란드 태생으로 인도네시아의 혁명 운동에 참가해 식민지 공산주의 조직면에서 코민테른에서는 권위있는 존재였다. 1921년 7월 마링이 참석한 가운데 제1회 전국대표대회가 열려 중국 공산당 성립이 선언됐다. 여기에 참석한 사람은 둥비우董必武 · 마오쩌둥 · 장궈타오 · 저우포하이周佛海 · 천공보陳公博을 포함한 13명이었다.

회의 4일째를 맞아 최종적으로 당의 규약을 채택하기로 했다. 여러 의견이 나왔으나 기본적인 당의 입장은 "프롤레타리아 독재를 당의 기본 임무로 하지만, 과도기적 단계에서의 전술로서는 프롤레타리아

중국 공산당 창당 시절의 마오쩌둥과 저우언라이

가 적극적으로 부르주아 민주주의 운동에 참가한다."라는 것으로 결정됐다. 이렇게 해서 거대한 중국 대륙에 처음으로 중국 공산당이 탄생했다. 그러나 1회 전국대표대회의 13명의 대표가 앞으로 걸어가야 할 길은 그렇게 순탄한 길은 아니었다. 이 대회에서 서기로 지명된 마오쩌둥은 나중에 중국 공산당 주석이 되었고, 둥비우는 중화인민공화국 부주석이 되었을 뿐 그 나머지는 제명·처형되는 등 파란 많은 길을 걸었다.

창립 당시 중국 공산당은 미미한 존재였으나 민족해방 운동이라는 커다란 조류 속에서 급속히 성장하여 불과 수년 후에는 군벌 타도를 위한 북벌에 참가하는 강력한 세력으로 성장했다.

북벌과 통일

장제스의 등장

1925년 3월 12일 혁명의 거목 쑨원이 59세를 일기로 객사하였다.

국민정부가 취해야 할 최대의 임무는 쑨원의 뜻을 이어받아 북벌을 완성하는 일이었다. 군벌 세력을 몰아내고 국민당의 손으로 전국을 통일하는 것은 쑨원 이래의 염원이자 국민정부의 지상목표였다.

장제스는 1926년 4월 3일 국민정부에 대해 북벌을 건의했고 정부는 이를 받아들여 4월 16일 장제스를 군사위원회 주석으로 추천했다. 이어 6월 5일 장제스는 국민정부로부터 국민혁명군 총사령에 임명됨으로써 북벌 계획은 급속히 진전됐다. 이 무렵 북방 군벌들의 상황을 살펴보면 한때 세력을 떨치던 돤치루이가 실각하고 대신 국민군을 자처하는 펑위샹이 부상했다. 장쭤린의 봉천군, 쑨촨팡의 신직례군新直隷軍, 우페이푸의 구직례군이 이합집산을 거듭하면서 호각지세를 이루고 있었다.

국민정부로부터 북벌 전권을 위임받은 장제스는 마침내 7월 9일 북벌 전쟁을 개시했다. 공산당은 장제스가 주도하는 북벌에 대해 시기 상조라는 이유를 내세워 찬성하지 않았으나 북벌이 시작되면서부터 노동자·농민을 움직여 조직화를 꾀함으로써 호응했다.

총사령부의 진용을 보면 참모장에 리지선, 행영참모장에 보충시白崇禧, 비서장에 사오리쯔邵力子, 정무국장에 천공보 등이었고 혁명군은 8군으로 편성하여 총병력 10만 명이었으나 그 후에 귀주군을 합하여 다시 9군, 10군으로 편성했다.

북벌군의 제1목표는 우페이푸 세력하에 있는 우한武漢으로 정하여 제4, 6, 7, 8군이 중앙군으로서 우한을 공략하고, 제2, 3, 5군은 우익군으로서 남창·구강을 공격하고, 제1군은 복건·절강을 공격하고, 제9, 10군은 좌익군으로서 형주·사시沙市를 공격하기로 작전이 짜여졌다.

북벌군은 파죽지세로 진격했다. 중앙군은 8월 12일 장사長沙를 점령하고 10월 10일

장제스

에는 우창을 공략하여 우페이푸를 하남으로 몰아냈다. 우익군은 총 사령관 장제스의 지휘하에 쑨촨팡군을 격파하여 11월 8일에는 남창을 점령하고 강서성을 국민정부의 수중에 넣었다. 복건을 공격했던 제1군은 12월 12일 복주를 점령한 데 이어 절강군 진의陳儀 등의 호응으로 항주까지 점령했다.

계속해서 장제스 휘하의 북벌군은 상하이와 난징을 공략하여 3월 22일에 상하이를 점령하고, 24일에는 난징을 점령했다. 이로써 양쯔강 이남을 국민정부의 지배하에 둔다는 북벌 전쟁의 군사작전은 일단락을 보게 되었고 이에 따라 혁명 정세는 중대한 전환점을 맞게 됐다.

우한과 남창의 분열
북벌 전쟁이 진행되고 있는 과정에서 양쯔강 이남의 노동자 및 농민들은 중국 공산당의 강력한 지도력을 바탕으로 치밀하게 조직화됐

장제스의 지휘하에 우한에 입성하는 북벌군

다. 1926년 호남에서 조직화된 노동자 수는 6만 명에서 11만 명으로 급증하는 추세를 보였다. 아울러 농민의 조직화는 폭풍과 같이 확산되어 1927년 2월에는 적어도 2백만 명에 이르렀다.

이와 같은 노동 운동의 확대는 중국 공산당의 정치적 역량을 강화시킴으로써 연합전선에서 공산당이 우위를 차지하자는 목적이 있었다. 이러한 정세는 국민당 중앙에 있어 좌우 양파의 세력 판도에 큰 변화를 가져왔다. 이미 중국 공산당은 덩옌다鄧演達·쑹칭링宋慶齡·허샹닝何香凝 등을 중심으로 하는 좌파와 협동하여 반우파反右派 투쟁을 전개시켜 장제스를 중심으로 하는 우파와의 대립을 심화시켰다.

좌우 양파의 대립은 국민정부 이전 문제를 놓고 더욱 격렬해졌다. 장제스는 남창을 점령한 후 총사령부를 그곳에 설치하고 국민정부의 남창 이전을 주장했다. 국민당 중앙 및 국민정부 연석회의에서는 우한 이전을 결의하여 1927년 우한에서 직무를 집행했다. 이 정부는 점차 좌익 법률가인 쉬첸徐謙과 쑨원의 미망인 쑹칭링 및 쑨원의 큰 아들 쑨커孫科가 지배했다.

그러나 우파는 장제스의 주장에 동조하여 남창에 본부를 두고 결집함으로써 사실상 국민당 및 국민정부의 좌우 양파는 우한과 남창으로 분열됐다.

장제스는 자기편이 된 북부의 군벌과 상하이의 금융인들과 우호 관계를 유지하면서 2월과 3월에는 좌익과 결별하려는 연설을 통해 공산주의자들의 무례함과 잔인함을 비난했다. 우한의 좌익세력은 장제스의 당권·군권·정권 등을 박탈하며 총사령관직을 박탈하고 군사위원회 위원으로 격하한다고 결의했다.

4 · 12쿠데타

중국 최대의 도시 상하이는 1919년 이후 노동 운동의 중심지였을 뿐만 아니라 중국인 금융단체와 세계 열강들의 주요 근거지이기도 했다. 혁명 운동의 좌파든 우파든 모두 상하이를 장악하는 것이 자신들에게 결정적인 도움을 줄 것이라고 생각하여 치열한 상하이 쟁탈전이 벌어졌다.

1926년 11월과 1927년 2월의 2회에 걸쳐 상하이의 공산주의자와 노동조합은 상하이 북부의 군사요새에 대해 무장 봉기를 시도했으나 실패했다. 1927년 3월 18일 공산주의자들이 주도하는 상하이 총공회는 주도면밀한 계획하에 80만 명의 노동자를 동원했고, 저우언라이의 지도하에 5천 명의 노동 무장 치안대가 가세하는 무장 봉기가 시작됐다. 그들은 21일 쑨촨팡군 및 장종창(봉천파)의 북방 연합군을 패주시킴으로써 군벌로부터 상하이를 탈환하는 데 성공했다. 22일에는 상하이 시민대회를 개최하여 31명의 임시혁명위원 및 19인의 정무위원을 선출하여 혁명시 정부 조직을 결행했다. 이것이 이른바 상하이의 '3월 혁명'으로 '북벌 전쟁' 중의 노동자 투쟁에서의 승리였다.

이보다 앞서 1월 3일 우한의 승리 축하대회를 영국 수병이 습격하여 1명이 사망하고 수십 명이 부상하는 불상사가 일어났다. 이에 격분한 한구의 노동자는 무장 치안대를 선두로 영국 조계를 점령하고 우한 정부는 영국 조계를 회수했다. 1월 6일 구강에서도 똑같은 사건이 일어나 구강의 영국 조계도 중국 측에 회수됐다.

장제스의 군대가 상하이에 도착한 것은 3월 23일이었다. 상하이의 '3월 혁명' 직후 각 열강은 혁명에 대한 무력 간섭을 발동했다. 그것은 3월 24일에 있었던 난징 사건이 계기였다. 이 난징 사건은 국민혁명의 전환점이 되어 장제스로 하여금 반동화의 구실을 주게 됐다.

　이른바 난징 사건이란 3월 24일 국민혁명군이 난징에 들어왔을 때 혁명군의 병사가 영국, 미국의 영사관·교회에 들어가 선교사를 살해한 사건을 말한다. 그러자 양쯔강에 대기하던 영국·미국의 함대가 거류민을 보호한다는 명목으로 난징 시내를 포격하여 2천 명 이상의 민중과 병사들이 희생됐다. 조사에 착수한 외국 조사반은 선교사 폭행 사건이 혁명군에게 패퇴하는 봉천 군벌 병사에 의해 저질러졌다는 증거를 포착했다. 그러나 이러한 진상이야 그들 열강들로서 그다지 중요한 문제가 아니고 최대의 문제는 이 국민혁명이 어떤 방향으로 나아갈 것인가 하는 것이었다.

　상하이에 도착한 장제스는 상하이 부르주아의 지지를 얻어 일본·영국·미국·프랑스 등과 정치적 협상을 벌여 각국의 중립 양해 아래 청방靑幇·홍방紅幇 등의 비밀조직을 매수했다. 이들 두목들은 상하이의 아편 무역과 밀수를 지배했으며 기습작전에 필요한 부하들을

국민당군에게 끌려가는 공산당원들

거느렸다.

장제스는 4월 12일 상하이의 노동자들에게 무장해제를 명하고 상하이 총공회를 습격하여 공산당원을 체포하고 혁명시 정부와 국민당 상하이시 당부를 봉쇄하고 노동자에게 무차별 발포하여 수천 명의 사상자를 냈다. 또 15일에는 광둥에서도 같은 사건이 일어나 노동자의 저항은 실패로 돌아갔다. 저우언라이와 같은 공산당 지도자들 일부는 도망갔고 무력의 뒷받침 없는 노동 운동은 패할 수밖에 없었다.

4월 18일 장제스의 국민당 우파는 우한의 혁명 정부에 대항하여 난징에 국민정부를 조직했다. 이로써 당시 중국에는 국민당 좌파 및 공산당의 연합 정부인 우한 정부, 장제스가 주도하는 국민당 우파의 난징 정부, 그리고 베이징의 군벌 정부의 3정권이 대립하게 되었다. 이들의 세력 판도를 대별하면 우한 정부는 광서·호북·호남을, 난징 정부는 강소·절강·안휘·복건·광둥을 장악했고, 군벌 정부는 황하 이북의 대부분 지역을 장악했다.

우한 정부의 와해

4·12반공 쿠데타로 상하이에서 패퇴한 우한의 국민정부와 국민당 중앙당부는 곧바로 장제스의 파면과 토벌을 선언했다. 국민당 좌파와 공산당의 유대는 그 후 약 3개월에 걸쳐 유지되었으나 그 내부에서 반동 회의의 경향이 급속히 출현함으로써 분열이 일기 시작했다.

이 같은 정세하에서 중국 공산당은 우한에서 제5차 전대회를 개최하여 혁명의 새로운 방향을 모색했으나 오히려 분열을 조장하는 결과만 가져왔다.

우한 정부가 장악한 지역의 혼란과 분열은 난징 정부에 의해 행해

진 경제 봉쇄 작전과 군사적 난국으로 더욱 가속화되었다.

4월 하순 한구의 부두에는 영국·일본·미국·프랑스·이탈리아 등의 군함이 위압을 가하기 시작했고 한구의 외국 기업은 활동을 정지했다. 사태가 이에 이르자 부르주아층은 현금을 챙겨 한구를 떠남으로써 우한 정부는 경제적 타격이 심화되어 파산 상태에 몰렸다.

이런 위기 상태에서 6월 1일 스탈린으로부터 중국 주재 코민테른 대표 로이에게 긴급 훈령이 내려졌다.

이 지령의 내용은 부유층에 대한 토지 몰수와 당원 2만 명의 무장화, 5만 명의 노동자·농민의 선발, 혁명재판부 설치 등으로 급격한 변화 이상의 지시였다. 그런데 로이는 이 훈령을 우한 정부의 주석이며 국민당 좌파인 왕자오밍汪兆銘에게 보여줌으로써 중국 공산당과 국민당 좌파의 결렬을 가속화했다.

7월 13일 중국 공산당은 대시국선언을 발표하여 국민당의 반동화

왼쪽부터 쑹메이링(장제스의 부인), 쑹아이링, 쑹칭링(쑨원의 부인)

를 공격하는 한편 우한 정부에서 퇴거를 권고했다. 왕자오밍도 7월 15일 공산당과의 분리를 선언하고 국민당·국민정부 및 국민혁명군에서 공산당원의 퇴거를 권고하기에 이르렀다. 계속해서 28일 '국공 분리 선언', '중국 공산당에 고함'을 발표함으로써 3년 7개월간 이어졌던 제1차 국공합작의 결렬과 함께 우한 정부도 붕괴됐다.

우한 정부의 붕괴는 국민혁명의 성격에 변화를 가져왔다. 쑨원의 미망인 쑹칭링이 항의성명을 발표해 국민당이 반공으로 변화된 데 대해 맹렬히 비난했다.

"쑨원의 정책은 지극히 명백하다. 만약 당내의 지도자가 그 정책을 관철할 수 없다면 그들은 쑨원의 진정한 추종자일 수가 없으며 당 또한 이미 혁명의 당이라고 할 수 없고 단지 이러저러한 군벌의 도구에 지나지 않는다. 당은 민중을 압박하는 하나의 기계, 일종의 도구로 변하여 현재의 노예를 이용해서 스스로를 살찌우는 한 마리 기생충이 될 것이다. 우리는 중대한 위기에 접어들었다. 혁명이란 중국에서는 회피할 수 없는 것이다."

쑹칭링은 우한 정부가 붕괴된 후 소련으로 망명했다. 그리고 망명지인 모스크바에서 1927년 12월 그녀의 동생 쑹메이링宋美齡이 장제스와 결혼했다는 소식을 들었다.

장제스의 중국 통일

국공합작이 결별된 후 우한 정부는 장제스의 하야를 요구하는 등 약간의 면목을 세우는 조치를 취한 후 8월 19일 청당清黨과 당권 확립을 조건으로 난징 정부와의 통합을 선언함으로써 명목상으로도 우한 정부는 완전히 소멸됐다.

장제스는 화해 무드를 조성하기 위하여 국민혁명군 총사령관을 사임하고 한때 일본으로 망명했다가 1928년 1월에는 다시 국민혁명군 총사령으로 복귀했다. 이어 2월의 국민당 제2기 4중전회에서 장제스는 국민혁명군위원회 주석이 되고 3월에는 중앙정치회의 주석에 취임함으로써 명실상부한 군·정의 실권자가 됐다.

당내의 결속이 이루어지자 장제스는 북벌 재개를 선언하고 새로운 국민혁명군을 편성했다. 제1군단은 총사령 장제스, 제2군단은 펑위샹, 제3군단은 옌시산, 제4군단은 리쭝런이 지휘하는 4개 군단으로 편성했다. 1928년 4월 상하이의 4·12쿠데타 1년 뒤 북벌군은 다시 북상을 개시했다. 쑨촨팡·우페이푸 등의 북양군벌은 이미 패퇴하여 양쯔강 이북으로 피했으나 베이징에는 봉천군벌 장쭤린이 군벌들을 규합하여 안국군총사령安國軍總司令이라 일컫고 그의 정권을 유지하고 있었다. 그러나 총공격을 개시한 북벌군은 사기가 꺾인 군벌군보다 압도적으로 우세한 공격력으로 2개월 후인 6월 8일 베이징을 무혈 점령하는 데 성공했다. 그날 베이징의 하늘에는 국민당의 깃발이 힘차게 휘날렸다.

7월 6일 장제스는 펑위샹·옌시산·리쭝런 등과 함께 베이징 교외의 서산 벽운사에 모여 쑨원의 영구 앞에 분향하고 북벌의 성공을 보고했다. 국민혁명군이 광주를 출발한 지 거의 2년 만에 수없이 많은 정치적 소용돌이를 겪으면서 구군벌을 몰아내고 일단 북벌에 성공한 것이다. 실로 장제스 국민당 승리의 날이었다. 그러나 이 북벌의 2단계 과정에서 두 가지 중대한 사건이 발생했다. 즉 일본의 산둥 출병과 장쭤린의 폭사사건이다.

국민혁명군에 의한 북벌이 시작되자 일본은 거류민을 보호한다는 명목으로 청도와 제남에 약 2천 명의 군대를 파견했고 뒤이어 1928년 4월 북벌이 재개되자 당시 일본의 다나카田中義一 내각은 다시 4천 명의 군대를 추가 파병했다.

한편 5월 1일 국민혁명군이 군벌의 산둥군을 무찌르고 제남에 입성하자 일본군과 중국군 사이에 심상치 않은 분위기가 감돌았다. 5월 3일에는 양군 사이에 약간의 충돌이 있었다. 이를 계기로 일본은 1만 5천 명의 군대를 청도에 추가 파병했다. 그리고 제남에 대하여 총공격을 감행했다.

당초 장제스는 북벌을 재개하면서 일본과는 화해 정책을 취하여 거류민 보호에 힘을 기울였다. 그럼에도 불구하고 일본의 이 같은 병력 증파는 도발 행위임이 분명했다.

장쭤린과 장쉐랑 부자

일본의 도발에 장제스는 가능한 직접 충돌을 피하기 위하여 우회하는 작전으로 북벌을 계속하여 결국 베이징에 입성했다. 그런데 장제스의 베이징 입성 직전에 심상치 않은 사건이 발생했는데 다름 아닌 장쭤린 폭사사건이었다.

안국군 총사령 장쭤린은 북벌군이 북상하자 계속 베이징·천진을 사수할 결의를 다졌다. 이에 장쭤린의 패배를 예상한 일본의 다나카 내각은 장쭤린의 패잔병이 동북 3성으로 도망칠 경우 그를 추격하는 국민혁명군이 일시에 이 지역으로 몰려들 것을 염려한 끝에 공사 요시자와芳澤謙吉에게 훈령을 보내어 장쭤린이 심양으로 돌아가도록 설득하게 했다.

6월 3일 장쭤린을 태운 특별 열차가 베이징을 출발하여 심양역에 도착하기 직전인 4일 오전 5시 만철선滿鐵線과 교차하는 지점에 도착하는 순간 꽝 하는 굉음과 함께 열차가 폭파되고 장쭤린은 폭사했다.

장쭤린 폭사사건은 일본 관동군의 가와모토河本大作 대좌 등이 계획했다는 것은 잘 알려진 사실이다. 그들이 장쭤린을 폭사시킨 것은 동북 3성을 혼란에 빠뜨려 이를 기회로 관동군이 이 지역을 장악하여 일본의 권익을 확보하려는 음모에서였으며 3년 뒤 만주사변을 일으키기 위한 전초전이기도 했다. 그런데 이 사건은 당초 일본 군부가 예상했던 것과는 엉뚱한 방향으로 귀결됐다. 장쭤린의 아들 장쉐량張學良은 급보를 듣고 베이징에서 심양으로 달려와 장쭤린의 후계자가 됐다. 일본 군부는 장쉐량을 조종하여 국민혁명군과 결별하도록 할 계획이었으나 장쉐량은 일본 군부의 조종에 넘어가지 않았다. 그는 장쭤린을 폭살한 원흉이 일본 군부라는 점을 알고 분노를 느꼈으며 또한 중국의 대세가 장제스에게 기울고 있다는 점을 잘 알고 있었다.

장쉐량은 일본과의 정면 대립을 피하면서 1928년 12월 말 난징 정부와 합류했다. 장쉐량은 난징 정부로부터 동북방면 총사령에 임명되었고 봉천성·길림성·흑룡강성의 동북 3성에는 청천백일기가 나부끼게 되었다.

국민당의 일당 독재

국민정부는 북벌 완료에 이어 1928년 8월 난징에서 5중전회五中全會를 개최하여 북벌 완료 후의 기본 정책을 토의한 끝에 두 가지 중요한 결정을 내렸다. 그것은 '훈정개시訓政開始 · 5원입안五院立案과 군사정리안'이었다.

'훈정'은 일찍이 쑨원이 혁명의 단계로서 구상했던 군정기, 훈정기, 헌정기의 3단계 중 제2단계를 말하는 것으로 '당으로써 나라를 다스리는 시기'에 해당한다. 또한 '5원제'란 입법 · 사법 · 행정의 3원 외에 고시 · 감찰을 추가하는 것으로서 이 5원제도 쑨원의 구상에 따른 것이다.

국민당 중앙상무위원회는 10월 3일 훈정강령 6개조를 공포하고, 또 이 강령에 의거하여 국민정부조직법을 공포하여 10월 10일에 역사적인 5원제 국민정부가 성립되었다.

국민정부 주석에 장제스, 행정원장에 탄옌카이譚延闓, 입법원장에 호한민, 사법원장에 왕충후이王寵惠, 고시원장에 다이치타오戴季陶, 감찰원장에 차이위안페이蔡元培 등이 각각 임명됐다.

훈정강령에 따르면 훈정 기간 안에는 국민당이 정권을 장악하고, 국민정부가 5원제에 의해 권력을 집행하도록 되어 있어 일당 독재의 지배체제를 합법화시키고 있다. 이와 같은 국민당의 일당 독재하에서 장제스는 국민정부 주석과 군사위원회 주석 및 육해공 3군 총사령관의 지위를 가짐으로써 정치적 · 군사적 권력을 한 손에 장악했다. 그러나 장제스의 기반은 그렇게 확고한 것이 아니었다. 당내에서는 전에 우한 정부의 주석이었던 왕자오밍 일파가 세력을 형성하고, 국공합작을 당초부터 반대했던 극우파인 서산파西山派도 하나의 세력을 형성하고 있었다.

당내 문제보다 더 심각한 문제는 새로 국민혁명군에 합류한 군벌들의 움직임이었다. 이들 군벌의 군대를 해체해서 어떻게 하나의 통일된 군대로 통합할 수 있느냐 하는 것이 장제스의 당면 과제였다. 바로 이 과제를 해결하기 위한 전제하에 앞서 5중전회에서 '군사정리안'을 통과시킨 것이었다.

당시 전군의 군대는 중앙과 지방의 잡군까지 합쳐 약 2백만 명에 이르렀다. 특히 1928년의 정부 재정 4억 3천만 원 가운데 48퍼센트에 해당하는 2억 원이 군사비로 지출됐다. 국민정부의 입장에서도 시급히 재병(裁兵, 군대를 삭감함)을 단행하지 않으면 안 될 형편이었다. 그

국민혁명군의 지도자였던 세 사람. 펑위샹, 장제스, 옌시산. 세 파벌의 내전에서 장제스가 승리

래서 군사정리안이 통과된 후 각 장군을 불러모은 편견회의編遣會議가 소집됐다.

여기서 '편'은 편성, '견'은 파견을 의미하는 말이다. 이 회의에서 국군편견대강 17개조가 가결됐다. 그 골자는 전국을 8편견구로 나누고 총병력의 수를 65개 사단 80만 명으로 축소 편성한다는 것으로서 결국 지방 군벌의 해체를 뜻하는 것이었다.

장제스는 각 지방의 군사적 지도자 및 각 파벌을 '일당 독재' 속에 흡수하고 대립적인 각 파벌세력의 조정자 역할을 담당하면서 그의 지배력을 각 방면에 침투시켰다. 그러나 대립적인 각 파벌세력을 해소하기란 그리 쉬운 일이 아니었다. 결국 장제스의 통일에 대한 신군벌 반대파의 저항으로 1929년부터 1931년에 걸쳐 대규모적인 내전內戰이 일어났다,

이 내전은 반反장제스 전쟁의 형태로 1929년 2월 전 중국에 할거하고 있는 리쭝런·보충시·리지선 등 이른바 '광서파'의 저항을 필두로, 섬서·하남을 근거지로 하는 펑위샹의 '서북파', 산서성을 근거지로 하는 옌시산의 '산서파', 그리고 동북 3성을 지배하는 장쉐량의 '봉천파' 등이 참여했다. 이렇게 볼 때 장제스가 실질적으로 장악한 기반은 강소·절강 정도에 불과한 것이었다.

결국 이 내전은 봉천파의 장쉐량이 장제스와 협력함으로써 장제스의 승리로 막을 내리게 된다.

마오쩌둥 노선의 출현

1927년 7월 우한에서 탈출한 공산당 간부들이 한두 사람씩 남창으로 모여들었다. 남창은 우한과 난징의 중간 지점에 있는 강서성의 수도로, 북벌 도중 장제스가 우한과 대립하면서 사태를 관망한 곳이다.

이미 국공 분열이 결정된 이상 공산당은 다시 혁명을 추진하기 위해 무력으로 무장 봉기를 할 수밖에 없었다. 취추바이瞿秋白 · 저우언라이 등 당 지도부는 남창을 중심으로 공산당의 자력에 의한 무장봉기 계획을 세웠다.

7월 31일 밤 남창 시내 곳곳에서 총성이 터지기 시작했다. 공산당에 의한 남창 봉기의 총성이었다. 이 총성은 8월 1일 새벽까지 계속되었으며 어둠이 걷힐 무렵 남창이 완전히 공산당의 수중으로 넘어갔다. 그러나 봉기군은 남창을 지탱할 힘이 없어 3일 만인 8월 4일에는 남창을 버리고 광주를 점거할 목적으로 남하했다. 이 같은 상황 속에서 구강九江에서 8월 7일 중앙긴급회의가 열렸다. 참석자는 취추바이 · 덩중샤邓中夏 · 마오쩌둥 등 23명이었다. 이 회의에서는 지금까지 천두슈의 지도 노선을 우익 기회주의라고 비판하고 취추바이을 총서기로 선출했다. 그리고 도시 노동자의 봉기를 돕기 위해 호남 · 호북 · 강서 · 광둥의 여러 성에서의 농민 무장봉기를 결정했다.

그때가 마침 추수기였기 때문에 이 봉기를 '추수 봉기秋收蜂起'라 부른다. 이번 호남 봉기의 책임자로는 그 전해에 이미 이 지역의 농민 운동을 살펴본 마오쩌둥이 결정됐다. 이 지역은 원래 혁명적 농민운동이 강한 지역이었으나 국민당군의 강력한 저항으로 실패하고 말았다. 봉기군은 패하여 산악 지역으로 후퇴했고 일부는 마오쩌둥과 함께 정강산井崗山으로 피하고 다른 일부는 궁벽한 지역에 잠입하여 이따금 게릴라전을 펼쳤다.

호남과 강서의 경계에 위치한 정강산은 삼림으로 뒤덮인 고립 지역이었다. 마오쩌둥이 이끄는 부대가 정강산에 도착했을 때의 군대는 추수 봉기에 참가한 노동자·농민과 병사들로 짜여진 소규모 부대에 불과했다. 1928년 4월 주더朱德·린뱌오林彪·천이陳毅가 정강산에 도착하여 마오쩌둥과 합류함으로써 새로운 전술이 채택됐다.

이 전술은 호남·강서·광둥의 3개 성의 경계 지역에 6개의 현으로 구성된 소비에트 지역을 건설하고 이곳에서 공산 세력을 안정시켜 점차 강화시키며, 나아가 이 근거지를 활용하여 작전 영역을 더 넓은 지역으로 확대시키는 것이었다.

이 정강산의 근거지도 초기 단계에서는 거의 일시적인 방편에 지나지 않았으나 장기간에 걸쳐 건설된 여타 혁명기지의 전형이 됐다.

마오쩌둥과 추수 봉기 참가자들

그리고 이들 기지들은 1934년까지는 남부 지역에서 소규모적으로 확대되다가 장정長征 이후 대일 항쟁시에는 다시 북부 지역에서 확대됐다. 이 근거지 전략이 성공함으로써 중국 공산당은 1949년 중국 전토를 장악할 수 있게 되었다.

정강산을 근거지로 하는 공산당 수뇌들은 새로운 원칙에 입각한 전략을 마련했다. 그것은 다음의 네 가지이다.

첫째, 혁명 투쟁은 무력 투쟁이다.
둘째, 무력 투쟁은 정규군이 접근하기 어려운 궁벽한 지역에서 전개되므로 농민을 그 주력으로 한다.
셋째, 권력 투쟁은 지역적 수준에서 전개한다.
넷째, 투쟁은 장기적인 것이어야 한다.

이 네 가지 요소는 결국 상호 밀접한 연관성을 지닌 강령이었다. 마오쩌둥이 정강산에 들어간 지 1년 남짓한 1928년 겨울, 모스크바에서 열렸던 중공 6전대회의 결의 내용이 마오쩌둥에게 전달됐다. 남창 봉기에 이은 일련의 무장 봉기가 실패로 돌아가자 당 대표 10여 명은 중국을 탈출하여 모스크바로 떠나 그곳에서 6전대회를 열었던 것이다. 마오쩌둥은 그 결의에 찬성했다. 거기에는 홍군紅軍의 건설, 소비에트구의 확대, 토지 혁명의 심화 등 마오쩌둥의 노선을 인정하는 내용이 담겨 있었기 때문이었다.

마오쩌둥은 정강산의 모든 지구에 노동자·농민 및 병사 소비에트구를 설치하고 토지 혁명을 실시했다. 그리고 부대를 개편하여 '노동혁명 제1군 제1사단 제1연대'라 불렀다.

이 노동혁명군은 초기 단계에는 체계가 미비했으나 1928년 봄 주더·린뱌오·천이가 이끄는 군대가 정강산에 가세함으로써 군대가 강화되자 군사 및 정치적 재편성이 불가피했다. 개편 결과 마오쩌둥은 당 대표에, 주더는 군사령관에 각각 취임했다. 당시 병력은 5만 명으로 추산되었으며, 노동혁명 제4군으로 불렸다.

장제스의 공산당 근거지 공격

주더·마오쩌둥 군이 정강산을 거점으로 힘겨운 싸움을 계속할 즈음 각지에 흩어져 있던 공산당이 점차 준동하기 시작했다. 1928년 봄 해육풍에서 도망친 쉬샹첸徐向前이 호북·하남·안휘의 성 경계에서 홍군 제1군을 조직한 데 이어 허룽賀龍은 호남·호북에서 홍군 제2군을 조직했다. 또 팡즈민方志敏이 복건·절강·안휘의 성 경계에 유격대로 편성된 근거지를 수립하는 등 1930년 초기 무렵 이들 공산당의 근거지는 마오쩌둥·주더의 강서 소비에트구(중앙근거지)를 중심으로 하남·호북·강서로 확산되어 13성에 15개소의 근거지가 조직되어 총병력 6만 명의 세력으로 강화됐다.

1929년 10월 코민테른은 중국 공산당에게 '새로운 혁명의 고조'가 다가왔음을 상기시키고 새로운 몇 가지 지시를 보냈다. 그리고 1930년에 당 중앙을 지도하는 리리싼李立三은 이른바 '리리싼 노선'으로 일컬어지는 '한 곳 또는 몇 개 성에서의 우선적 승리首先勝利'라는 명제를 제출했다.

당 중앙 리리싼의 지령에 따라 제1군은 마오쩌둥과 주더의 지휘하에 남창, 제2군은 허룽의 지휘하에 우한, 제3군은 펑더화이의 지휘하에 장사를 공격하기로 했다.

7월 28일 펑더화이가 이끄는 제3군이 장사를 공격함으로써 최초의 공격이 시작됐다. 펑더화이의 제3군은 국민당군의 허점을 틈타 손쉽게 장사를 점령하고 창사 소비에트의 수립을 선언했다. 그러나 국민당군은 곧바로 반격 작전을 펼쳐 10일 만에 펑더화이군을 몰아냈다.

한편 마오쩌둥과 주더가 이끄는 제1군은 8월 1일 남창을 공격했으나 수비가 견고하여 24시간의 맹공격 끝에 수많은 사상자를 내고 우한을 향해 서쪽으로 후퇴했다. 마오쩌둥이 이끄는 제1군은 후퇴하는 도중 장사에서 후퇴하는 제3군과 만났다. 그런데 당중앙 리리싼은 펑더화이에게 또다시 장사를 공격하라는 지령을 내렸다. 양군은 합세하여 2만 명의 병력으로 장사 공격을 재개했다.

두 번째 공격은 9월 1일에 시작됐다. 치열한 전투가 13일 동안 계속되었으나 전세는 홍군(공산군)에게 절망적이었다. 마오쩌둥은 여기서 중대한 결정을 내려 동지들을 설득하여 일단 강서성 남쪽의 근거지로 철수했다. 사태가 이에 이르자 리리싼도 계획을 포기하지 않을 수 없었으며 그 후 중국 공산당에서는 즉각 도시로 진격하자는 주장이 잠시 동안 잠잠해졌다.

이 무렵 장제스는 북벌 완성 이래 거의 2년 동안 끌어온 군벌들과의 내전을 종식하고 정치·군사의 권력을 한 손에 쥐게 됐다. 그에게 '홍군, 장사 점령'이라는 소식은 숙적 공산당이 호남·강서를 중심으로 재기를 노리고 있음이 분명한 것으로 받아들여졌다. 순수한 군사적 관점에서 본다면 홍군은 비교도 안 될 정도로 국민당군이 우세했다. 일반적인 견해로는 홍군 세력은 고작 '적비(赤匪, 공산당의 유격대)'나

'공비共匪' 정도로밖에 생각되지 않았다. 그러나 장제스는 이 공산당 세력은 지방 군벌과는 전혀 다른 상대라는 점을 국민혁명 과정에서 직접 체험하여 잘 알고 있었다.

그래서 장제스는 1930년 겨울 호북·호남·강서의 성장에게 홍군 토벌에 관한 작전을 지시했다. 12월 강서 성장 루디핑魯滌平을 총사령으로 하는 10만 병력이 강서성 중부의 중앙 근거지를 향해 진격했다. 이에 대항하는 홍군은 4만 명이었다.

수적으로 열세인 홍군은 토벌군을 소비에트구 안으로 깊숙이 유인하여 격파했다. 1차 전투에서 패배한 장제스는 1931년 3월 허잉친河應欽을 총사령으로 삼아 제2차 포위작전을 전개했다. 그러나 홍군은 토벌군의 취약점을 노려 각개격파하는 전술로써 5차에 걸친 전투에서 토벌군을 제압했다. 제1, 2차 토벌에서 공산군이 사용한 전술은 전형

마오쩌둥과 홍군 병사

적인 유격전으로 확실히 독창적인 전법이었다. 1, 2차 토벌에서 패배한 장제스는 1931년 6월 30만 명의 병력을 직접 지휘하여 본격적인 토벌에 나섰다. 공산군은 다시 취약한 부대에 결정적인 공격을 가하여 3차에 걸친 교전에서 승리를 거두었다. 그러나 장제스 직계의 주력부대에는 아무런 타격도 주지 못했다. 장제스의 주력부대는 소비에트구로 계속 진격하여 9월에는 중심 도시 서금瑞金으로 포위망을 압축하여 승리를 목전에 두고 있었다.

그런데 바로 그때 1931년 9월 18일 만주사변이 발발했다. 장제스는 토벌을 중지하고 급히 난징으로 철수했다. 일찍이 국민정부의 북벌을 틈타 산둥 출병과 장쭤린을 폭살시켰던 일본이 이른바 15년 전쟁이라는 침략 전쟁을 도발한 것이었다.

일본의 무력 침공과 항일 전쟁

1931년 9월 18일 오후 10시경 심양(봉천) 북쪽 유조구柳條溝의 만주 철도선(약칭, 만철)이 누군가의 손에 의해 폭파됐다. 이 사건은 일본 관동군의 참모 이타카키 세이시로板垣征四郎가 계획적으로 일으킨 것으로 이전에 있었던 장쭤린 폭사사건의 재판이라고 볼 수도 있다.

그러나 일본 관동군은 이를 중국군 소행이라고 트집잡아 만주 전역에서 일제히 군사 행동을 감행했고, 랴오닝성(요녕성)과 지린성(길림성)을 제압했다. 이어서 다음 해 1월 19일에는 치치하르를 제압했고 2월 5일에는 하얼빈을 점령함으로써 만주 지역의 대부분을 장악했다.

만주사변이 일어날 무렵 장쉐량은 그의 병력의 절반인 10만 명의 병사와 함께 베이징에 머물고 있었다. 장쉐량은 일찍이 장제스의 군벌과의 싸움에서 장제스를 도와 옌시산·펑위샹군을 배후에서 공격하여 장제스군을 승리로 이끌게 했다. 그 공로로 국민정부로부터 중화민국 육해군 부사령이라는 제2인자의 지위를 부여받아 베이징에 체류했다.

일본군의 일방적인 공격에도 불구하고 난징의 국민정부는 장쉐량에게 "사건의 확대를 방지하기 위해 절대로 저항해서는 안 된다."라는 명령을 내려 무저항주의를 취함과 동시에 문제의 해결을 당시 개회 중이던 국제연맹에 위임했다. 이와 같은 난징 정부의 무저항주의에 중국 민중은 분노를 터뜨려 자발적인 저항 운동을 일으켰다.

중국 공산당은 1931년 9월 22일 '항일 선언'을 발표하여 대중을 조직, 일본 제국주의에 저항할 것을 호소했다. 상하이의 학생 및 항만 노동자의 저항 스트라이크를 신호로 전국 각지에서 각계각층의 민중

일본군이 폭파 증거물로 내놓은 중국 병사의 소총과 군모

들이 배일 운동에 나섰다. 특히 난징 · 상하이의 학생, 베이징 · 톈진 (천진)의 학생들은 3회에 걸쳐 장제스와 국민정부에 대하여 항일을 청원하기에 이르렀다. 결국 무장 경관이 항일을 청원하는 학생들에게 발포하는 사태가 발생하여 1백 수십 명의 사상자를 냈으나 끝내 정부의 무저항주의를 전환시키지는 못했다.

한편 일본군은 1932년 1월 28일 상하이에서도 도발했다. 상하이는 배일 운동의 중심지로서 일본군의 만주 점령에 항의하는 노동자 · 학생 · 실업계 등 각계의 항일 운동이 고조됐다. 일본 정부는 난징 정부에게 만주에서의 침공을 기정사실로 인정케 하고 배일 운동을 일거에 탄압하여 일본 거류민의 기대에 부응할 목적으로 상하이 사변을 일으켰다. 그러나 상하이 부근을 수비하던 차이팅카이蔡廷鍇 지휘하의 19로군 3만 명은 상하이의 노동자 · 시민 · 학생들의 열렬한 호응을 받아 일본군을 제압했다.

당초 의도와는 달리 수많은 사상자를 낸 일본군은 2월 초 1개 사단을 증원한 데 이어 하순에는 다시 2개 사단을 파견함으로써 일본군의 병력은 모두 3만 명에 달했다. 일본군은 각 전선에서 맹공을 개시하여 마침내 19로군을 상하이에서 격퇴하고, 미국 · 영국 · 프랑스 · 이탈리아 등 4국 공사의 조정으로 정전 교섭에 들어가 1932년 5월 5일 '송호정전협정松淞停戰協定'을 체결했다.

그러는 사이 일본 군부는 만주 각지에서 지방 군벌 및 봉건 지주를 중심으로 하는 치안유지회를 조직하여 일본의 만주 점령에 협력하도록 하면서 만주의 독립계획을 진행했다. 그 결과 1932년 3월 1일 일본은 청조의 마지막 황제인 선통제 푸이(溥儀, 부의)를 집정으로 하는 만주국을 세웠으며 1932년 9월 15일 일만의정서日滿議定書를 체결하고 만주국을 승인했다. 이 의정서는 "일본 및 일본인이 종래 만주에서 가졌던 일체의 권한을 승인할 것, 일본군이 무제한으로 주둔할 것" 등 두 가지 조건으로 이루어졌다. 이어서 1934년 3월 푸이가 만주국 황제가 됨으로써 그 후 만주국은 일본과 불가분의 관계를 지닌 괴뢰 정권으로, 일본의 식민지나 다름없는 존재가 됐다.

한편 장제스가 일본군의 만주 무력 침공에 대하여 시종일관 무저항주의를 취하고 이 문제의 해결을 국제연맹에 맡겨 사태 추이를 방관한 이유는 홍군에 대한 내전 대책에 전력을 투입하기 위한 정책적인 면도 있었다. 그러나 일본과 영국·미국 간의 상호 모순을 이용하여 일본의 침략 정책에 압력을 가하고 최종적으로 이와 타협하기 위한 속셈이 컸다.

만주사변 당시 제65회 이사회를 열고 있던 국제연맹이사회는 만주 문제를 안건으로 받아들였다. 하지만 일본 측 대표의 중·일 양국의 직접교섭 주장 때문에 리튼을 단장으로 하는 조사단을 파견하는 것 이외에는 어떠한 구체적 결정도 받아들이지 않고 폐회했다.

리튼 조사단은 1932년 5월 4일 제1차 보고서를 발표하고 이어 10월 1일 정식보고서를 연맹 이사회에 제출했다. 국제연맹 총회는 '리튼 보고서'에 의거하여 만주를 열국의 '공동 관리'에 의한 자치지역으로 만들고, 일본군을 만주에서 철수시킨다는 안을 42대 1, 기권 1표로 가결했다. 그러자 일본 대표는 총회에서 퇴장했다. 이어 일본은 1933년 3월 27일 국제연맹에서 탈퇴했다. 이로써 일본은 침략정책으로 인하여 국제적으로 고립화의 길을 걷게 되었으며 영국 및 미국과의 대립을 점점 심화시켰다.

대장정에의 길

만주사변 발발로 제3차 홍군에 대한 장제스의 토벌전이 중지되고 국민당군이 철수하자 홍군은 철수하는 국민당군을 뒤쫓아 곧바로 소비에트구를 확대했다. 그와 아울러 9월 12일 상하이의 당중앙은 유조구 사건에 관해 결의를 발표하고 '반제항일反帝抗日, 국민당 타도, 소비에트구의 확대'를 전국에 호소했다.

한편 그해 11월 21개 현과 인구 250만 명을 지닌 중앙 소비에트구를 기반으로 강서성 서금瑞金에서 중화 소비에트 제1차 전국대회가 열렸다. 이 대회는 헌법 · 토지법 · 노동법 등을 채택함과 아울러 중화 소비에트 공화국의 성립, 임시 소비에트 정부 수립을 선언하고 정부 주석에 마오쩌둥, 부주석에 장궈타오와 샹잉項英, 군사위원회 주석에 주더를 선출했다. 그리고 서금을 수도로 정했다. 소비에트 공화국의 성립은 일본의 만주 침략 속에서 국민당 정부에 대항하는 또 하나의 정권이 탄생했음을 뜻하는 것이었다.

그러나 공화국은 성립했다 하더라도 중국 공산당에게는 지극히 험난한 앞길이 가로놓여 있었다. 인구 1천만 명 이상을 확보하고 비교적 확고한 영역을 갖춘 것처럼 보였던 이 공화국이 그 후 3년 뒤에는 장제스의 포위 토벌전에 패배하여 강서 소비에트구를 버리고 역사상 유명한 1만 2천 킬로미터 대장정大長征의 길을 걸어야 했기 때문이다.

만주사변과 상하이 사변이 일단 수습되자 1932년 6월 장제스는 서둘러 홍군에 대한 제4차 포위 토벌전을 개시했다. 장제스 자신이 총사령관이 되어 10만 명의 병력을 동원한 이 토벌 작전을 통해 몇 개월 만에 몇몇 근거지에서 홍군을 격퇴했다.

호북 일대를 공격한 국민당군은 장궈타오 지휘하의 호북, 하남, 안휘의 근거지와 허룽의 근거지 호남·호북 서부를 제압했다. 그 결과 제4군의 장궈타오는 사천 북부로 도망가 그곳에서 천섬川陝 근거지를 세웠다.

1933년 초 장제스는 마침내 강서의 중앙소비에트구로 진격을 개시했다. 공산당 중앙은 새로운 전략을 세웠다. 근거지 안으로 적을 끌어들여 격퇴시킨다는 종래의 유격전을 버리고 반대로 성문 밖에서 적을 저지한다는 공격 작전이었다.

1932년 초 공산당 중앙은 그때까지 채택했던 마오쩌둥식 전략을 도주주의逃走主義, 패배주의로 규정하여 혹독하게 비판한 바 있다. 당시 홍군은 병력 20만 명, 총기 16만 정을 소유한 당당한 군대로 성장해 있었다.

1932년 8월 제4차 포위 토벌전에 대한 작전회의에서는 수도 서금

소비에트 공화국의 수도이자 대장정의 출발지 서금

의 입구인 광창廣昌에서 진격해 오는 국민당군과 직접 충돌하는 작전을 택했다.

1933년 1월 홍군은 진격해 온 국민당군의 제1종대에 야습을 감행한 끝에 2개 사단을 전멸시켜 서전을 승리로 장식했다. 그로부터 1개월 후 두 번째 공격에서도 국민당군을 분쇄함으로써 장제스의 제4차 포위 토벌전도 실패로 돌아갔다.

이 무렵 마오쩌둥은 말라리아병에 시달렸으며 홍군에 대한 지도권도 거의 박탈당한 상태였다. 그 대신 친방셴秦邦憲과 오토 브라운이라는 독일인이 군사상의 실권을 장악하고 있었다.

1933년 8월 장제스는 대규모적인 제5차 포위 토벌전을 감행했다. 장제스는 독일인 폰 젝트 장군을 군사고문으로 삼아 그의 전술을 채택하여 중앙 소비에트구 주변에 수십만 개의 토치카를 구축하고 군용도로를 건설하여 토치카와 연결시키는 이른바 철鐵의 포위망을 구축했다. 그리고 서서히 포위망을 압축해 들어가는 작전을 폈다. 이 작전에는 1백만 명의 병력과 전차·비행기까지 동원된 동시에 경제봉쇄가 행해졌다. 장제스의 경제 봉쇄 작전은 곧바로 효과를 나타내어 1933년에는 이미 식량과 의약품이 궁핍해졌고 특히 소금의 부족이 심각했다. 마오쩌둥은 포위망을 돌파하여 소금을 구입할 부대를 파견했으나 국민당군에 의해 대부분 체포됐다.

장제스의 군사적·경제적 봉쇄 작전은 점점 소비에트구를 죄어들어 갔다. 장제스의 승리가 거의 눈앞에 다가왔을 무렵인 1933년 말 예측하지 못한 중대한 사태가 발생했다. 그해 11월 일찍이 상하이 방위전에서 용맹을 떨친 차이팅카이의 19로군이 홍군 토벌의 임무를 띠고 복건으로 파견되었으나 차이팅카이는 그곳에서 광둥 군벌 천

밍쑤陳銘樞, 리지선 등과 함께 복건 인민 정부를 수립하고 항일구국을 내세워 독립 정권의 수립을 꾀했다.

장제스는 차이팅카이 등의 반란에 민감하게 대처하여 그들과 호응하려는 세력을 고립시킬 작전으로 다음 해인 1934년 1월 강서·복건 성에 군대를 파견하여 공산당과의 접촉을 철저히 저지하는 한편 차이팅카이의 19로군에 공격을 가했다. 아직 체제가 미흡했던 복건 인민 정부는 장제스군에게 여지없이 궤멸됐다.

복건 사태가 일어났을 때 마오쩌둥은 과감한 전략을 제안했다. 홍군의 주력 부대를 장제스 심장부인 항주·소주·난징·남창 등에 투입시켜 토치카 없는 지역에서 싸움을 벌이고 동시에 토벌군을 포위망에서 후퇴시켜 분쇄하자는 작전이었다. 그러나 마오쩌둥의 작전은 친방셴과 오토 브라운에 의해 거절되고 말았다.

복건 사태가 일단 수습되자 장제스는 다시 포위 토벌전에 전력을 기울여 1934년 4월 서금의 입구 광창을 함락했다. 장제스는 압도적인 군사력으로 바짝바짝 죄어들어 갔다. 홍군은 광창 남쪽에서 전열을 정비하고 전략 거점을 사수하려 했으나 막대한 희생자만 냈을 뿐이었다. 8월 들어 홍군은 사흘 밤낮 사투를 벌였으나 그마저 허사였다. 서금은 이제 함락을 눈앞에 두고 있었다. 그해 초여름부터 공산당 중앙은 포위망에서 탈출할 수밖에 없다는 의견이 지배적이었다. 그것은 서금의 근거지를 포기하는 것이었다.

그해 7월 팡즈민이 지휘하는 부대가 복건 북부에서 포위망을 뚫고 탈출한 데 이어 8월에는 탈출하는 부대가 계속 늘어났다. 9월 들어 군사 전략의 실패가 분명히 드러나자 친방셴과 오토 브라운의 판단은 더욱 혼돈 상태에 빠졌다. 10월 초 모든 부대의 탈출이 결정되고 탈출 준비는 고작 1주일이었다. 마오쩌둥은 당시 운도雲都에서 말라리아를 앓고 있었다.

홍군은 10만 명의 장정군長征軍과 3만 명의 후위부대로 편성됐다. 마오쩌둥·주더·저우언라이·왕자샹王稼祥·류보청劉伯承·오토 브라운이 군사평의회를 구성하여 장정군을 지휘했고 후위부대는 천이·샹잉이 지휘했다.

10월 10만 명의 홍군 장정부대는 서금·운도·장정·영화 등 각 근거지에서 쓸쓸히 부는 가을바람을 헤치며 황량한 강서의 들판을 떠나 대장정의 길에 올랐다. 선두는 린뱌오의 제1군단과 펑더화이의 제3군단이 담당했으며 저우언라이의 부인 덩잉차오鄧穎超, 주더의 부인 캉커칭康克淸, 마오쩌둥의 둘째 부인 허쯔전賀子貞도 그 대열에 끼었다.

장정의 길은 고뇌와 희망, 갈등과 우애가 뒤얽힌 비장한 드라마였다. 장정길에 오른 지 2개월 반쯤 되어 홍군은 준의(遵義. 귀주성)에서 12일 동안 휴식을 취하며 중앙정치국 확대 회의를 열었다. 이것이 이른바 '준의 회의'로 마오쩌둥이 홍군의 지도권을 회복한 공산당사에서 빼놓을 수 없는 중요한 회의였다. 이 회의에서 마오쩌둥은 당과 군간부들을 모아놓고 홍군의 임무가 단순한 전투행위가 아니고 대중활동과 대중의 조직화에 있다는 점을 분명히 밝히고 아울러 "항일전을 위해 섬북(섬서·하남)으로 전진한다."라는 대목표를 천명했다.

이렇게 항일을 결정한 홍군은 다시 장정길에 올랐다.

대장정은 사천·감숙을 거쳐 섬서에 이르는 험난한 길이었다. 당시 섬서 북부에는 류즈단劉志丹이 건설한 작은 근거지가 있었으므로 일단 그곳에서 합류하여 항일 거점으로 한다는 목표였다.

장제스는 홍군이 사천으로 들어갈 것을 예상하고 사천에서 홍군을 일망타진하려 했다. 사천 북쪽에는 1933년부터 장궈타오의 제4방면군 근거지가 있었으나 그는 장제스군의 공격을 받자 사천 서쪽으로 후퇴함으로써 마오쩌둥의 제1방면군을 맞아들일 근거지가 없었다.

그러나 홍군은 마오쩌둥 특유의 작전을 전개하여 사천으로 향하는 척하다가 급히 서쪽으로 진군하고 다시 뒤돌아서 준의로 돌아오는 등 장제스의 수색 작전을 교란시키며 사천에서 감숙으로 가는 길 대신에 그 바깥의 운남에서 서강으로 향하는 이른바 중국의 서쪽을 크게 원을 그리며 북상을 계속했다.

도중에 그들은 국민당군의 추격을 피하기 위하여 양쯔강 상류인 금사강을 건너 대도하大渡河를 건너기 위하여 안순장安順場에 이르렀다. 금사강을 건넌 후에도 홍군은 사천 지방을 북상하면서 국민당군의 끊임없는 공격을 받았다. 홍군은 처음 안순장에서 대도하를 건너려 했으나 국민당군의 증원군이 도착할 시간이 얼마 남지 않은 데다,

홍군이 건넌 금사강의 교평 나루터

배가 작고 그 수도 충분치 않아 그곳에서 140킬로미터 상류에 있는 노정교盧定橋를 국민당군의 기관총 세례를 받아가며 건너야 했다. 대도하의 도하는 린뱌오의 선봉대가 24시간 만에 120킬로미터를 강행군하는 고투 속에 이루어졌다.

대도하를 정복한 홍군 앞에는 티베트로 향하는 해발 4천 미터의 대설산大雪山이 가로놓여 있었다. 홍군은 쓰러지는 병사들의 시체를 넘어 은백색의 설원을 넘었다.

홍군은 6월에 호북의 근거지를 출발하여 사천을 관통하여 감숙까지 온 장궈타오의 제4방면군과 사천 서쪽의 무공에서 만났다. 그런데 마오쩌둥이 이끄는 제1방면군과 제4방면군은 앞으로의 진로 문제를 둘러싸고 중대한 견해 차이를 보였다. 당시 마오쩌둥의 제1방면군은 2만 명, 장궈타오의 제4방면군은 5만 명이었다.

양하구兩河口·모아개毛兒蓋에서 두 차례에 걸쳐 양군 간부회의가 열

대설산을 넘고 있는 홍군

린 끝에 타협이 이루어졌다. 즉, 마오쩌둥의 제1방면군과 장궈타오의 제4방면군을 혼합하여 동방 종대와 서방 종대로 편성하여 동방 종대는 마오쩌둥이 지휘하고, 서방 종대는 장궈타오가 지휘하기로 했다. 서방 종대는 장궈타오 지휘하에 8월 말에서 9월 초에 다시 북상을 개시했다. 그러나 그들 앞에는 장정의 3대 난관의 하나로 꼽히는 감숙·청해·서강·사천에 걸치는 대초원 지대가 가로놓여 있었다. 이곳은 8, 9월의 우기에는 엄청난 늪지대로 변하는 곳이었다. 이곳을 통과하는 데는 엄청난 희생이 따랐다. 마오쩌둥의 동방 종대가 근 10여 일의 사투 끝에 막 초원을 통과할 즈음 장궈타오는 북상을 반대하

대장정의 생존자들

여 서방 종대는 물론 마오쩌둥이 거느리는 동방 종대의 제4방면군까지 남하를 명했다.

마오쩌둥은 제4방면군의 병사를 빼앗기고 겨우 8천 명만 남았다. 장궈타오의 군사는 계속 남하하여 사천·서강 소비에트를 수립했으며 서방 종대에 속했던 제1방면군의 주더와 류보청도 거기에 있었다. 마오쩌둥은 8천 명의 병력을 재편성하여 다시 북상을 계속했다. 저우언라이·린뱌오·펑더화이·둥비우 등도 이 대열에 끼었다. 마오쩌둥 군은 9월 납자구臘子口에서 국민당군을 무찌르고 10월 육반산六盤山을 넘었다. 그리고 20일 섬북 소비에트의 제15군단 사령 쉬하이둥徐海東이 마중하는 오기진吳起鎭에 도착했다.

마오쩌둥의 군대가 연안에서 50킬로미터쯤 떨어진 궁벽한 소비에트구 보안保安에 도착한 것은 1935년 11월 7일이었다(나중에 연안으로 옮김). 마오쩌둥은 병사들에게 장정의 완료를 선언함으로써 고뇌에 얽힌 홍군의 대장정은 끝이 났다.

장정의 길은 진실로 험난하고 고통스러웠다. 국민당군과의 싸움을 계속하면서 수많은 희생자를 냈음은 물론 열여덟 개의 산맥을 넘고 열일곱 개의 강을 건넜으며 열두 개의 성을 가로지르는 장장 1만 2천 킬로미터의 대장정을 기록했다. 그로부터 1년 후인 1936년 10월 사천에 남아 있던 주더와, 호남·귀주의 근거지에서 1년 전에 떠났던 허룽의 제2방면군이 마오쩌둥과 합류했다. 이것은 홍군의 삼대 주력군의 합류를 의미하는 것이었으며 마오쩌둥의 연안 정권 성립과 새로운 공산당사를 예고하는 것이기도 했다.

서안 사건과 제2차 국공합작

1934년 제5차 포위 토벌전에서 강서 소비에트 정권을 섬북의 아주 외진 곳으로 몰아낸 장제스는 그 후 군사력 배양에 온 힘을 쏟았다. 장제스는 신해혁명 이후의 여러 상황에서 군사적 실력이야말로 모든 것에 우선한다는 사실을 여러 차례 체험했다. 장제스는 구미 열강으로부터 신무기를 구입하여 장비의 현대화를 꾀했으며 장제스 직계의 중앙군을 설치했다. 1936년 당시 총병력 약 2백만 명 가운데 1백만 명이 장제스 직계 군대였다. 이와 같이 무력에서 그는 분명 중국 최고의 실력자임에 틀림없었으나 그는 9·18사건(만주사변) 이래 일본의 침략에 대하여 온건하고 인내하는 입장을 계속 고수했다. 그는 일본의 공세를 당할 때마다 중국의 허약함을 이유로 내세워 양보하고 굴복하면서 오로지 반공 투쟁을 우선하는 정책에 집착했다. 그의 공식적인 슬로건은 '선안내 후양외(先安內後攘外, 먼저 공산당의 반란을 제거하여 국내를 안정시키고, 뒤에 외적에 대처함)'였다.

한편 '북상항일'을 내걸고 장정을 끝낸 마오쩌둥의 홍군은 거의 일 년여의 휴식 끝에 진용을 재정비하고 정세를 주시했다. 이미 '준의 회의'에서 항일을 위해 북상한다는 대목표는 정해져 있었다. 그들은 이 대목표를 위해 근거지를 섬서성으로 옮겼다. 물론 홍군의 근거지 섬북 주변에는 장제스의 군대가 빙 둘러 포위하고 있었다. 그들은 1935년 8월 1일 중공 중앙과 중화 소비에트 정부 연명으로 8·1선언을 발표했다.

"…… 용감히 소비에트 정부와 동북 각지의 항일 정부와 하나가 되어 전 중국의 통일 국방정부를 조직하라. 홍군과 동북인민혁명군 및 각종 항일의용군이 하나가 되어 전 중국 통일항일연합군을 조직하라."

그리고 그 이듬해인 1936년 5월 5일 국민정부에 '정전강화停戰講和 · 일치항일一致抗日'을 주장하는 전통을 보냈다. 이러한 사태하에서 중국의 학생과 민중들의 항일의식도 점점 고조됐다. 1931년 일본의 만주 침입에 항거하는 학생운동이 전국적으로 전개된 후 경찰의 강력한 통제로 한때 침체되었던 학생운동은 북부 중국에 대한 일본의 새로운 침공(1933년 산해관 침공, 열하성 점령 등)에 항의하여 1935년 이른바 '12 · 9운동'으로 알려진 강력한 항일 시위가 벌어졌으며 지식인들도 일본의 침략에 반대하는 항거 운동에 나섰다. 이들은 일본상품 불매 운동, 일본인 배척 운동을 전개했다. 이와 같은 항거운동은 일본의 위협에 대해서뿐만 아니라 난징 정부의 관망 정책에 대해서도 비난의 화살을 겨눈 것이었다.

이와 같은 동요는 1936년에도 계속됐다. 공산당과 국민당의 통일전선을 지지하는 움직임은 1936년 5월 쑹칭링 · 허샹닝 · 장나이치章乃器 등을 중심으로 결성된 전국구국연합회를 정점으로 점차 고조되었다. 이 단체는 지식인 · 상인 및 근로자들에게 상당한 영향력을 발휘하여 중국 동부 지방의 도시에서는 공산주의자와 협조하고 있었다.

이어서 그해 7월 전국구국연합회의 네 지식인은 국공 양당에 서한을 보내어 내전 중지와 정책 변경을 요구했으나 국공 양당의 기본적인 정책을 전환시키지는 못했다. 결국 마오쩌둥은 장제스에게 항일을 강요했을 뿐이었고, 장제스는 '선안내 후양외'의 정책을 바꾸지 않았다.

그해 10월 장제스는 20개 사단을 동원해 제6차 포위 토벌전을 개시했으며 11월에는 전국구국연합회의 간부 7명을 체포했다. 불법단체를 조직해 적비와 손을 잡고 정부 전복을 꾀했다는 것이 이유였다.

1936년 10월 31일은 장제스의 50회 탄생일이었다. 장제스의 탄생일을 축하하기 위해 국내외의 국민들로부터 신형 비행기 68대가 헌납되어 난징에서는 성대한 축하비행이 거행됐다. 그런데 장제스는 이때 제6차 홍군 포위 토벌전을 지휘하기 위해 낙양에서 그의 탄생일을 맞이했다. 그러나 그날로부터 40여 일 후 동북군의 장쉐량과 서북군의 양후청楊虎城이 장제스를 서안에서 감금하는 사건이 발생했다.

사건의 개요를 간추려 보면 바로 5년 전 '9·18사건'에 의해 동북 3성에서 쫓겨난 장쉐량의 동북군은 베이징에 머물면서 국민당군의 일익을 담당하고 있었다. 홍군이 다시 섬북에 모습을 나타내자 장쉐량은 서북초비 부사령西北剿匪副司令에 임명되어 홍군 토벌에 임했다. 그

장제스를 서안에 감금한 장쉐량과 양후청

러나 장쉐량은 난징 정부의 소극적인 자세로 인하여 그의 정치적 입장을 재고하기 시작했다. "중국인은 중국인과 싸우지 말고 일치 항일하자."라는 홍군의 호소에 호응하여 항일을 위해서는 난징 정부와 공산주의자간의 화해가 바람직하다는 의견을 가지게 됐다. 특히 이들이 홍군과의 국지전에서 몇 차례 패배하자 장제스가 주창하는 제6차 포위 토벌전에 매우 회의적이었다.

1936년 홍군과 서안의 군대 사이에는 암암리에 잠정 협정이 이루어져 전투행위가 중지됐다. 장쉐량은 저우언라이와 비밀리에 접촉했으며 저우언라이는 그의 친구를 서북의 독군 양후청의 참모로 만들기 위해 파견했다. 양후청은 처음에는 반공적인 입장을 취했으나 장쉐량의 군대가 서안에 주둔하자 공산당과 협조하는 쪽으로 기울게됐다.

장쉐량은 일찍이 장제스에게 항일을 외면하는 한 부하의 통제가 곤란하다는 점을 들어 서안에서는 항일을 위하여 내전을 중지하자고 제의한 적이 있었다. 그러나 장제스는 소공掃共을 엄명함으로써 장쉐량의 입장이 난처해졌다.

그해 12월 장제스는 제6차 포위 토벌전을 독려하기 위하여 전선에 나가 12월 11일 서안 동쪽에 있는 화청지華淸池에 머물렀다. 이곳은 옛날 당나라 황제 현종이 절세의 미녀 양귀비와 사랑을 불태우던 곳이기도 했다. 그러나 장제스에게는 불운의 장소였는지 12일 새벽 5시 갑자기 1개 부대가 나타나 장제스의 숙소를 급습했다. 장제스는 급히 이산驪山으로 도망쳤으나 수색 끝에 체포되어 곧바로 서안으로 호송, 감금되었다.

그날 밤 장쉐량과 양후청은 전국에 전통을 보내어 장제스의 생명을 보장하는 동시에 다음과 같은 8가지 요구 조건을 발표했다.

1. 난징 정부를 재편하고 다른 당파를 받아들여 구국에 임한다.
2. 일체의 내전을 정지한다.
3. 상하이에서 체포한 전국구국연합회의 지도자를 즉시 석방한다.
4. 일체의 정치범을 석방한다.
5. 민중의 집회 · 결사 등 정치적 권리와 자유를 보장한다.
6. 민중애국 운동의 자유를 보장한다.
7. 쑨원의 유언을 확실히 실행한다.
8. 구국회의를 즉시 소집한다.

감금당한 장제스는 불안하고 초조했으며, 장쉐량 · 양후청도 앞으로의 대책 마련에 확고한 자신이 없었다. 결국 설득의 명수로 알려진 저우언라이가 조정에 나섰다. 불구대천의 적 장제스와 저우언라이는 무릎을 맞대고 앉았다. 그리고 저우언라이가 항일의 중대성을 조리 있고 성의 있는 태도로 설명했다.

한편 난징 정부에서는 서안의 군대를 불법화한다는 강경 방침까지 나왔다. 그러나 쑹메이링과 그녀의 오빠 쑹쯔원宋子文이 필사적인 노력을 기울여 서안으로 날아가 장쉐량과 만난 뒤 저우언라이와 만나 타협 공작을 벌였다.

12월 25일 마침내 극적인 타협이 이루어졌다. 처음 장쉐량의 제의를 일축했던 장제스는 저우언라이의 설득에 마음을 돌렸다. 장제스는 문서를 요구하는 저우언라이에게 "말한 이상 성실히 지킬 것이며, 행한 이상 결과가 있을 것이다."라고 대답할 뿐 문서를 남기는 데는 끝까지 반대했다.

장제스 부부는 마침내 비행기로 난징에 돌아왔다. 난징에 돌아온 장제스는 사표를 제출했으나 반려됐다. 함께 탑승했던 장쉐량은 군법회의에서 10년 유기도형有期徒刑과 5년의 공민권 박탈에 처해졌으나 그다음 해 특사됐다. 그러나 연금 상태는 장제스가 타이완으로 이동한 후까지 계속됐다. 양후청은 사건 다음 해인 4월 외유길에 올랐으나 항일전 발발로 귀국했을 때 체포되어 1949년 9월 중경에서 살해되었다.

서안 사건 이듬해인 1937년 3월, 국민당은 제5기 3중전회를 개최하여 서안 사건에 따른 정책 전환 문제를 논의했다. 공산당은 이 회의 앞으로 서신을 보냈다.

1. 내란을 중지하고 국력을 집중하여 외적에 대항할 것.
2. 언론 · 집회 · 결사의 자유를 보장하고 정치범을 석방할 것.
3. 각당 각파의 대표자회의에 의한 공동 구국의 실시.

이상과 같은 제의가 받아들여지면 공산당은 다음 4개 항목을 실행하겠다는 제안을 해 왔다.

1. 반국민정부적인 무장 폭동의 중지.
2. 노농 민주정부를 중화민국 특별구 정부라 개칭하고 홍군을 국민혁명군이라 개칭하여 난징 정부와 군사위원회의 지도를 받는다.
3. 특구정부特區政府 안에서는 보통선거에 의한 철저한 민주제도를 실시한다.

4. 지주의 토지몰수를 정지하고 항일 민족통일전선 강령을 실행한다.

이에 대해 국민당 3중전회는 항전파와 친일파 사이의 격렬한 논쟁으로 일관했지만 일치 항일의 방침을 원칙적으로 승인했으며 공산당 제의에 대응한 적화근절안赤禍根絶案도 종래의 대의명분을 유지하면서 공산당의 4개 조항 제안을 내용적으로 승인한 것이었다.

제2차 국공합작 선언문

1. 홍군의 해체
2. 소비에트 정부의 해체
3. 적화선전의 정지
4. 계급투쟁의 정지
5. 삼민주의에의 복종

1937년 7월 7일 중·일 전면 전쟁의 발발로 항일 민족 통일전선은 급속도로 구체화되어 갔다. 장제스는 7월부터 8월에 걸쳐 3백여 명의 정치범을 석방하고 소련과 4개 조항의 중소 불가침 조약을 체결하는 등 점차 일치 항일의 자세를 명확히 했다. 공산당은 8월 말경 '항일 구국 10대 강령'을 발표한 데 이어 9월 23일 '정성단결

일치항일' 선언을 발표했다.

장제스는 중국 공산당의 합법적 존재를 승인하고 항일 전쟁에서 중국 공산당과 합작할 것을 공식적으로 선언함으로써 제2차 국공합작이 현실화됐다.

중일전쟁과 태평양 전쟁

중일전쟁의 발발

1937년 7월 7일 일본은 베이징 교외의 노구교盧溝橋에서 일어난 사소한 사건을 구실로 선전포고도 하지 않은 채 중국의 전 국토에 대하여 침략을 감행했다. 일본군은 파죽지세로 공격을 계속하여 작전 개시 1개월 후에는 베이징과 톈진 이북을 점령했다. 긴박한 사태를 맞은 국공 양측은 항일민족 통일전선의 구체화를 서둘러 교섭 끝에 섬서 근거지의 홍군 부대를 국민혁명군 제8로군으로 개편했다. 또 다음 해 1월에는 양쯔강 하류 지역에 남아 있던 공산당 분견대를 신사군新四軍으로 재편함으로써 제2차 국공합작이 현실화됐다.

9월부터 10월에 걸쳐 일본군은 일제히 남쪽으로 내려오면서 공세를 가했다. 11월 초 상하이 전선이 무너지고 난징이 위협받자 장제스는 11월 20일 천도 선언을 발표하고 정부 및 당기관을 내륙에 있는 한구漢口로 옮겼다가 그다음에 다시 오지인 충칭(중경)으로 옮겼다.

12월 13일 상하이 전선이 무너지자 각 방면으로부터 진격해 온 5만 명의 일본군은 국민정부의 수도 난징을 함락했다. 13일부터 17일을 고비로 약 2개월에 걸친 난징 대학살이 시작됐다. 이 난징 대학살로

30만 명의 시민이 살육됐다.

1937년 말까지 일본군은 화북 전선에서는 산서·산둥·하북·치치하르·수원綏遠을 확보했다. 화중 전선에서는 양쯔강 연안을 따라 난징에 이르는 광대한 지역을 확보했다.

다음 해인 1938년 5월, 화북에서 남하해 온 북지나방면군과 상하이 전선에서 북상한 중지나방면군의 공격으로 서주徐州가 함락되었다. 이어서 10일 일본군은 우한을 점령했다. 같은 날 남쪽 광주가 함락되었다.

당시 마오쩌둥은 항일 전쟁이 지구전임을 강조하여 '지구전론持久戰論'을 발표했다.

"일본이 비록 군사력·경제력·정치 조직에서는 강하지만 야만적이며 인력·물력도 불충분할 뿐 아니라 국제 관계도 불리한 입장이다. 이에 비하여 중국은 지구전을 지탱할 수 있는 조건을 지니고 있

난징에 입성하는 일본군

으니 세계의 모든 국가들도 중국을 원조할 것이다."

이와 같은 마오쩌둥의 전망은 결과적으로 정확했다. 일본은 사실상 인력·물자가 충분치 못하여 중국에서 점과 선밖에 확보하지 못했다. 따라서 그 배후에서는 항일 근거지가 꾸준히 확대, 강화되어 일본군은 점차 전략적으로 수세에 몰리게 되었다.

우한이 함락된 후 망국론이 대두하고 대지주·대자본가들 사이에 격심한 동요가 일고 있을 무렵인 1938년 12월 국민당 지도자 왕자오밍이 충칭에서 탈출하여 하노이를 거쳐 상하이에 도착했다. 왕자오밍은 일본과 교섭한 끝에 1940년 3월 난징에서 국민정부의 수립을 선언했다. 이것은 모두 일본 공작에 의한 것으로 형식적으로는 국민정부의 '난징 환도南京還都'라 불리는 왕자오밍 정권의 수립을 의미하는 것으로 해석될 수 있으나 사실은 친일 괴뢰 정권의 성격을 벗어나지 못했다.

난징 외곽에서 대학살을 자행한 일본군

왕자오밍 자신도 처음에는 일본에 많은 기대를 가졌다. 하지만 교섭 도중에 일본 측의 지나친 요구와 자신을 친일 정권의 도구로밖에 인정하지 않으려는 일본의 태도에 크게 실망했다. 그리고 중국의 민중이 왕자오밍 정권을 인정하지 않았던 것도 당연한 일이었다.

장제스는 왕자오밍의 충칭 탈출 직후 그의 당적을 박탈하는 조치를 취했다. 당시의 중국에 있어 가장 현실적인 요구는 항일 지구전의 수행이었다. 그러나 이러한 항전 의지를 지탱한 것은 기본적으로 중국 민중의 항일 의지였다.

사실 1937년부터 1938년에 걸친 시기는 국공 통일전선이 비교적 성공한 시기였다. 장제스는 항일 영웅으로 추앙되었으며 공산당도 국공합작·장제스 옹호를 부르짖었다. 이때가 바야흐로 국공 통일전선의 절정기였음이 분명했다.

1939년 들어 일본군의 공세가 일단 주춤해지고 전쟁이 교착상태에 접어들자 중국 측의 정치상황도 차츰 변화되기 시작했다. 즉 국공 간에 갈등이 일기 시작한 것이다. 화북·화중에서 팔로군과 신사군이 활약하여 근거지를 확대해감에 따라 장제스는 자기 지배에 대한 문제를 생각하기 시작했다.

국민당은 1938년 후반 은밀히 '이당활동제한판법異黨活動制限辦法'을 제정하여 공산당의 활동에 제동을 걸었다. 그해 12월 하북성 중부에서 국민당의 부대 5천 명이 팔로군의 후방에 기습을 가하는 충격적인 사건이 발생했다. 이어서 1939년에서 1940년에 걸쳐 곳곳에서 국공 양군 사이에 작은 충돌이 일어났다.

마오쩌둥은 국민당의 이 같은 태도 변화에 대하여 "상대방이 도발하면 우리도 도발한다."라는 단호한 원칙을 세웠다.

1940년에 들어서면서 중국에는 정치적으로 서로 다른 3개의 지역이 형성됐다. 즉 일본군의 점령지구, 충칭을 수도로 하는 국민당 정부, 연안을 중심으로 하는 공산당의 섬감녕변구陝甘寧邊區 등이다.

중일전쟁이 발발한 지 2, 3년이 지나 전쟁이 교착상태에 빠지자 마오쩌둥의 팔로군은 일본 점령 지역의 배후에서 항일 근거지를 확대했으나 국민당은 철수한 상태 그대로였다. 시일이 지남에 따라 사람들은 연안에 눈을 돌려 항일을 결의한 청년들이 속속 연안으로 몰려들었다. 연안에는 군정대학과 일반 교육기관이 설립되었으며 항일 군정대학은 그 후 약 10만 명의 간부를 배출했다.

이 같은 정세에 장제스는 팔로군과 신사군이 그들의 경계선을 넘어 일본군의 점령지역 후방에서 활동지역을 확대한 것을 군기 이탈이라 비판하고 공산주의자들에 대한 공격을 계속했다. 1939년 봄 장제스는 호남의 평강平江과 호북 및 하북에서 팔로군을 공격했고 11월에 하남을 공격하여 연안 근거지 남부의 일부 지역을 점령했다.

이 무렵 마오쩌둥의 섬감녕변구는 점점 확대되고 팔로군도 증강됐다. 처음 3만 명 정도였던 팔로군이 1938년에는 15만 명, 1940년에는 40만 명으로 증강되어 있었고 신사군이 2만 명에서 10

중일전쟁 당시의 국민당군

만 명으로 급증했다.

1940년 8월 팔로군은 화북의 다섯 성省에서 이른바 백단대전(百團大戰, 단은 연대)을 감행하여 화북에 주둔한 일본군의 모든 교통 통신망을 공격했다. 이 작전은 8월부터 12월까지 계속된 대규모 작전이었다. 2만 5천 명의 일본군이 사살되고 480킬로미터에 이르는 철도선이 파괴됐다.

백단대전이 끝난 다음 해인 1941년 10월 항일 전쟁 중 최대 규모의 국공 무력 충돌이 일어났다. 이른바 환남사변皖南事變이다. 1940년 말 장제스는 화중에서 활약 중인 신사군에게 양쯔강을 건너 북상할 것을 요구했다. 양쪽은 교섭 끝에 장제스의 요구를 받아들여 북상하던 중 신사군 부대의 일부가 갑자기 나타난 국민당군에게 기습당했다. 국공 양군은 7일간에 걸쳐 밤낮으로 전투를 계속했다. 국민당군에 포위된 신사군은 9천 명이 전사하고 1천 명이 가까스로 포위를 뚫고 탈

중일전쟁 중 국민당과 공산당 사이에 일어난 무력 충돌인 환남사변

출했다. 군장 예팅葉挺은 포로가 되고 부군장 샹잉은 전사했다. 이 환남사건은 항전 중인 공산당군에 커다란 충격을 주었으며 그 후 장제스는 변구의 봉쇄를 더욱 강화했다. 공산주의자들은 이 같은 사태에 직접적인 보복 행동을 삼가는 대신 중국의 여론에 호소하는 방법을 택하여 국민당군의 무능과 부패를 폭로했다.

태평양 전쟁의 발발

1941년 12월 8일(하와이 시간 12월 7일) 일본의 연합함대 기동부대는 하와이 진주만을 기습했다. 같은 날 미국 · 영국도 대일 선전포고를 하고 그다음 날 국민정부도 일본 · 독일 · 이탈리아에 선전포고했다. 국민정부는 중일전쟁 발발 이래 지금까지 대일 선전포고를 하지 않고 있었다.

태평양 전쟁 발발 2년 전인 1939년 9월 유럽에서는 나치 독일의 폴란드 침공을 시초로 제2차 세계대전이 발발해 세계는 이른바 추축국(樞軸國, 독일 · 일본 · 이탈리아)과 연합국(미국 · 영국 · 프랑스)의 둘로 갈려 전면적으로 대결하는 양상이 벌어졌다. 이제 중일전쟁은 중국 대 일본만의 전쟁이 아니라 세계 전체의 구조적 변화의 일부로 변한 것이다.

태평양 전쟁 발발 후 일본군은 각지에서 거침없이 진격을 계속했다. 1941년 12월 25일 홍콩과 구룡 반도를 함락한 데 이어 다음 해 1월에는 라바울이 함락되고 마닐라도 점령됐다. 필리핀, 말레이시아 작전과 병행하여 자바 공략작전도 행해졌다. 일본군은 1942년 3월의 바타비아 해전에서 연합군 함대를 격멸함으로써 자바를 비롯한 남방 여러 지역을 점령했다.

연전연승 파죽지세로 공격을 계속한 일본군은 전승에 들뜬 나머지 작전 범위를 지나치게 확대했다. 1942년 2월 미얀마의 몰메인, 3월에 랑군, 5월에 만달레이를 점령하고 미얀마 점령을 계획했다. 같은 달 일본군은 인도양의 안다만, 니코바르 두 섬을 점령했다. 해군 기동부대는 3월 들어 스리랑카 섬을 공습했고 이어 솔로몬 제도를 점령했다.

그러나 1942년 미국 해군은 기동부대에 의한 반격을 개시하여 2월에 마셜 군도, 3월에 뉴기니아 라메·사라모아에 공습을 감행했고, 4월 18일 16대의 B25 폭격기가 도쿄·나고야·고베를 공습했다. 42년 6월 5일 미드웨이 해전에서 일본군은 미국 태평양 함대의 반격으로 항공모함 4척, 항공병력 태반을 상실하는 치명타를 입음으로써 전세가 역전되기 시작했다.

1943년 2월 일본군은 남태평양의 과달카나 섬에서 패퇴했고, 유럽의 스탈린그라드에서는 독일군이 항복했다. 이 같은 상황은 제2차 세

일본의 진주만 공격

계대전이 군사적 전환점에 이르렀음을 뜻하며 중국 전선에서도 점차 일본군을 제압할 수 있는 가능성을 시사하는 것이다.

태평양 전쟁 발발 후 미국은 연합국의 일원이 된 국민정부에 무기를 원조했고 1943년에는 중국을 기지로 하는 미국 공군이 점차 증강됐다. 그해 11월에는 강서성의 수천遂川 기지로부터 출격한 B25 폭격기 등 15대가 타이완의 신죽新竹에 첫 공습을 감행했다. 이어 1944년 8월 중국의 오지 사천성 성도 기지로부터 B29 편대가 일본의 북규슈에 폭격을 시작했다. 이때부터 중국 전선의 제공권은 완전히 미국 공군이 장악했다.

이러한 상황에서 일본군은 1944년 중국 전선에서 전세를 만회하기 위해 최후의 대작전을 벌였다. 일본군은 경한(京漢, 베이징-한구 간)·월한(粤漢, 한구-광주 간)의 두 철도를 확보하고 남북을 달리는 주요 간선을 연결시킴과 동시에 계림桂林·유주柳州 등의 공군 기지를 파괴할 작정이었다. 일본군의 공격에 국민당군은 쉽게 무너져 8월에는 계림이 함락되고 11월에는 유주가 점령됐다.

미국 대통령 루스벨트는 중국 전선의 붕괴를 염려하여 부통령 월라스를 충칭으로 파견했다. 루스벨트는 장제스 정권의 독재성과 반공 정책 그리고 연안 정권의 특이한 성격 등에 대해 소상히 알고 있었다. 그는 월라스를 통하여 공산군에게 무기를 원조하는 문제를 장제스에게 제의하도록 했다.

6월 하순에는 미군 장교·외교관 등의 시찰단이 비행기로 연안에 도착, 공산당 지도층과 면담을 가졌다. 7월 루스벨트는 팔로군을 포함한 중국군과 중국 주둔 미군을 지휘하고 작전을 통솔하기 위해 스틸웰 중장을 지휘관으로 임명하도록 제의했다. 그러나 장제스는 지휘권이 스틸웰에게 넘어가면 공산군에 원조가 주어질 것을 염려하여 스틸웰의 본국 송환을 요구함으로써 스틸웰은 10월에 미국으로 돌아갔다.

사실 전선의 교착 상태에서 본질적으로 군벌적인 체질을 지닌 장제스군은 부패하고 무력하기 그지없었다. 이러한 부패와 파국은 경제면에서도 마찬가지였다.

1945년에 들어서자 일본의 패배는 명백해졌다. 이미 1943년 11월 카이로 선언에서 중국은 만주 · 타이완 · 팽호도 등의 반환을 보장받았다. 1945년 2월에는 얄타에서 루스벨트 · 처칠 · 스탈린 세 거두가 모여 이른바 얄타 회담이 열렸다. 전쟁 완결을 위한 계획과 전후 처리 문제, 그리고 전쟁 전략과 외교 전략이 점차 각국의 관심사가 되었다.

1943년 카이로 회담에서 만난 장제스와 루스벨트, 처칠

그런데 얄타 회담의 협정은 중국에 대해 불리한 결정이 내포되어 있었다. 일본의 전력을 과대평가한 루스벨트가 소련의 참전을 요구했으며 이에 응한 스탈린이 참전 대가로 중국을 대상으로 엄청난 요구를 해 온 것이었다. 사할린 남부와 치시마千島 열도의 반환, 대련항의 소련 우선권 인정, 여순 해군기지의 조차권 등이 골자였다. 이 결정은 중국의 양해 없이 3거두 사이에 승인됐다.

5월 베를린이 함락되고 6월 오키나와가 미군에 함락됐다. 일본의 패배는 눈앞에 다가왔다. 그해 봄 중국 공산당과 국민당은 각기 중요 회의를 열어 당의 방침을 결정했다.

연안에서 열린 공산당 제7차 전국대표대회에서 마오쩌둥은 항일 전쟁을 총괄한 뒤 구체적 강령으로 '일본 침략자의 타도, 국민당 일당독재의 즉시 폐지, 항일 정당 및 무당·무파의 대표적 인물을 포함

얄타 회담에서 전후 대책을 논의하던 영국, 미국, 소련의 대표자

한 거국일치의 민주적 연합정부 수립'을 호소했다.

충칭에서는 국민당 제6차 전국대표대회가 열렸다. 장제스는 여기서 북벌 완성 이래 17년간 지속된 훈정기를 끝내고 그해 11월 12일에 국민대회를 개최하여 헌정기憲政期에 들어갈 것을 공표했다.

마오쩌둥은 "장제스의 국민대회의 목적은 연합정부의 거부, 독재 지배의 준비, 내전의 합법화를 기하는 데 있다."라고 신랄하게 비판했다.

이렇게 국공간의 기본적 대립이 팽팽히 맞서는 가운데 1945년 8월 6일 히로시마에 원자폭탄이 떨어지고 8일 소련이 참전하자 일본은 더 이상 버틸 힘이 없었다. 마침내 8월 15일 일본 천황 히로히토가 떨리는 목소리로 항복 방송을 함으로써 태평양 전쟁은 막을 내렸다.

유조구 사건 이래 15년, 노구교 사건 이래 8년, 청일전쟁 이래 50년간 지속된 일본의 침략은 여기서 종지부를 찍었다.

충칭에서 만난 마오쩌둥과 장제스

태평양 전쟁 후의 중국

국공의 내전

태평양 전쟁이 일본의 패배로 종결되고 전후 처리를 둘러싼 국공의 대립으로 내전의 움직임이 보이자 오랫동안 전쟁에 시달린 중국 민중들은 평화와 민주를 외치며 내전 반대를 소리 높여 부르짖었다.

이와 같이 내전 반대의 여론이 높아지는 가운데 1945년 8월 28일 마오쩌둥은 장제스의 초청을 받는 형식으로 주중 미국 대사 하레와 함께 충칭에서 국공 화평을 위한 43일간의 충칭 교섭에 들어갔다.

장제스와 마오쩌둥의 직접 회담 이외에도 국민당 측의 장췬張群, 왕스제王世杰 등과 공산당 측의 저우언라이 사이에도 협상이 진행됐다. 양측은 10월 10일 '회담기록요강'에 서명했다. 이것이 이른바 '쌍십협정雙十協定'이다. 이 요강에는 남부의 8개 해방구로부터의 홍군 철수, 홍군을 20개 사단으로 축소, 공산당과 중도세력이 참가하는 정치협상 회의의 개최 등이 규정되어 있었다.

그런데 이 시기의 국공간의 세력 관계를 비교해보면 국민당은 항일 전쟁에 참가해 민중에게 영향력을 가졌으나 소극적인 항전을 했을 뿐이다. 그런데 미국의 원조를 받아 그들의 무장력을 증강해 당시 국민정부군의 무장력은 약 430만 명에 달했다. 한편 중국 공산당이 지도하는 항일 무장 세력과 해방구도 8년간의 항전을 거치는 동안 많이 강대해졌지만, 국민당과 비교하면 훨씬 열세였다. 1945년 8월 현재 팔로군과 신사군은 128만 명, 각 해방구의 민병이 약 2백만 명 정도였다. 해방구는 19성에 19개에 이르렀으며 소속 인구는 약 9천550만 명(중국 인구의 약 20퍼센트)이었다. 국민당은 이와 같은 무장력의 우세를 배경으로 공산당을 격파할 수 있다고 확신하고 건국의 주도권을 장악하려고 했다.

　내전의 전운이 짙어가는 가운데 마셜이 베이징에 도착하여 장제스와 만나 소조위원회小組委員會를 구성하여 공산당과 필요한 사항을 토의하자고 제의했다. 그런데 마셜은 미국 트루먼 대통령의 특사로서 '쌍방의 화해를 통한 내전의 방지와 국민당 정부를 도와 가능한 한 넓은 지역에 그들의 권위를 확보'케 하는 두 가지 임무를 띠고 중국

국공내전이 계속되자 피난을 가는 국민들

에 파견됐다.

1946년 1월 마셜의 주재하에 국민당 정부 대표 장췬과 공산당 대표 저우언라이는 정치협상 회의를 개최했다. 이어 10일에는 '군사 충돌 방지에 관한 방법'을 정하고 베이징에 군사조처집행부軍事調處執行部를 설치하기로 합의했다. 정치협상 회의가 끝난 후에도 국공 대표 각 1명과 미국 대표 1명으로 구성된 3인 위원회는 12일간에 걸쳐 회의를 열어 '군대 개편 및 중공군의 국군 편입에 관한 기본방안'을 토의했다.

그러나 1945년 가을의 충칭 협약은 성실히 지켜지지 않았다. 장제스는 1933년 발간한 초비수본(剿匪手本, 공비 토벌을 위한 일종의 핸드북)을 재발간하여 군간부에게 교부하고 10월 13일, 15일에 수원 · 산서 · 장가구 등지의 공산당 근거지에 공격을 가했다.

1946년 1월 10일 마셜의 조정에 의해 '정전결정의 조인'과 함께 국공 쌍방은 휴전 명령을 내렸다. 아울러 쌍방은 모든 군대의 이동을 중지할 것도 동의했다. 같은 날 정치협상 회의가 충칭에서 개최되어 다음 5항목을 채택했다.

1. 각 정파의 민주적인 참여하의 정부 개편.
2. 평화적 건국 계획.
3. 군대의 국가화(국민당군과 홍군의 통합)와 그 정리 축소.
4. 국민대회의 소집.
5. 광범위한 지방자치를 허용하는 민주헌법의 기초.

그러나 국민당이 이 결정을 진정으로 수락한 것은 아니었다. 그해 3월에 개최된 중국 국민당 2차 전국대표대회 중앙위원회는 정치협상

회의의 결의를 파기했으며 이에 대해 마셜은 속수무책이었다. 이로 인해 국공 관계는 갑자기 긴장되기 시작했다.

또 국민당은 2월에 소련군의 동북지역 철수와 함께 다수의 정예부대를 그곳에 보내 소련군으로부터의 인수인계뿐 아니라 이 기회에 동북의 여러 지역에 지배권을 확립하려 했다. 이에 대하여 중국 공산당은 국민당의 행동이 엄연한 정전협정 위반이며 주권의 범위를 뛰어넘는 것이라고 항의하여 무력 충돌을 일으켰다. 여기에 대하여 미국은 국민당에게 원조를 제공함으로써 결국 내전으로 돌입했다.

1946년 6월 국민당은 2백만 명에 가까운 병력을 동원하여 화북과 화중에서 대규모 공격에 들어갔다. 그들은 중부 평원과 양쯔강 하류 지역에서 홍군을 몰아냈고, 8월에는 열하 해방구의 중심지인 승덕承德을, 10월에는 장가구를 점령한 데 이어 1947년 1월 산둥 남부해방구의 중심지인 임기臨沂를 점령했다. 이어 1947년 3월 19일에는 장정 이후 중국 공산주의 운동의 심장부이자 상징인 연안을 점령했다.

그러나 내전 때문에 급속히 앙등된 인플레이션으로 말미암아 국민정부 지배 지역의 경제 상태는 점점 악화됐다. 근로 노동자의 생활 수준이 급속히 저하되면서 많은 민중이 기아 상태에 빠졌다. 1946년 1월부터 1948년 8월에 이르는 동안 물가는 무려 67배나 폭등했고 상하이의 경우 30만 명 이상이 빈민으로 전락해 수많은 아사자가 나타났다. 그 결과 국민정부에 반대하는 기치를 든 통일전선이 형성되고 국민당을 부정하는 대중 운동이 일어났다.

국민당이 항공기와 중포의 지원을 받는 4백만 명의 군대를 확보하고 있는 데 반해 공산당은 겨우 120만 명 남짓한 군대만을 확보하고 있었다. 그러나 국민당은 연안에서 시베리아에 걸치는 길고 긴 보급

선과 미군 장비의 사용으로 인한 재정 부담 및 수송 문제 그리고 장제스 직계군과 기타 군대 사이의 갈등, 고위층 내부의 권력투쟁 등으로 인해 심각한 난국에 처해 있었다.

공산당은 이 같은 국민당 내부의 취약성과 이질 요소를 이용했으며 또한 민중의 정치적 지지에 기반을 두었다. 이 같은 기반은 공산군이 철수한 후에도 믿음을 잃지 않았다. 공산당의 일차적 목표는 지역을 점령하지 않고도 국민당군을 궤멸시키는 것이었다. 그것은 '우세한 힘을 집중하여 적을 하나하나 궤멸시키는 작전'이었다.

1947년 들어 공세로 전환한 공산당 린뱌오의 군대는 국민당군의 많은 부대를 패배시키고 장춘·길림·심양 등의 3개 도시를 포위했다. 동시에 중부 평원에서도 공산당의 역공세가 시작됐다. 류보청과 천이의 군대는 각각 산서와 산둥으로부터 진격하여 1947년 여름 황하와 농해 철도를 건넜다. 같은 해 홍군은 하북·산둥·산서의 대부분을 장악하고 내전 개시 이래 처음으로 석가장을 탈취했다. 공산당의 군대는 1947년 2월까지 국민당군 56개 여단, 5월까지 90개 여단, 9월까지 97개 여단을 패배시켰다. 이것은 거의 1백만 명에 달하는 병력으로 국민당군의 1/4에 해당하는 것이었다.

한편 공산당의 군대는 120만 명에서 2백만 명으로 증가했다. 1948년 봄 홍군은 황하 연변의 대도시 낙양과 개봉을 점령했다. 그들은 1947년에 빼앗겼던 공산당의 심장부 연안을 다시 장악했다. 9월에는 다시 산둥의 국민당군을 패배시키고 제남을 점령했다.

공산당은 1948년 9월에서 11월에 걸쳐 만주 전투에서 장춘·길림·심양 등 대도시를 함락함으로써 전 동북을 장악했다. 뒤늦게 운남에서 파견된 국민당 군대는 싸우지도 못하고 항복하는 형편이었다.

1948년 11월에서 1949년 1월에 걸쳐 내전 이래 최대 규모의 회하淮
河 대전이 벌어졌다. 국공 쌍방이 각각 50만 명의 병력을 투입하여 회
하와 농해 철도 지역에서 전투를 벌였으나 국민당군은 천이와 류보
청에게 포위되어 붕괴됐다. 이어서 1월 15일에는 톈진이 함락되고 1
월 31일에는 국민당군의 사령관 푸쭤이傅作義가 항복 조건을 협상한
끝에 공산당에 항복했다.

장제스는 1949년 1월 신년사에서 난징 정부의 권력을 그대로 두는
것을 전제로 하여 공산당 측에 화평을 제의했다. 이에 대해 마오쩌둥
은 다음과 같은 8개항의 조건으로 응수했다.

1. 장제스를 포함한 전쟁 범죄자 처벌.

타이완에서 중화민국 초대 총통 취임식을 갖는 장제스

2. 민주주의 원칙에 따른 모든 군대 재편성.

3. 관료 자본 몰수.

4. 토지개혁.

5. 매국 조약 파기.

6. 반동분자가 참가하지 않는 정치협상 회의 개최.

7. 민주 연합정부의 수립.

8. 난징 국민당 정부 및 각급 기구의 모든 권력의 접수.

장제스는 1월 화평을 제의하면서 남부에 국민당의 세력을 재집결하고 미국의 증원을 받아 정권을 그대로 지탱하려 했으나 미국은 망설였고 화평 제의는 아무런 성과도 없었다. 1949년 봄 이래 장제스는 정부의 금괴와 최정예부대를 빼돌려 타이완으로 이동할 준비를 서둘렀다.

국민당군의 붕괴와 중공 정권의 수립

중국의 내전이 국민당군에게 결정적으로 불리하여 붕괴 직전에 놓여 있는 상황에서도 미국은 중국에의 직접적 · 대규모적 개입을 망설였다. 미국은 "중국 문제의 해결은 주로 중국인 자신에게 부여된 문제이다.", "중국의 전국戰局과 경제 정세에 직접적 책임은 없다."라는 입장을 고수했다.

미국은 당시 유럽 제국에 대한 원조에 힘을 기울이고 있었다. 또 장제스 지배 지역에서의 내정과 경제 정세가 극도로 악화된다면 원조 자체가 그만큼 효과를 가질 수 없다고 판단했다. 미국은 극동 정책의 중점을 서서히 중국에서 일본 · 한반도로 이동하여 여기를 공산

베이징에 입성하는 공산당군

주의 봉쇄의 거점으로 삼으려 했다. 미국의 이 같은 정책도 장제스군의 붕괴를 재촉하는 큰 요인이 됐다.

1949년 4월 공산당은 최후의 일격을 가하기 위해 양쯔강 남쪽으로 향했다. 그들은 몇 개월 만에 화북·화동 일대의 대도시를 점령하고 화서·화남·화중·서남 등지에서도 진격을 개시하여 몇 주일 만에 넓은 지역을 장악했다. 국민당 소속의 지도급 민간인 및 군의 지휘관들은 싸우지도 않고 투항하는 것이 보통이었다.

4월 난징 함락에 이어 5월에는 항주·상하이·서안·남창·우한·산서가 함락되고 6월과 7월에는 산동을 비롯하여 신강·내몽골 등 서북 전체가 점령됐다. 이어서 8월에는 호남·호북·복건이 함락되고 10월에는 광동 등 화남이, 11월에 다시 사천·귀주, 12월에는 광

국민당 정부를 몰아내고 중화인민공화국을 수립, 선포하는 마오쩌둥

서의 남녕이 함락됐다.

국민당 정부는 1949년 봄 난징을 포기하고 광둥에서 저항을 계속하려 했으나 수도를 다시 한 번 충칭으로 옮겼다가 그 후 곧 청두成都로 옮겼다. 그리고 1949년 12월 미국의 보호 아래 타이완으로 옮기게 되었다.

국민당을 대신하여 중국 전토를 장악한 공산당은 1949년 10월 1일 베이징을 수도로 하여 '중화인민공화국'을 수립했다.

국민정부는 공산당이 베이징을 점령하기에 앞서 고궁의 보물과 도서관의 귀중한 서적 및 자료들을 난징으로 운반했다가 다시 구축함에 실어 타이완으로 보냈다. 타이완으로 이동한 국민정부는 5권 분립의 민주 체제 아래 산업과 경제를 발전시켜 현재에 이르고 있다.